운명을 예언하던 집시
그들이 점칠 때 사용하던 진귀한 카드

러시안 집시 카드

알렉산드로브나 튜체코프 지음 / 김미선 옮김

RUSSIAN GYPSY FORTUNE TELLING CARDS

Svetlana Alexandrovna Touchkoff

『RUSSIAN GYPSY FORTUNE TELLING CARDS』
by Svetlana Alexandrovna Touchkoff
Copyright(C) 1992 by Svetlana Touchkoff Wilmink
Illustrations Copyright(C) 1992 by Kathleen M. Skelly and
Svetlana Touchkoff Wilmink
Korean Translation Copyright(C) 1992 by Dangre Publishing House
Published by agreement with Harper San Fransisco, a division of
HarperCollins Publishers, Inc., New York through DRT International, Seoul.
＊이 책의 내용과 카드의 그림은 미국 Harper San Fransisco 출판사와 한국어판
저작권 계약을 통해 출판한 것입니다.

운명을 예언하며 자유롭게 유랑하던
신비의 러시안 집시들 사이에서만 전래되어 내려온
이 '카드점'은 좋거나 불길한 환경을 포함하여
당신에게 닥칠 각종 사건들을 미리 예측할 수 있는
신비한 힘을 지니고 있다.

이 책의 순서

1. 카드와 책을 이용하는법 · 9

머리말 · 13
카드의 기원 · 20
집시 점성술의 문화적 전통 · 21
우리 집안의 역사 · 27
카드의 번역 · 30
카드점을 치는 법 · 32
다른 사람을 대신해서 점을 볼 때 · 37
옆에 있지 않은 사람의 운을 볼 때 · 38
'결과'를 이해하는 법 · 38
만약 불길한 그림이 나타났을 때 · 40
언제 카드를 쳐보는 것이 좋을까 · 41
몇가지 유의사항 · 43

2. 그림의 의미를 해석하는법 · 45

각 그림들의 표현을 이해하는 법 · 47
 1. 기사 (CAVALIER) · 49
 2. 클로버 (CLOVER) · 52
 3. 배 (SHIP) · 56
 4. 집 (HOUSE) · 59
 5. 장작 (FIREWOOD) · 63
 6. 사과 (APPLE) · 66
 7. 뱀 (SNAKE) · 70
 8. 영구차 (HEARSE) · 75
 9. 꽃다발 (VOUQUET) · 79
10. 낫 (SCYTHE) · 82
11. 나뭇가지 (BRANCHES) · 86
12. 새 (BIRDS) · 90
13. 소년 (BOY) · 93
14. 여우 (FOX) · 97
15. 곰 (BEAR) · 101
16. 별 (STARS) · 105
17. 왜가리 (HERON) · 108
18. 개 (DOG) · 112

- *19.* 성 (CASTLE) ·········· 116
- *20.* 숲 (FOREST) ·········· 121
- *21.* 산 (MOUNTAINS) ·········· 126
- *22.* 길 (ROAD) ·········· 130
- *23.* 생쥐 (MICE) ·········· 134
- *24.* 심장 (HEART) ·········· 138
- *25.* 반지 (RING) ·········· 142
- *26.* 책 (BOOK) ·········· 148
- *27.* 편지 (LETTER) ·········· 152
- *28.* 말 편자 (HORSESHOE) ·········· 154
- *29.* 돈 (MONEY) ·········· 159
- *30.* 백합 (LILY) ·········· 163
- *31.* 태양 (SUN) ·········· 167
- *32.* 달 (MOON) ·········· 175
- *33.* 물고기 (FISH) ·········· 178
- *34.* 부엉이 (OWL) ·········· 183
- *35.* 닻 (ANCHOR) ·········· 187
- *36.* 악수 (HANDSHAKE) ·········· 191
- *37.* 천사 (ANGEL) ·········· 195
- *38.* 숙녀 (LADY) ·········· 199
- *39.* 말 (HORSE) ·········· 203
- *40.* 매듭 (KNOT) ·········· 208
- *41.* 고양이 (CAT) ·········· 213
- *42.* 저울 (SCALES) ·········· 217
- *43.* 가재 (CRAYFISH) ·········· 222
- *44.* 불 (FIRE) ·········· 227
- *45.* 돼지 (PIG) ·········· 232
- *46.* 다리 (BRIDGE) ·········· 235
- *47.* 악마 (DEMONS) ·········· 239
- *48.* 수탉 (ROOSTER) ·········· 244
- *49.* 단검 (DAGGER) ·········· 247
- *50.* 빵 (BREAD) ·········· 252

3. 그 실제의 사례들을 싣는 이유 · 258

PART I
카드와 책을 이용하는 법

머리말

특히, 1917년 혁명이 일어나기 전까지의 러시아 사람들 생활에서 운명을 점치는 것은 빼놓을 수 없는 생활의 일부분이었다. 일요일을 뺀 나머지 날들 동안, 그날의 운수를 점치는 것은 그들에게 있어서 일상화되다시피 했다. 물론 일요일에는 교회에 가서 기도를 해야 했기에 제외되었지만, 이 일상적 행사에는 집안의 온 식구들이 가세했다. 한 사람이 운수를 점치면 다른 식구들이나 친구들은 테이블에 둘러 앉아 그 결과를 듣거나 덧붙여 거들기도 했는데, 당시로는 아직 본격적인 테이블 게임이나 모임문화가 발전하기 전이었다.

사람들은 어느 시대를 막론하고 자신의 운명을 알고 싶어 했다. 또 그 당시는 정치 경제적으로 불안한 시기라 모두들 자신의 내부에 관심을 가지고 귀를 기울이던 때였다. 그들은 자신의 감정이나 욕구불만에 대해 얘기했으며, 또한 앞날에 대해 채비를 하기도 하였다. 따라서 그 과정에 참여한 사람들의 대부분은 이 카드가 예견해주는 결과만으로도 매우 즐거워 할 수 있었다. 비록 예언이 그들의 삶에 큰 영향을 끼치지는 못했다 하더라도 그들은 그 예언들을 신뢰했다. 그리고 개인의 자유로운 의지와 선의 개입이 하나 될 때는 어떠한 상황도 바꿔 놓을 수 있을 것이라는, 그들 러시아 사람들의 이러한 열린 믿음이 점술이나 영적세계에 대한 관심을 오늘날까지 남아 있게 한 토대가 되었다.

서구인들 또한 자신들의 내·외적으로 존재하는 다양한 힘들을 이해하려고 노력해왔다. 이로 인해 천문학이나 점성술, 수비학, 수상학 등의 특별한 분야가 급격히 발전하게 되었는데, 이들이 이런 외적인 힘을 해석하려는데 비해 심리학이나 꿈의 해석 등은 내부에 존재하는 잠재적인 심리상태를 해명하려 하였다. 이러한 형식들은 수세기에 걸쳐 사용되어 왔고 인간의 기능에 대한 우리의 이해도 괄목할만하게 발전했다.

하지만 이러한 분야들이 소수의 특별한 사람들 사이에 특수한 분야로 정착되면서 오히려 보통사람들에게는 낯설어지기 시작했다. 실제로 운명 점치기와 심리학은 완전히 다른 두 영역으로 갈라졌다. 즉 운명 점치기는 일종의 미신으로 치부되는 반면에 심리학은 하나의 학문으로 인식되기 시작한 것이다.

하지만 지난 몇 십 년 동안 어느 한쪽이든 상관없이 이 양 분야에서 도움을 기대했던 사람들 모두를 일방적으로 어리석은 사람들 또는 정신병자로 취급하였다. 그러다가 최근에 이르러서야 사람들은 자신에 대해 숨겨진 것들 중 알아야 할 것들이 놀랍도록 많이 있으며, 그것들을 조금이라도 미리 알면 자신의 미래를 좀 더 잘 설계할 수 있을 것이란 사실을 비로소 깨닫게 되었다. 바로 정신세계까지 망라된 다양한 정보가 할 수 있는 한 인간을 최상의 상태로 이끌어 줄 수 있다고 뒤늦게 느끼기 시작한 것이다.

오늘날은 우리 자신과는 무관하거나 거의 통제할 수 없는 사건들이 수시로 일어날 가능성이 많은 세상이다. 날씨는 시시때때로 변하고, 부도가 나거나, 자동차 사고, 실연 그리고 각종 스캔들에 얽혀들 수도 있으며, 또한 국가 간의 전쟁이 터질 수도 있고, 어느 날 갑자기 몸이 아파 드러눕게 될 런지도 모른다.

또, 비록 우리가 그 일을 미리 알 수 있다 해도 그에 대해 육체적으로나 심리적으로 완벽하게 예방한다는 것은 보통 어려운 일이 아니다. 아니, 제대로의 노력조차 할 수 없는 것이다. 로봇이 아닌 이상 앞으로 일어날 일을 완벽하게 통제하고 억제할 수 있는 힘을 가진 인간이 과연 얼마나 있을까. 우리의 현실세계는 안전할 수 있을지는 몰라도 그 자체가 완전히 충족된 세계라 할 수는 없다. 비록 신이 아담과 이브에게 스스로 선택할 기회를 주셨다 할지라도 그들 중 좀 더 강한 사람들의 독점적인 야욕으로부터 벗어나기 위해, 그리고 또 선택할 권리를 쟁취하기 위해서 투쟁해왔고, 폭군들의 역할은 이들을 억압하는데 집중하여 오지 않았던가.

이런 상황 속에서, 러시안 집시들이 사용하던 카드 점은 좋거나 불길한 환경들을 포함해서 각종 사건을 미리 예측할 수 있는 신비한 힘을 가지고 있다고 하겠다. 이 카드들은 그러한 상황을 좀 더 확실하게 드러내 우리가 깨닫고 그 상황에 대변했을 때 힘을 발휘할 수 있는 자질, 능력 등을 선택할 수 있게 도와준다.

그러나 이 카드들이 우리를 지배할 권리는 없다. 즉 그 사건들을 바르게 보고 대응하는 것은 우리의 자유의지에 달려 있을 뿐이다. 그러므로 이 카드는 우리 주변에 지속적으로 울리는 반향이랄 수 있는 일종의 심리측정 도구라 하는 편이 나을 것이다.

자연은 일정한 주기에 따라 움직인다. 낮과 밤, 봄·여름·가을·겨울, 또한 고요한 시기와 폭풍의 계절 등. 이런 자연현상 그 자체를 좋다거나 나쁘다고 할 수 없는 것이, 그들 모두가 우주를 형성하고 있는 것들이기 때문이다. 홍수는 집과 길을 초토화시키는 엄청난 파괴력을 발휘하지만, 한편으로 토양을 기름지게 하는 침적토를 뒤에 남겨 놓지 않던가.

만약 낮만 계속되는 등 변화 없이 한 가지 일만 일어난다면 이 지구는 사라져 버릴 것이다. 이렇듯 자연계에는 질서와 혼돈이 공존하면서 모든 것을 형성하고 있는 것이다.

우리의 삶도 마찬가지이다. 인간의 출생, 유년기, 장년기, 노년기 그리고 죽음에 이르기까지의 과정에는 일정한 질서가 있다. 더

불어 우리의 일생에는 좋은 시절, 흥분·열광·권태 그 외에도 많은 예측할 수 없는 상황들이 혼재하고 있다.

그러나 자연계에서처럼, 인생의 모든 측면들은 그 나름대로의 의미를 던져준다. 가령, 우리가 엄청난 재산을 가지고 있다 하자. 대개는 그것으로 인해 점점 게을러지거나 그렇지 않으면 너무 많은 갈등과 스트레스에 시달려 금세 병이 날 것이다. 따라서 우리는 살아가는 과정에서 일어나는 변화들과 더불어 살아가는 법을 배워야 할 것이며, 그것들을 오히려 우리에게 유리하게 이용할 수도 있어야 할 것이다.

조종사들은 이륙하기 전에 기상상태를 점검한다고 한다. 그들은 자기들이 선호하는 방향이 있지만, 그것보다 우선하는 것은 가장 안전한 항로를 택해야 된다는 것으로 그것을 한시도 잊지 않는다. 혹시 벼락이 통째로 내려질 수도 있다. 그러나 그런 위급한 순간에 대비해 비상전원을 준비해 놓고 있는 것이다. 대개의 경우 비행기가 파괴되는 것은 자연재해 때문이 아니라, (물론 그럴 경우도 없지는 않지만) 대부분이 관리 소홀과 비행 시 사람이 범하게 되는 인재에 의해서이다.

카드 점을 봄으로써 우리는 심리적 지표를 측정할 수 있다. 폭풍이 불어올 것인가? 아니면, 부드러운 훈풍일 것인가? 내가 세운 계획이 성공할 것인가, 실패할 것인가? 사랑, 금전, 여행 등 지금은 어떤 것을 하기에 좋은 시기인가? 조종사들이 일기예보를 최선으로 이용하듯, 우리도 이 카드를 유용하게 이용할 수 있다. 만약 지금이 적당한 시기라면, 최상으로 즐길 수 있을 것이다. 혹시 그렇지 않다면 폭풍이 지나가길 기다리는 수밖에 없다. 조종사들처럼 우리도 닥쳐오는 폭풍우를 피할 수는 없지만 손실을 최대한 줄일 수는 있는 것이다.

그러나 실제로 우리는 폭풍우가 몰아칠 때를 즐길 수도 있다. 우리들 대부분은 익사의 위험이 있긴 하지만, 반면에 그 커다란 파도에 몸을 맡기고 서핑을 즐기는 도전자들도 있지 않은가.

지금까지 내 삶의 대부분에는 이 카드가 지대한 영향을 끼쳤다 해도 과언이 아니다. 내가 이 카드를 가까이 하게 된 것은 아마도 10대 후반 무렵이었을 게다. 당시 나는 카드 만지기를 매우 두려워했는데 그 이유는 할 때마다 공교롭게도 매번 영구차(HEARSE) 그림이 떨어졌기 때문이다. 이 그림은 나에게 심각한 병이나 죽음을 경고하는 것이었다. 게다가 나는 내 손금의 생명선이 유난히 짧다는데 신경을 쓰고 있던 터였다. 그래서 자연 나는 카드를 멀리했고 그 문제를 생각하지 않는 것이 내가 보았던 죽음의 손길로부터 멀리 벗어날 수 있을 것이라 생각했다.

그러나 21세가 되던 때, 내 다리는 거의 마비 직전이었고 방광을 비롯하여 각 내장의 기능이 악화되기 시작했다. 그때까지도 나는 의사를 찾아가는 것을 꺼려했는데, 그 이유는 혹시나 기적적으로 병이 저절로 낫지 않을까 하는 기대에서였다. 하지만 결국 내가 병원으로 실려 갔을 때에는 더 이상 길을 수조차 없을 지경이었다. 내 뼈에서 악성종양이 발견되었고, 수술대 위에 옮겨져 5시간에 걸친 대수술 끝에 종양번식을 억제할 수 있었는데, 신기하게도 그 후 내가 카드를 다시 만지게 되었을 때 문제의 그 그림은 다시 나타나지 않았던 것이다. 그때야말로 내가 카드를 만진 이래 처음으로 그 긍정적인 힘에 대해 깨달은 순간이었다. 그것은 사실 나의 죽음을 예언하기 보다는 나에게 위험을 경고해 주었던 것이다. 내가 좀 더 일찍 의사를 찾아 갔었더라면, 내 자신의 육체를 통제할 수 없는 고통으로부터 벗어나서 좀 더 편안한 시간을 보낼 수 있었을 것이다.

그 후로도 여러 번, 여러 해에 걸쳐 카드는 셀 수 없을 만큼 많은 순간에 나를 구해 주었다. 내가 느낄 수는 있지만 도저히 말로 표현할 수 없는 그 무엇을 그림 속에서 구체적으로 보여 주기도 했다. 또한 카드는 내 삶의 도정에 놓여 있는 위험들도 보여 주었다.

우리는 어떤 난관에 봉착하게 되면, 흔히 우리의 고통만을 보는 협소한 시각만 키우게 된다. 그러나 카드는 더욱 넓은 의미들을 밝혀준다. 그림들을 해석하면서 때때로 우리는 문제라는 것이 스스로 만들어 낸 것도 아니며, 당장은 해결할 수도 없다는 것을 깨닫게 된다. 그런가 하면 또 어떤 때에는 우리를 느긋하고 만족하게 해줄만한 그림이 떨어질 수도 있을 것이다. 그러므로 우리 자신을 최고로 만드는 길과 문제를 긍정적으로 해결하는데 길잡이가 될 수 있도록 활용하는 것이 이 카드 점의 사용목적이라고 보면 좋을 것이다.

이 카드에 그려진 그림들은 모두가 우리 현실의 상징이나 은유라 할 수 있다. 그림을 보면서 우리의 마음은 그것을 초월하고 한정되어 있는 의식의 수준을 넘어 더 멀리 확장시킨다. 더욱 더 많이 기억하고 실행에 잘 옮길 수가 있다. 즉 의식과 무의식을 통합하여 더 강력한 하나의 전체를 만드는 협동 에너지로 이용하는 것이다.

흔히 우리는, 굳이 의미를 찾아보지 않아도 그림들만 보면 그 연관된 사실을 알 수 있다. 마찬가지로 그 해결책이라는 것 또한 우리에게 흔히 생길지 모르는 어떤 문제와도 적용시킬 수 있는 것이다. 그러므로 카드는 우리를 도와주는 일종의 도구로 작용할 수 있다. 이것들을 이용하는 방법을 배우는 것은 마치 새로운 언어를 습득하는 것에 견줄 만하다. 혹 당신에게 새로운 말을 배울 기회가 생긴다면 그것으로 새로운 경험과 새로운 사람들의 세계가 당신

앞에 활짝 열리게 되는 것처럼. 마찬가지로 카드도 우리에게 존재에 있어 전혀 새로운 차원을 이해하도록 해준다. 물론 굳이 카드의 충고대로 따라야 할 의무는 없지만, 간혹 그것을 염두에 둔다면 험난한 인생항로를 헤쳐 나가는데 크나큰 도움이 될 것이다.

서구인들은 자신들 존재의 중심과 교감하고, 자신들 본능의 힘에 대한 신뢰는 오랫동안 소홀히 해왔다. 어떤 이들은 기도는 열심히 하지만 우리에게 삶을 통제할 수 있는 능력을 주신 것에 대하여 신께 감사하는 경우는 거의 드물다. 대신 복잡하고 힘든 문제에 부딪히면 해결할 수 있도록 도와주십사 신에게 부탁만 한다. 또 어떤 이들은 동양문화에 눈을 돌려 요가나 명상 등으로 깨달음을 얻고자 한다. 그러나 이것은 전문가들이나 가능하지, 일반적인 서구문화풍토에서 그런 방법들을 실행하기란 여간 어렵지가 않은 것이다.

하지만, 러시아 집시 카드 점은 점차 서구화되어가는 오늘의 현실에서도 유용한 방법이 될 수 있으리라는 것이 내 생각이다. 당신은 혼자든, 친구 몇 명, 그리고 가족 등과 언제 어디서든지 카드로 운을 점쳐 볼 수 있다. 스스로 집중하기만 하면 되는 것이다. 카드를 통해 당신은 살아가면서 부딪치게 될 크고 작은 사건들을 읽어낼 수 있게 되는 것이다.

그림을 해석할 때는 원하는 만큼의 시간만 할애하면 된다. 만약 알고 싶은 것이 한 가지 뿐이라면 그리 오랫동안 카드를 보고 앉아 있을 필요가 없다. 하지만 친구들과 함께 있다면 매우 흥미진진하고 유용한 시간이 될 것이다. 내가 카드를 만지면서 보낸 가장 멋진 시간은 바로 친구들이나 가족과 함께한 때였다. 카드 덕분에 우리는 여러 시간에 걸쳐 흥미진진한 토론을 가질 수도 있었다.

카드는 또 친구나 가족들의 문제를 더불어 적절히 지적해주어 우리가 그 문제에 대해 서로 얘기함으로써 자신들과 서로에 대한 새로운 이해의 차원으로 도달할 수 있게끔 했다.

카드를 만질 때마다 나는 내 자신의 새로운 면을 새삼 알게 되면서 카드가 어떻게 작용하는지를 깨닫게 된다. 그래서 나는 카드와 가까이한 지난 여러 해 동안의 경험을 살려 이 책을 써 나가기로 한 것이다.

앞으로의 설명들은 당신에게 나타난 그림들의 의미를 이해하는 데 도움이 될 것이다. 다만 이 카드는 지속적으로 사용할 때 당신의 삶에 있어서 어떤 특별한 의미를 지닌 카드가 있다는 것을 알게 될 것이다. 물론 항상 이 카드만 만지작거리라는 것은 아니다. 그렇지만 당신이 그것들을 가까이 하면서 무엇인가를 발견하게 되는 그 순간은, 바로 당신 자신에게 긍정적이고도 아주 강력한 힘이 발휘될 수 있다는 깨달음을 얻게 되는 참으로 놀라운 순간임을 명심해 주었으면 한다.

카드의 기원

카드는 러시아 전래의 집시문화로부터 유래하여 동물과 자연, 그리고 기독교 상징들의 혼합으로 이루어졌다. 카드의 원조는 집시들이 주로 살았던 러시아 남서부라고 보아야 한다.

그 지역은 다양한 문명들이 만나는 곳이었다. 즉 유럽, 슬라브, 비잔틴, 이슬람, 인도, 그리스, 로마, 그리고 이집트문명이 총망라하는 곳이었다. 따라서 카드에 드러나는 상징들은 범세계적일 수밖에 없는 것이다.

카드가 만들어졌던 당시의 사람들은 오늘날의 우리보다 훨씬 자연과 밀착된 삶을 살았다. 그들의 주변 환경, 즉 태양, 별, 숲, 야생동물과 가축 등이 인간들의 생존을 보장해 주는 지식과 보호막의 원천이었다.

하지만 오늘날의 도시생활 속에서 살고 있는 우리는 자연과 우리의 원초적인 본능과의 교류는 거의 잊다시피 하며 살고 있다. 이렇게 세상이 더욱 혼잡해지고 오염되어감에 따라 우리는 도저히 자연을 이대로 버려 둘 수만은 없다는 것을 깨달아가고 있다. 우리 인간이 깨달아야 할 것은 인간이 자연과 분리된 하나의 개체가 아니라 오히려 지구라는 땅덩어리와 유기적으로 연결된 한 부분이라는 것이다. 따라서 이 카드에 그려진 그림들은 자연의 힘을 상징하는 것들로서 우리가 그것을 유익하게 이용할 수 있도록 새삼 일깨워준다. 이 카드들은 개인적인 문제를 해결하는데 일조를 하는 것은 물론 공동의 선(善)을 추구하는 길잡이가 될 수 있을 것이다.

집시 점성술의 문화적 전통

러시아에 살았던 집시들은 운명을 미리 들여다보는 비상한 능력의 소유자들로 정평이 나 있었다. 하지만 이러한 능력은 그들만의 선택된 삶의 방식에서부터 기인한 것일지도 모른다. 그들은 육체적으로나 또는 정신적으로 이동의 자유로움을 만끽하며 살아갔던 사람들이므로.

이들을 묘사하는 것 중 가장 뛰어난 대목이 바로 19세기 러시아의 대문호인 알렉산더 세르게예비치 푸쉬킨(Alexander Sergeyevich Pushkin)의 '집시'라는 시에서 발견된다. 푸쉬킨은 집시들의 자유로운 삶과 베사라비아(Bessarabia)에서 러시아 남서부에 걸친 그들의 고요한 여정을 노래했다. 그들은 단순하고 지극히 가난하긴 했으나, 또한 평화로운 존재였다.

이 시의 주된 줄거리는 집시들의 자유로운 삶의 정수를 드러낸 것이었다. 문명세계로부터 도망쳐 나온 알렉코(Aleko)는 젊은 집시 여인 젬피라(Zemfira)를 만난다. 그녀는 알렉코와 사랑하는 사이가 되어 이윽고 집시천막으로 인도된다. 알렉코는 그곳에서 집시들의 자유로운 삶과 방랑생활의 참 행복을 맛보고, 그들과 함께 여러 마을들을 돌면서 길들인 곰의 재주를 보여주기도 하며 유랑한다. 젬피라는 알렉코에게 큰 건물, 화려한 옷, 축제, 어여쁜 여자들이 있는 문명세계를 떠나온 것에 대하여 후회하지 않느냐고 묻는다. 여기에 알렉코는 이렇게 대답한다.

무엇을, 후회하냐고? 만약 그대가 안다면,
만약 그대가 상상할 수 있다면,
그 숨 막히는 도시에서 빼앗긴 자유!
떼거리로 모여서, 서로에게 둘러 싸여
신선한 새벽의 공기조차 마실 수 없고
봄날 초원의 신선한 풀냄새도 맡지 못하는 그들은
사랑을 부끄러워하고
이상을 박해하는 사람들로
바로 자기 것인 자유를 팔고 있다.
우상 앞에 머리를 조아리고

돈과 사슬을 구걸하고 있다.
내가 떨쳐버린 것들은
배신의 행위, 편견의 말들
무지한 군중, 박해 혹은 현란한 치욕뿐이다.

그렇지만 이토록 목가적인 행복도 그리 오래가지 못한다. 2년이 지난 어느 날, 아이마저 남겨두고 젬피라는 다른 젊은이와 사랑의 도피를 감행해 버렸다. 그녀는 알렉코에게 새로운 사랑에 대해 다음과 같이 노래한다.

늙은 남편, 딱딱하고 고리타분한 남자
찌르고 태워 죽이는 듯하네.
나는 결코 흔들리지 않을 거야.
칼에도, 불에도
당신이 미워, 당신을 경멸해요.
나에겐 새로운 사랑이 생겼어요.
그 사랑을 위해서라면 죽는 것도
두렵지 않아!

노래를 계속하면서 젬피라는 알렉코가 화를 낼 자유가 있다고 말한다. 알렉코는 젬피라의 아버지에게로 간다. 그 또한 아내가 새로운 연인과 도망쳐버려 알렉코와 같은 신세였다. 그렇지만 아버지는 이 상황을 철학적으로 관조하면서 떠도는 달(月)에 젊은 여인의 사랑을 비교한다.

보게나, 머나먼 창공 아래서

고삐 풀린 달이 떠다니는 것을.
찬란한 광채를 마음껏 뿜어내면서
모든 자연에게로
구름 사이로 슬쩍 얼굴을 내밀고
신비스럽게 되비쳐준다.
이제 그녀는 다른 이에게 가버리고 말았으나
그에게조차 오래 머물지는 않을 것이다.
누가 그녀에게 하늘의 자리를
가리켜 줄 것인가
거기서 멈추라고 말할 것인가
누가 젊은 아낙의 뜨거운 가슴에
말해 줄 것인가
오직 한 사람만 사랑하라고
변해서는 안 된다고.

 알렉코는 이처럼 냉정한 이성을 도저히 받아들일 수가 없었다. 그래서 그는 젬피라와 그녀의 새 애인을 뒤쫓아 가 그들 모두를 죽이고 만다. 집시들은 그를 벌주지는 않았지만, 자신들의 집단에 더 이상 남아 있는 것도 허락하지 않았다. 왜냐하면 그는 그들 세계의 방식이 아닌 다른 세계의 방식으로 자신을 위한 자유를 선택한 반면 젬피라의 자유를 인정하지는 않았기 때문이었다.
 이 시는 이렇듯 집시들의 생각과 행동의 자유스러움에 대해 묘사하고 있는데, 이런 점들이 바로 그들을 훌륭한 예언자로 만들어 준다. 문명화된 법과 규칙에 구속되지 않으면서도 그들은 도시와 마을에 정착하여 사는 사람들의 삶을 쉽게 꿰뚫어 볼 줄 알았던 것이다. 대개의 사람들은 그들 자신의 내적인 존재와 접촉하기 보다는 다른 누군가의 생각을 좇거나 비위를 맞추려 할 때 흔히 난관에 봉착하게 된다.
 집시들은 다른 무엇보다도 정직함을 존중하여 인간의 행동에 숨어 있는 불성실함을 멀리 할 수 있었으며, 이러한 태도로 문제들을 풀어 나갔다. 이것이야말로 운명 점치기의 궁극적인 목적이라고 할 수 있을 것이다.
 집시들은 마을이나 도시에 들리면 언제 어디서든지 환영을 받았다. 그들만의 독특한 형형색색의 요란한 포장마차는 주민들에게 한때의 여흥과 오락거리를 제공하는 것이었다. 또한 노래들과 각종 묘기, 장사와 어울려 운명 점치기는 가장 기대되는 차례였다.
 사물을 있는 그대로 보는 능력과 함께, 그들은 나타나는 그대로를 정직하게 얘기하는 것에 주저하지 않았다. 또한 그들은 미래를 예견하는 신비한 능력을 겸비하고 있었다. 푸쉬킨의 시에 나오는 '젬피라'는 자신이 죽임을 당하리라는 것을 알고 있었는데, 그럼에도 그 사실이 그녀가 자신의 격렬한 감정에 몸을 맡기는데 방해가 될 순 없었다. 이렇듯 자기 자신이나 남의 운명을 예견할 수 있는 신비한 능력 덕분에 그들은 가는 곳이면 어디서나 환영을 받고 반가운 손님으로 대접되었다.
 집시들은 미래를 점치는 데 다양하고도 특색 있는 도구들을 동원했다. 가령 수정구슬이나 차 잎사귀, 손금, 카드 등이 그것이었다. 도시의 풍속보다 더욱 자연과 가까운 관계로 그들은 카드에 나타난 것처럼 삶의 복잡다단한 면을 간단한 상징들로 단순화시켰다. 각각의 그림들은 중심적인 큰 주제를 상징한다. 즉 심장은 사랑, 달은 평화, 별은 운명 등이다.
 카드에 그려진 그림들은 인간두뇌의 직관적인 부분이 작동하는 일종의 상징들이다. 인간의 두뇌는 논리적인 능력과 직관적인 능력을 함께 갖추고 있다. 질서를 유지하기 위해 사회생활은 논리적인 사고나 행동을 요구하지만, 동시에 영혼의 목소리는 억누르게 된다.

그러므로 집시들은 인간들 본성의 직관적인 부분의 문을 카드라는 매체를 통해서 활짝 열어 놓았다. 그건 집시들이 카드를 해독할 수 있어서 뿐만 아니라 보통 사람 자신도 그 카드가 말하고자 하는 것을 본능적으로 읽어내는 능력이 있기 때문이다. 우리는 그 정보를 내적으로 분석할 수 있지만, 그 의미를 더욱 확실히 하기 위해서 집시나 다른 친구들과 자세히 의논할 수도 있을 것이다. 우리가 그 충고를 따르거나 그렇지 않거나 하는 것은 전적으로 개인의 문제이다. 다만 그 충고를 따른다면, 인간의 직관을 자유롭게 풀어줌으로써 즐겁고도 편안한 기분이 북돋워질 것이며 모두가 자기 자신을 진정으로 즐기는 법에 가까이 가게 될 것이다.

집시들은 그야말로 정열적인 사랑을 했기 때문에 오랜 기간에 걸쳐 짜아르(러시아 황제), 나치, 후일에는 스탈린 같은 독재자들로부터 탄압을 받았다. 그리고 지금은 유랑생활로 대표되던 그들의 원래 생활방식도 많이 바뀌어져 가고, 집시전통의 많은 부분들도 잊혀져 가고 있다. 그러나 아직도 러시아에는 꽤 많은 집시들이 남아 있다. 그들 대부분은 현재 당국의 통제 아래 육성되고 있으며, 여전히 그들의 주된 특기는 미래예언이다. 비록 그들 중 일부는 이 재주를 신기한 그림이나 화장품 같은 레퍼토리에 끼워 팔긴 하지만 사람들은 누구나 행운과 기적을 원하고 집시들은 이들에게 그런 것들을 제공하는 데 기여해 왔다.

우리 집안의 역사

집시들에 대한 우리 가족의 관심과 운명 점치기의 역사는 나의 외할머니인 나데즈다 알렉세예브나(Nadezhda Alexeyevna) 때로 거슬러 올라간다. 어린 시절부터 외할머니는 당신의 고향마을인 다챠(datcha)의 집시들에게 매혹당하셨다 한다. 때때로 할머니는 밤중에 집시들의 캠프에 몰래 숨어 들어가서 그들의 생생한 음악과 환상적인 이야기들에 흠뻑 취하곤 하셨다.

1917년, 혁명이 발발하자 할머니는 할아버지를 따라 세르비아로 이주하셨다. 나의 외할아버지 빅토르 페아도로비치 마쉬코브(Victor Feadorovich Mashkov)는 1898년부터 1903년까지 세르비아에서 러시아 영사를 역임하신 분이었다.

세르비아에 도착한 직후, 할머니는 활달한 성격의 밀카(Milka)라는 집시여인과 금세 친해지셨다. 그러나 밀카는 할머니의 노력에도 불구하고 모든 종류의 물건을 슬쩍하는데 비상한 재주를 가지고 있었다. 이러한 것들 등 신분의 차이에도 불구하고 두 사람은 아주 친해졌다. 한쪽은 이지적이며 다른 한쪽은 천진난만 그 자체였으니 그들은 어찌 보면 대단히 기묘한 한 쌍이 아닐 수 없었다.

하지만 밀카에 대한 우리 할머니의 경탄은 끝이 없었다. 비록 그들이 친한 친구였다지만 할머니로부터 각종 잡동사니를 슬쩍해 내는 밀카의 손버릇은 고칠 수 없었고, 그녀는 그렇게 얻는 것들을 자신의 풍만한 가슴 밑에 숨겨 두었다가 후일 다른 이들에게 선심을 베풀곤 하는 것이었다. 밀카의 궁핍함은 그녀의 심성에서 나온 것은 아니었으므로 할머니는 그녀를 도저히 막을 수 없다는 것을 깨달으셨다. 마찬가지로 할머니는 유고슬라비아의 지도자였던 티

토로부터 가난한 걸인에 이르기까지 누구하고도 대화를 나눌 수가 있었다. 이 두 사람을 함께 맺어 주었던 공통의 관심사가 다름 아닌 운명 점치기였다. 할머니는 스스로 심리적인 능력을 가지고 계셨지만 집시들의 방법에도 또한 흥미를 가지고 계셨다.

1920년과 30년대로 말할 것 같으면 신비주의와 정신주의, 그리고 비교(Occult) 등이 활개를 치던 시기였다. 우리 외조부 두 분 또한 다른 러시아의 현학자들과 그런 종류의 모임을 여는데 열심이셨다. 할머니는 그 모임에서 카드 점을 주재하셨다. 내가 카드와 처음 친해진 것도 2차 대전 동안 할머니가 카드로 점을 보시는 걸 지켜보면서부터였다. 그 분은 위험을 예측할 줄 아셨으며, 덕분에 우리가족은 전쟁기간에도 별다른 위험 없이 무사할 수 있었다.

운명의 개입으로 우리 가족은 2차 대전 이후에 한 번 더 보금자리를 옮겨야 했다. 우리가 도착한 곳은 난민캠프였다. 이제 모두의 관심사는 과연 어디로 이주를 해야 하는 지였다. 그때 캠프 안에서 팔십 세 된 한 러시아 여인이 점을 봐주고 사람들에게 조언을 해주고 있다는 소문이 떠돌았다. 어머니가 그녀를 찾아갔을 때, 우리 할머니가 사용했던 같은 종류의 카드를 가지고 있는 것을 보고는 대단히 기뻐하셨다. 그 노파는 카드에 대한 어머니의 관심을 존중하여 카드를 해석하는 법을 자세히 가르쳐 주었다. 그녀는 자기가 알고 있는 것이 자신의 죽음으로 인해 끊기는 것을 원하지 않았으며 후대에 길이길이 전해지기를 원했던 것이다. 또 집시로부터 유래했다는 것 외에는 카드의 기원에 대해서 거의 얘기하지 않았다. 다만 자신이 혁명 이후에 러시아로부터 그 카드를 가져왔다고만 했다.

카드를 통해 우리는 최종 정착지로 캐나다를 선택하게 되었다. 당시에는 루마니아나 불가리아 또는 호주 등 다른 선택의 여지도 있었지만, 카드는 그 지역들에 대해 부정적인 반응이었다. 캐나다로 오고 나서 -카드의 예언대로라면 성공적인 선택일- 그것이 우리 가족들이 할 수 있었던 최선의 결정이었다는 것이 증명되기 시작했다.

캐나다에 도착하여 어머니는 예의 그 러시아 노파가 사용했던 것들에 근거해서 카드를 그리는 작업을 시작하셨다. 그리고 어머니는 그 카드를 자신과 주변 친지들을 위해 사용하셨다. 철이 들어가면서 나 또한 카드를 만져 보고 싶어졌다. 그리하여 어머니가 두 번째로 그리셨던 카드 한 벌이 내 차지가 되었다. 그때 이후로 어머니와 나, 우리 모녀는 카드를 다양하게 활용하기 시작했다. 더 많은 친구들이 카드를 통해 자신들의 운을 알고 싶어 했으며, 이윽고 나는 러시아판 원본을 번역해야 될 필요성을 깨닫게 되었다. 일단 번역이 완성되면 카드는 더욱 많은 사람과 친해질 수 있을 것이다. 이처럼 카드에 대한 지속적인 관심과 요구가 나로 하여금 이 책을 쓰도록 만들었다. 카드와 책을 동시에 출판함으로써 나는 운명을 점치는 집시의 전통이 모든 이들에게 또 한 번 인정을 받고 그들을 기쁘게 해주리라 기대한다.

내 자신의 삶은 그야말로 카드 덕분에 풍요로웠다 해도 과언이 아니다. 10대 후반부터 지금까지 나는 계속 카드를 가까이 하고 있다. 카드는 내 다리에 번지던 종양의 위험을 경고했으며, 후에는 불안한 결혼생활의 위기를 극복하도록 도와주었다. 그리고 두 아들을 키우는데 현명한 결정들을 이끌어내는 데도 도움을 주었다. 마찬가지로 나는 카드를 통해서 직업세계에서 직면할 수 있는 위험을 알았고, 그러한 도전에 직면해서 어느 때 전력을 투구해야 되는지도 알게 되었다.

이 순간까지도 나는 여전히 행복한 결혼생활을 지속하고 있으며 두 아들을 훌륭히 키워 냈다고 자부한다. 그리고 내가 성취하고자 했던 목표들에 거의 도달할 수 있었던 것이 바로 카드 때문이라고 한다면 과장된 찬사일까? 어쨌든 카드는 나에게 문제가 생길 때 마다 좋은 친구가 되어 주었다. 암흑 속에서도 밝은 빛을 볼 수 있도록 도와주었고, 항상 긍정적이며 적극적인 행동을 취하도록 나를 고무시켜 주기도 했다.

카드는 또한 흥미진진한 오락을 제공해 줄 수도 있다. 파티가 있을 때면 나는 집시복장을 하고 참석해서 사람들의 운을 보아주곤 했다. 내 친구들과 다른 참석자들은 여러 해 동안 나에게 찾아오곤 한다. 이 책의 집필을 마친 가장 최근까지도 각처에서 사람들이 자신들의 운명을 알기 위해서 나에게 찾아 왔다. 나는 할로윈데이 때에는 일단의 대학교수들을 초청한 적도 있었다. 직장인들, 비서, 수위, 카페급사, 요리사, 교사 등 모든 분야의 사람들이 자신들의 운수를 좀 더 알고 싶어 아우성들이었다. 세상사가 점점 복잡다단해지고 이에 따라 사람들은 더욱 많은 결정을 내려야 하기 때문에 우리들이 찾고 있는 충고나 확신을 카드를 통해 얻을 수 있다는 것은 멋진 일이 아닐 수 없다. 카드가 내 어머니나 내 삶에 긍정적인 영향을 주었기에 이것을 이용하는 모든 이들에게도 득이 되고 현명한 지혜를 카드에서 찾을 수 있기를 기대하는 것이다.

카드의 번역

내가 카드를 번역하기로 마음먹었을 때 가장 크게 고심했던 것은 러시아어를 한 자 한 자 그대로 번역해야 할지, 아니면 비교적 비슷한 영어식 표현이나 속담, 격언 등을 이용해야 하는 지였다. 영어나 러시아어 모두가 인도·유럽어족에 속한다고는 하지만, 단어의 사용이나 의미라는 것은 상이한 조건들에 오랫동안 영향을 받아왔다. 러시아어, 즉 러시아식 사고는 중국이나 인도, 터키 등 동양문화의 영향을 상당히 받았다고 할 수 있다. 때문에 러시아어나 그 생각들이 더욱 신비적이라 하지 않을 수 없는 것이다. 이런 신비주의는 인간의 이성 없이도 사랑과 명상만을 통해서 신과 교류가 가능하다는 일종의 교조주의적 생각이다. 반면 서구라는 곳은 합리적인 이성이 찬양받는 곳이 아닌가. 따라서 다음과 같은 문제에 부딪치지 않을 수 없었다. '그처럼 신비로운 생각을 과연 합리적인 언어와 사고로 번역해 낼 수 있을까?'

   나는 결국, 가능한 한 가장 러시아적인 의미를 살려서 번역을 하기로 마음을 굳혔다. 비록 문법적으로 보아 자연스러운 영어라기엔 다소간 어색하겠지만 말이다. 진정한 러시아식 의미를 전달하는 것이야말로 카드를 보는 사람으로 하여금 영어로 표현된 동의어의 고유한 의미를 더욱 잘 이해하게 하는 것이라 생각했기 때문이다. 가령 속담이나 격언 등과 같은 영어식 동의어들은 문자 그대로의 해석에 따른 문단 안에 포함되고 있다. 더욱 세분화된 이러한 설명들은 영어식의 동등한 의미를 주기 위해서, 더 나아가 카드에 함축되어 있는 다양한 의미들을 잘 설명하기 위해 행해졌다.

카드 점을 치는 법

1. 우선, 최소한 가로 세로 50cm 이상인 평평한 곳을 찾는다. 예를 들어 테이블이나 침대, 마룻바닥 등이 적당하겠다.
2. 오른손에 카드 한 벌을 그림이 보이도록 바로 들고, 왼손으로 5번에서 10번 가량 쳐 카드 한 벌이 완전히 섞어진 상태가 되면 왼손으로 바꿔쥐도록 한다.
3. 그리고나서 이 카드를 통해 원하는 것이 있다면 그것에 충분히 정신을 집중시킨다. 궁금한 것, 즉 사랑, 금전, 건강, 사업 여행 등 앞으로 진행될 것에 대해 알고 싶은 부분에 정신을 집중하여 새긴다. 정신을 집중하면서 다시 카드를 오른손으로 옮긴 다음 왼손으로 7번 섞는다. 이때 다른 사람이 횟수를 세어 주어도 좋고 혼자 할 수 있으면 혼자 한다. 7번 섞은 후 카드가 오른손에 모아져 있는 상태가 되면 잠시 움직이지 말고 가만히 있는다.
4. 이제 오른손에 가지고 있는 카드 한 벌을 조심스럽게 테이블에 통 채로 뒤집어 놓는다(그림이 안보이게). 그리고 자신을 향해서 원하는 만큼을 왼손으로 한 번 떼어 놓는다.
5. 그리고 남은 것을 왼손으로, 먼저 떼어 놓은 것 위에 놓아 바닥에 온전한 카드 한 벌이 되게 한다(이때도 역시 그림이 보이지 않는 상태다). 이제 더 이상 카드를 뒤집거나 해서는 안 된다. 왜냐하면 마지막 카드를 읽는데 영향을 미치기 때문이다.
6. 이제 오른손으로 카드를 한 장씩 떼어 바닥에 놓기 시작한다. 처음 카드를 집어서 그림이 보이도록 뒤집어 테이블 오른쪽 맨 위에 놓는다. 계속해서 오른쪽에서 왼쪽으로 넉 장을 더 놓는다.
7. 이렇게 해서 다섯 장의 카드가 일렬로 놓여지면 이제는 인접

한 카드 두 장 중에 완전한 그림으로 맞출 수 있는지를 살펴보라(그림 참조 1). 이때 그림을 맞추기 위해서 놓여진 그 자리에서 카드의 방향을 돌릴 수도 있다.

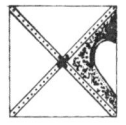 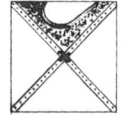  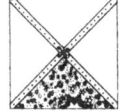 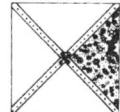

[그림 1]

8. 두 번째 줄부터는 왼쪽에서 오른쪽으로 놓는데, 첫 번째 줄 아래에 카드 다섯 장을 놓는다(그림 2 참조). 다시 말하지만, 당신은 그림을 맞추기 위해 제자리에서 어느 방향으로든지 돌릴 수는 있다. 하지만 위치를 옮겨서는 안 된다는 것을 명심하라. 이렇게 다섯 장씩 다섯 줄(전체 카드는 25장)이 만들어 질 때까지 카드에 신경을 써야 한다. 맨 마지막 카드는 인접한 다른 카드와 맞는 그림이 없다면 기드를 절대로 움직여서는 안 된다.

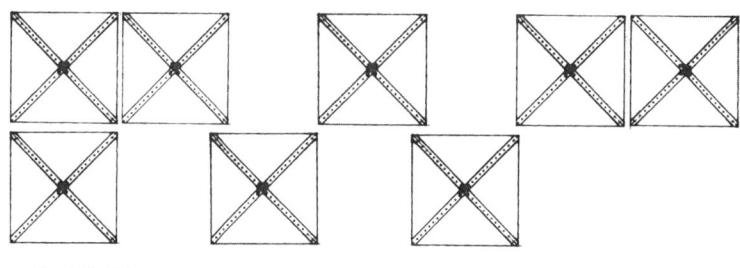

[그림 2]

나의 경우는 대체적으로 천천히 놓는 편인데, 카드 한 장 한 장을 놓을 때마다 맞는 그림이 있는지 주의한다. 마지막까지 혹시 내가 좋아 하는 그림이나 궁금했던 문제에 대한 그림이 맞아 떨어졌는지 두 번 씩 체크한다. 명심할 것은 어떤 그림도 절대 놓쳐서는 안 된다. 놓친 그림이 있다면 이런 경우 완전한 점괘가 나올 수 없다.

9. 첫 번째 줄부터 만약 완성된 그림이 있으면 책을 펴서 그 그림의 의미를 읽어가기 시작한다. 한 가지 주의할 점은, 그림은 4개의 화살표가 각각 가리키는 어느 방향으로도 나타날 수 있다는 것이다.

화살표 위치 **1**-화살표가 아래쪽으로 향했을 때

화살표 위치 **2**-화살표가 오른쪽으로 향했을 때

화살표 위치 **3**-화살표가 왼쪽으로 향했을 때

화살표 위치 **4**-화살표가 위쪽으로 향했을 때

그림이 놓인 위치에서 화살표 방향의 번호대로 그 의미를 읽는다. 우선 그림의 일반적 의미를 읽은 다음, 그 위치에 관련된 구체적인 내용을 읽는다.

10. 왼쪽 위부터 시작해서 오른쪽 맨 하단에 이르기까지 서로 맞아 하나가 된 그림들 가운데에는 간혹 한 그림뿐만 아니라 방향을 돌리기만 하면 인접한 카드의 다른 그림과도 맞을 수가 있다(각각의 카드에는 각 4개의 미완성 그림이 그려져 있으므로). 이럴 때

에는 그 그림들 모두를 읽어야 한다. 우선 첫 번째 완성된 그림을 읽은 다음 카드를 돌려서 두 번째 그림을 맞추어 읽으면 된다.

11. 맨 마지막으로 놓게 되는, 즉 25번째 카드는 대단히 중요한 의미로서 전체 운수를 통합하고 공고히 다지는 역할을 한다. 마지막 카드를 읽는 방법은 다음과 같다.

먼저 놓인 상태대로 그 화살표 번호에 맞춰 카드의 4가지 그림의 의미를 읽는다. 혹시 인접한 카드와 맞아 떨어지는 그림이 있다면 우선 그 의미부터 읽은 다음 나머지 불완전한 그림을 읽는다. 각각의 그림은 놓인 위치대로 읽어야 한다. 이것은 지금 당신이 처한 상황을 얘기해 주는 것이다. 그 다음에 4가지 그림들을 1번 위치로 읽는다. 이는 현재 상황의 궁극적인 결과를 이야기해 주는 것이다. 아마도 대부분의 경우, 1번 그림을 읽으면서 위안을 찾을 수 있게 될 것이다.

대부분의 결과들은 긍정적인 의미에서 받아들여진다. 다만 몇 가지 소수의 그림들, 예컨대 영구차(HEARSE), 산(MOUNTAINS), 낫(SCYTHE)과 뱀 그림들은 1번 위치에 있을 때 바로 당신에게 모종의 위험을 경고하고 있음을 잊으면 안 된다. 만약 마지막 카드에 이런 그림들이 들어 있으면 당신에게 심각한 위험이 닥칠지도 모른다고 생각하라. 그럴 때에는 우선 당신이 범하고 있을지 모르는 좋지 않은 일들을 점검하고 바꾸도록 노력해야 한다. 당신에게 닥칠 일을 결정하는 것은 바로 당신의 결단이나 방관, 둘 중의 하나로, 당신 인생항로의 조종사는 어느 누구도 아닌 바로 당신 자신이라는 것을 향상 명심해야 한다.

또한 마지막 카드를 읽을 때는 가장 부정적인 전언을 담고 있는 그림을 우선적으로 읽도록. 그리고 나서 가장 긍정적인 대답을 마지막까지 아껴라. 왜냐하면 이렇게 해야 궁극적으로는 긍정적인 메시지를 전해줄 수 있기 때문이다.

다른 사람을 대신해서 점을 볼 때

1. 카드를 들고 5~10번 정도 쳐서 완전히 섞는다.
2. 그리고 당신에게 의뢰했던 사람에게 카드를 준다. 그리고 그 사람으로 하여금 오른손에서 왼손으로 모아지도록 7번을 치게 한다. 그가 자신이 원하는 것에 정신을 집중해서 치고 있을 때 옆에서 횟수를 세어 주며 멈출 때를 알려준다. 그 사람에게 카드를 테이블에 놓고 심장 쪽을 향하여 왼손으로 한 번 떼라고 한다.
3. 신중하게 카드를 집어 들고 의뢰인이 당신 맞은편에 앉아 있다면 뒤집어 돌리도록 한다. 그리고 카드는 당신이 직접 놓는다.
4. 그림이 당신을 향하여 있을 때 그 위치대로 의미를 읽으면 된다. 상대방을 향한 위치가 아니다. 만약 3번대로 카드를 돌려놓지 않으면 상대방 쪽으로 그림이 향하게 될 것이다. 그럴 때는 당신 쪽으로 카드를 돌려놓아야만 카드읽기가 수월할 것이다.
5. 완성된 그림의 의미를 읽는다. 또한 마지막 카드의 그림은 모두 읽어야 한다는 것을 잊으면 안 된다.
6. 돈이나 반지, 배 등 대부분의 사람들이 선호하는 그림이 나타나지 않을 때는 다음과 같은 설명을 해주는 것이 좋다. 현재로서는 당신 삶에서 그것들이 그리 큰 비중을 차지하지 않기 때문이라고. 마찬가지로 상대방이 자신의 건강에 대해 대단히 염려를 하고 있는 사람이라면 '영구차' 나 '장작' 그림이 나오지 않은 이상 건강에

대해 지나치게 염려할 필요가 없다는 위로를 곁들이는 것이 좋다.

옆에 없는 사람의 운을 볼 때

1. 카드 한 벌을 완전히 친다.
2. 운을 알고 싶은 사람에 대해 집중적으로 생각한다.
3. 당신이 직접 카드를 7번 친다.
4. 당신 쪽을 향하여 카드를 한 번 떼어 놓는다.
5. 카드를 테이블 위에 한 장씩 놓고는 그 의미를 읽어간다.

당신이 알고자 하는 사람의 허락을 굳이 받아야 할 필요는 없다. 왜냐하면 당신은 그 누구를 위해서라기보다 당신 스스로 알고 싶다는 필요에 의해 하는 것이니까. 가령 멀리 떨어져 있는 자녀의 안부가 궁금한 것은 당연하지만 굳이 그들을 혼란케 하려는 것은 아니기 때문이다. 다만 카드로 점을 한 번 쳐봄으로써 당신의 우려를 조금이나마 진정시킬 수 있다면 그것으로도 족한 것이다.

'결과'를 이해하는 법

그림이 거의 맞아 떨어지지 않을 때는 어떻게 해야 하나?
실제로 그림이 맞아 떨어지지 않는 경우가 종종 있다. 이런 경우는 대체로 카드를 치면서 당신이 정신집중을 제대로 하지 않았다는 증거이다. 아니면 그때가 당신의 생활에 있어 정체국면이라 할 수 있는 때여서 별다른 사건이 일어나지 않는다는 것을 말해준다고도 할 수 있다. 이럴 경우, 그날은 다시 차드를 만질 필요가 없다.

간혹 맞는 그림이 없을 때, 당신은 또 다른 부정적인 결과도 생각해 보았으면 한다. 그것은 빠른 시일 안에 새로운 일이 생기지 않을 것이라는 것을 암시한다고 이해하는 편이 나을 것이다. 이렇게 생각해 보자. 가령 영구차 장작 혹은 성(CASTLE) 그림 등이 완성되지 않을 경우에는 그 사람의 건강은 만족할만한 상태로, 굳이 걱정을 하지 않아도 된다는 것이다.

마찬가지로 '돈(MONEY)' 그림이 나오지 않을 때는 가까운 장래에 금전적인 변화가 일어나지 않으리라는 것을 암시해 준다. 만약 배(SHIP)나 길(ROAD), 혹은 소년(BOY) 그림이 나오지 않을 때에는 그 사람이 이미 티켓까지 구입해 놓은 여행이 취소되리라는 것보다도, 새로운 모험이나 사업에서 큰 만족을 얻기에는 그리 적당한 시기가 아니라는 암시가 더 강하다. 따라서 어떤 사물을 나타내는 그림이 완성되어 나타나지 않을 때에는 그 사람의 생활에서 지금 당장은 그것들이 그렇게 중요한 영향을 미치지 않는다는 뜻이다.

만약, 불길한 그림이 나타났을 때

불길하다거나 부정적인 의미를 담은 그림이 나타났다고 해서 어물쩍 넘어가면 안 된다. 그림을 놓여진 방향대로 읽은 다음, 심각한 상황에 대해서 설명을 해준다. 그러나 결정적인 충고는 금물! 사람들은 누구나 쉽게 치유될 수 있는 병을 앓는 수도 있다. 결혼 생활이 파탄으로 끝날 수도 있지만 다시 합쳐질 기회도 얼마든지 있는 법. 일기 예보관은 폭풍우가 몰려 올 것이라 경고는 할 수 있겠지만 당신이 그 속에서 죽는다고 장담할 수는 없는 것이다. 마찬가지로 카드가 모종의 위험을 경고할 수는 있겠지만 그 상황에 대처하는 태도는 사람마다 다를 수가 있다.

어떤 사람은 그림과 관련지어 자신의 신상을 털어 놓기도 하고 어떤 사람은 내심 꼭꼭 숨기려 할지도 모른다. 카드의 놀라운 위력이라는 것이 바로 감춰 두었던 속마음을 토로하게끔 도와줄 수 있는 것이라면 그것이 바로 개운하게 해줄 수 있다는 것이 아니고 무엇이겠는가.

한편으로는 가장 친한 친구라도 도저히 밝히고 싶지 않은 비밀을 갖고 있다면 굳이 들춰내려 애쓸 필요는 없을 것이다.

카드를 해석하는 사람으로서 당신이 읽어주려는 사람의 문제를 굳이 증명해 내려고 애써서는 안 된다. 다만 그들에게 카드가 말해주는 충고를 제공해 주면 족할 것이다.

언제 카드를 쳐보는 것이 좋을까

1. 카드 점은 언제, 어디서고 가능하다.
2. 카드 점은 한 사람이 하루에 한 번 이상을 보아서는 안 된다. 같은 날 한 번 이상을 보면 신체 에너지의 흐름을 방해하거나 충고가 함부로 변경될 수가 있기 때문이다.
3. 점이라는 것은 당신 주변을 감싸고 있는 심리에너지의 일반적인 예측을 원할 때 이루어진다. 일기예보 같다고 생각하면 된다. 즉, 이는 당신 자신을 위해서나 당신과 함께 하는 친구들, 당장 옆에 없더라도 당신과 가까운 다른 누군가를 위해서 당신 스스로 해야 할 일이다.
4. 당신이 모종의 충고를 얻고 싶을 때, 점을 쳐볼 수 있다. 당신은 당면한 문제를 해결하는데 길잡이가 될 만한 어떤 답을 구할 수 있을 것이다. 물론 카드 자체가 모든 문제를 완전히 해결해 줄 수는 없다. 그러나 상황을 명확하게 설명해주며(마치 길 안내지도처럼) 모든 양상이 선명히 드러나서 당신이 올바른 방향으로 나아가는데 도움을 줄 수 있을 것이다. 때때로 카드는 마치 '델피의 신탁' 같은 위력을 발휘하기도 한다. 이러한 모호하고 수수께끼 같은 전언은 당신 스스로 명확히 해석할 수밖에 없다.
5. 당신은 때로 다른 누군가의 신의(信義)나 진심을 믿지 못할 때가 있을 것이다. 이럴 때 카드는 당신이 다만 의심만 품고 있는지 혹은 질투를 하고 있는지 말해 준다.
6. 당신이 중대한 여행을 목전에 두고 있을 때, 카드를 한 번 쳐보길 권한다. 카드는 여행에 대한 우려를 덜게 해 줄 수도 있고 앞으로 닥칠지 모르는 위험도 미리 경고한다. 쓸데없이 걱정을 안고

있는 사람들은 특히 이 카드를 쳐봄으로써 불필요한 노심초사를 떨쳐 내라고 권하고 싶다. 간혹 어떤 위험에 대한 경고가 있다면 특별한 주의를 기울여 문제를 피하는데 노력해야 할 것이다.

7. 새로운 업무나 사업을 시작했을 때에도 카드는 요긴하게 쓰인다. 그 일의 결과라든가 일을 추진하는 과정에서 생길지 모르는 복잡한 문제나 방해물을 알려주기 때문이다.

8. 별다른 흥밋거리가 나타나지 않은 어정쩡한 상황에서도 카드를 한 번 쳐봄직하다. 이런 경우는 당신의 현재상황이 비교적 행복한 것이라고 이해하면 된다. 그러나 아직 예측도 할 수 없는 돌발적인 사건들도 당신에게 알려줄 수 있다.

9. 전통적으로 금요일은 카드를 만지기에 딱 알맞은 날이다. 옛사람들은 금요일에는 고기를 먹지 않으며 그날 생산된 산물도 먹지 않는다. 이렇게 금요일은 모두의 몸과 마음이 정결한 날이기 때문에 마음속의 울림을 받아들이기가 훨씬 낫다는 것이다. 당부하건대, 일요일에는 카드를 만지지 않는 것이 좋다. 일요일은 휴식을 취하는 날이며 교회에 가는 안식일이다. 또한 일요일에 카드 점을 보면 제대로 맞지 않기가 십상이다.

10. 1년간의 총 운세를 알아보려 할 때에도 이용할 수 있다. 신년 첫날, 앞으로 1년 동안에 생길 커다란 일들을 예측해볼 수 있다. 혹시 당신이 그해에 완성하고자 하는 계획을 가지고 있다면 카드에 그 결과를 물어보라. 또한 예기치 않았던 일도 드러날 수 있을 것이다. 만약 아주 극소수의 그림만 맞추어졌다고 하더라도 실망하지는 말기 바란다. 그것은 그 해가 상대적으로 조용한 한 해가 될 것임을, 즉 앞으로의 새로운 시도를 위해 생각과 기운을 축적할 수 있는 한 해라고 여기면 되니까.

나의 경우는, 대체로 1년 운세는 그 예측사항을 미리 적어 놓은 다음, 1년 동안 그 사실들과 맞추어 보고 있다. 만약, 사실로 드러나는 일이 있다면 이는 자연의 에너지를 따르는 카드가 맞는 것으로 보아야 한다.

11. 혁명 전 러시아에는 예수의 세례식 전날 갖가지 운명 점치기가 성행했었다. 그날은 예수 탄생일로부터 쳐서 12일 후이다. 러시아 전래의 달력은 혁명 후에 서구식 달력에 따라 수정되었다. 전래의 그레고리우스 달력에 의하면, 그리스도의 탄생일은 1월 7일이었고 따라서 예수의 세례명명축일은 1월 19일이 될 것이다. 그러므로 1월 18일 저녁에 나는 운명 점치기에 관심이 많은 친구들과 꼭 모임을 갖곤 했다. 나는 내 카드를 사용하고 다른 친구는 자기가 사용하는 방식의 카드를 치며, 또 다른 친구는 나름대로의 신비술을 시험해 보기도 한다. 다만 손님 숫자는 4명을 넘지 않는 것이 좋겠다. 만약 더 많은 사람들이 모인다면, 각각의 만족할 만한 운을 점쳐보기가 쉽지 않으며 카드가 북돋아준 은밀한 마음의 대화를 얼마간 빠뜨리게 될 지도 모를 일이다. 이 카드 점은 이제 다가올 한 해외 더 나아가 가까운 장래에까지 적용될 수 있다. 그 결과를 적어 놓은 다음 한 해에 걸쳐 그것들을 점검해 보는 것도 효과적이다.

몇 가지 유의사항

1. 운세를 점치는 데 결코 돈을 받지 말 것. 친구들이 가끔씩은 호의로 음식이나 술을 가져오는 경우가 있지만 운세를 보는 데 대가를 요구하는 것은 온당치 못하다.

2. 한 사람이 하루에 한 번만, 그 이상은 바람직하지 않다.
   3. 일요일에는 하지 않는 게 낫다.
   4. 어린아이들을 대상으로 사용하지 말 것. 아이들이 카드를 가지고 그림맞추기 놀이는 할 수 있을 것이다. 그 자체가 해가 되지는 않는다. 실제로 그림맞추기는 아이들에게 교육적인 효과가 다분하다. 그러나 어린아이들의 원기와 지각능력은 시시때때로 변하고 급속히 확장되기 때문에 예측이라는 것이 거의 즉각적으로 쓸모없는 것이 되어버리고 만다. 대체적으로 카드 점은 16살이 넘어서야 기능하다. 그러나 그 나이에도 실제로 예측하기가 벅찰 정도로 많은 일들이 급속히 변할 것이다. 따라서 가장 이상적인 나이로는 18세가 넘는 성인이 되어서야 적절한 예측이 가능하다는 것이다.
   5. 경고하건대 모종의 범죄행위를 위해서 이 카드를 이용해서는 결코 안 된다. 혹시 특별한 시기에 당신이 재정적인 운세가 궁금하다거나 복권이나 경마 등의 운수를 보는 것 정도라면 괜찮겠지만. 그러나 명심할 점은 카드가 당첨을 보장해 주거나 하지는 않는다는 것이다. 다만 시기가 좋은지 정도는 말해줄 수 있을 것이다. 그렇지만 혹시라도 범법행위를 모의하고 있다면, 카드는 절대로 당신이 기대하는 답을 주지 않을 것이며, 저주를 받을 수 있음도 명심하라.

PART II
그림의 의미를 해석하는 법

그림의 의미를 해석하는 법

● **영향이 미치는 기간** : 차드가 예견해 주는 사건들은 점을 치는 순간부터 1, 2주 앞선 사건들로 현재, 혹은 미래에 일어날 일들과 관련이 있다. 각각의 그림들은 나타내는 표현도 영향이 미치는 기간도 각기 다른데 다음의 용어들로 나타낸다.

- ●**즉각적임** —— 카드를 읽는 시점부터 한두 주 전이나 후의 일들에 관련이 있다.
- ●**단기간** —— 차드를 읽는 시점부터 한 주에서 네 주 후에 일어날 일들이다.
- ●**중장기** —— 한 달에서 몇 달 이후의 사건들이다.
- ●**일생** —— 한 평생에 걸쳐 나타날 효과를 가리킨다.

●**상징** : 카드의 그림은 아주 간략한 묘사에 불과하다. 그러므로 그림의 실제적인 의미는 화살표가 표시하는 위치에 따라 결정된다고 할 수 있다.

●**의미** : 그림의 자세한 의미는 전해 내려오는 러시아식 해석을 옮긴 것이다. 또한 1, 2, 3, 4라는 번호도 화살표가 가리키는 방향, 즉 아래쪽은 위치 1, 오른쪽은 위치 2, 왼쪽은 위치 3, 그리고 화살표가 위쪽으로 향하고 있을 때가 위치 4이다.

●**그림들의 일반적인 의미** : 각 그림들의 기본적인 설명들을 제공한다. 이는 일종의 상징을 설명하는 것으로, 다시 말하면 왜 그 그림이 어떤 사건을 나타내는지 설명하는 것이라 할 수 있다. 이 카

드에 나타나는 모든 상징들은 고대 이집트, 희랍신화, 기독교, 중세 그리고 러시아의 각 지방들에서부터 유래했다. 우주적인 총체적 관념을 나타내는 상징이 있는가 하면 러시아에서만 전래되어 오는 상징도 있다. 일단 이 부분을 한 번 읽어두면, 카드점을 볼 때마다 읽는 수고는 하지 않아도 될 것이다.

●화살표의 방향 1, 2, 3, 4 : 화살표들이 가리키는 방향을 참고하면, 각 그림들의 더욱 세세한 설명을 알 수 있다. 이 구체적인 설명 속에는 속담이나 격언들이 포함되어 있다. 이것들이 당신의 특정한 상황에 꼭 관련된다고는 할 수 없지만, 그 문맥에 의존해서 가능한 해석을 이끌어 내어 볼 수는 있지 않을까. 더욱이 많은 러시아 속담들은 우리가 익숙하게 여기는 것들 속에서 다른 형태로 나타나는 실제들의 진실을 보게끔 해준다.

대체적으로 보면, 화살표 1과 2는 확실하며 낙관적인 의미로서 좋은 소식을 알려준다. 특히 화살표 1번의 경우가 가장 긍정적이며 강력한 의미를 띠고 있다. 반면 3과 4는 비교적 부정적인 의미로써 당신에게 닥칠 어떤 위험스러운 상황을 경고해 준다.

화살표 방향 1 : 강력한 의미
화살표 방향 2 : 비교적 약한 의미
화살표 방향 3 : 약간 부정적인 의미
화살표 방향 4 : 부정적인 의미

그러나 몇몇 그림들, 예컨대 영구차, 낫, 단검 등은 항상 부정적인 표현을 나타내는 그림임을 명심하라. 이러한 그림들의 부정적인 경고로는 1번 화살표가 가장 강력하며, 화살표 4는 가장 약한 의미를 가지는 것이다.

1. 기사 (CAVALIER)

- 영향이 미치는 기간 : 지금, 또는 닥쳐오는 미래.
- 상징 : 소식.
- 의미 : ↓ 1. 당신은 기쁜 소식을 듣게 된다.
  → 2. 기대하지 않았던 희소식.
  ← 3. 실망스런 소식이 전해진다.
  ↑ 4. 불쾌한 소식을 듣게 된다.

- 그림에 대한 일반적 의미 : 대개의 경우 기사는 군주나, 연약한 귀부인들에게 헌신적이며 정의로운 신사를 가리켰다. 또한 기사들은 우체국이 생기기 훨씬 전부터 소식을 전해주는 역할을 하기도 했다. 그 소식은 대체적으로 중대한 성격을 띠었지만 여자와 관련되는 것일 때는 시시껄렁한 쑥덕공론 같은 것이기도 했다.

오늘날에 이르러 '기사'라면 행정관료나 변호사 혹은 중견 경영인 등에 비견될 수 있을 것이다. 무엇보다 이들은 정보를 조정하고 취급하는 권한을 가진 자들이다. 따라서 당신이 얻게 될 소식이 공식적일 수도 있으나 경우에 따라서-옛날의 기사들이 그랬듯이-시시한 가십거리에 지나지 않는 것일 수도 있겠다.
   이 그림은 당신이 궁금해 하는 문제의 해답을 던져 줄 수도 있다. 가령, 당신이 어떤 회사에 입사원서를 낸 상태라면, 이 그림은 당신의 합격여부를 알려 줄 수 있을 것이다. 그렇지만 명심할 것은, 이 경우 오직 최초의 소식에만 관련이 있다는 점이다. 실제 그 상황의 결과까지 구체적으로 얘기해 주는 것은 아니다. 가령, 당신이 그 회사의 대기자 명단에 끼게 되었다는 것을 안다는 것은 실망스러울 테지만, 그러나 아직 그 결과는 긍정적으로 해결될 가능성도 가지고 있다는 것이다.

● 방향 1 : 당신은 기쁜 소식을 듣게 된다. 혹시 당신이 궁금해 하는 문제가 있다면 얼마 있지 않아서 그에 대한 긍정적인 답신을 받게 될 것이기 때문이다.
   이 그림은 또한 당신보다 더 높은 위치에 있는 사람들이 당신을 돕고자 하며 그들로부터 조언이나 호의를 얻기에 좋은 시기임을 알려준다.

● 방향 2 : 뜻하지 않던 기쁜 소식이 들려온다. 당신이 의식적으로 기대하고 있지는 않았지만, 막상 이 소식을 듣는다면 당신은 대단히 기뻐할 것이다. 예를 들어, 당신이 다니는 회사가 더 나은 지역으로 옮기게 되었다거나 혹은 단순히 감기몸살 정도로 생각했던 것이 오랫동안 기다려 왔던 임신으로 판명되거나 하는 경우들이다. 이러한 소식 중에는 때때로 가십성의 얘기들이 낄 수도 있다. 예를 들어 당신이 싫어하는 바로 그 정치인이 섹스 스캔들에 연루되었다는 사실을 듣는 것 같은 것이다. 대개의 소식들은 당신이 은근히 마음속에 품어 두고 싶어할 만한 것들이다. 그편이 훨씬

당신을 흥분케 할 것이기 때문이다.

● **방향 3**: 실망스러운 소식. 이미 언급하였듯이 최초의 소식은 실망만 가져다 줄 것이다. 그러나 당신의 계획이 항상 좌절되리라는 것은 아니다. 아마도 당신의 입사원서는 대기자 명단으로 넘어갔거나, 당신의 제안이 수정을 해야 되는 경우가 생길지도 모른다. 만약 당신이 이러한 실망적인 소식을 듣기 전에 카드를 통해 미리 마음의 준비를 할 수 있다면, 좀 더 냉철하게 그 암시를 받아들이고, 다음 단계를 더욱더 잘 준비할 수도 있을 것이다. 문제의 소식에도 그다지 놀라지 않음은 물론이다.

● **방향 4**: 기분 나쁜 소식. 어떤 문제에 대해 의문을 가졌을 때 그 답은, 대부분의 경우 부정적으로 나타난다. 또한 이 상황을 변화시키기 위해서 현재로서는 당신이 할 수 있는 것이란 아무것도 없다.

2. 클로버 (CLOVER)

- 영향이 미치는 기간 : 한 달에서 몇 달 이내.
- 상징 : 행운.
- 의미 :　↓ 1. 행복, 욕망의 충족.
　　　　→ 2. 오해에서 기인된 약간은 희미해진 행복.
　　　　← 3. 슬픔은 잠깐이고, 곧 만족스런 결과를 얻는다.
　　　　↑ 4. 섬각할 정도로 실망스런 지경에 빠진다.

● 그림의 일반적 의미 : 클로버는 토양을 기름지게 해주는 식물이다. 따라서 클로버 하면, 질 좋은 목초지나 행운을 연상하게 된다. 자연은 당신의 인생을 풍요롭게 가꾸도록 움직여 준다. 당신은 그저 그 풍성한 수확을 즐기기만 하면 되는 것이다.

일반적으로 클로버는 어떤 사람의 직접적인 주변이나 환경과 관련시킬 수 있다. 즉 가정이나 직장, 가족 혹은 여가활동까지들 두루 포함한다. 또한 클로버는 물리적인 환경보다는 그 사람의 감정적인 상황과 더 관련이 깊다. 아주 구체적이고 세세한 이유보다는, 다만 행운의 여신이 당신에게 미소짓고 있기에 행복한 것이다.

그러므로 이 그림이 암시하는 아이러니컬한 상황이 바로, 우리가 가끔은 알지 못한 순간에도 행복을 느낄 때가 있다는 것이다. 결국 클로버 그림은 만사가 잘 되어 나갈 때 우리에게 베풀어진 축복을 다시금 헤아려 보게 하는 다정한 암시라는 것이다.

● **방향 1**: 클로버는 행복과 만족을 가져다준다. 이 방향은, 이제 당신은 행운과 함께 하고 있다는 걸 말해 준다. 만약, 당신이 어떤 일의 결과에 대해 궁금해 하고 있다면, 만사는 잘 풀릴 것이니 걱정말고 기뻐하라.

아니, 어쩌면 당신은 이미 행운과 함께 하고 있는지도 모른다. 이 그림은 현재나 다가올 미래와 더불어 점을 칠 당시보다 다소간 앞선 일을 포함하기도 하기 때문이다.

클로버 그림은 당신의 삶에 있어 중요한 소원이나 욕망이 성취되리라는 강력한 암시를 던져 준다. 항상 꿈꾸어 왔던 이상형의 이성을 만난다거나, 원하던 직장에 나가게 되거나, 혹은 벼르고 벼르던 담배를 이번에야말로 끊게 될지 모른다.

● **방향 2**: 다소간의 오해 때문에 행복에 약간은 먹구름이 끼겠다. 행복이 최상의 선(善)이긴 하지만 저절로 찾아오는 것은 결코 아니다. 우리는 건강, 재산, 지식, 우정, 그리고 선한 행동 등을 통해 행복을 가꾸어 나간다. 이틀 중 어느 하나를 얻는 것이 행복으로 다가가는 것을 수월케 하겠지만, 만약 우리가 그 중에서 오로지 하나만을– 특히 재산 같은–추구하고 다른 것은 도외시한다면, 진정한 행복을 얻을 수 있다고 할 수는 없을 것이다. 당신이 완전한 행복에 도달하는데 방해가 되는 것은 무엇일까? 혹시 당신은 너무 일에만 매달리고 있는 게 아닐까? 주변의 다른 사람들과의 교류를

너무 소홀히 하고 있지는 않는지? 아니면, 단지 간단히 묻기만 하면 되는 사소한 문제 때문에 지나치게 골머리를 썩히고나 있는 것은 아닐까? 어떤 오해가 존재하든지 간에, 지금 당신에게 생긴 문제는 해결하기가 그리 어렵지는 않은 것들이다. 클로버 그림이 당신에게 행운을 가져다 줄 것임을 믿어 의심치 말기를.

● **방향 3 :** 잠시 동안은 슬픔을 겪게 되겠지만, 그것은 안정과 행복으로 가는 과정에 불과하다. 당신의 행운지수는, 지금 당장은 다소간 하강상태라 할 수 있다. 하지만 그것은 단기간일 것이다. 직장을 잃거나 시험에 떨어질 지도 모른다. 아니면 가장 친한 친구가 아주 먼 지역으로 이사를 가게 되는 등 현재를 행복한 상황이다라고 할 수는 없겠지만, 난항에 빠진 당신의 문제를 곧 풀어 줄 긍정적인 해답이 무르익어 가고 있다. 이윽고 당신은 새 직장을 얻을 것이며, 시험에도 합격하고, 더 나아가 친구와 자주 연락을 주고받을 새로운 방법도 찾게 될 것이다.

이 해답의 비밀은 다음과 같다. 즉 당신이 지금 처한 상황에서 너무 의기소침해서는 안된다는 것이다. 그런 생각은 한 번으로 족하다. 그리고 현재 위치를 다시 한 번 생각해 보고 새로운 기분으로 출발하는 것이다.

당신은 타인들과 더욱 폭넓은 교류를 이루어 감으로써 자신의 운을 더욱 확장할 수도 있다. 또한 당신의 예감, 육감에 귀를 기울이고 가능성을 신중하게 타진해 본 다음, 기회를 잡아야 한다. 무엇보다도 당신 자신을 믿는 것이 중요하다. '클로버'가 당신 편이지 않은가. 더불어 다음과 같은 러시아의 속담 하나를 되새겨 보는 것도 좋을 것이다. "고통이 없으면 교훈도 없다."

● **방향 4**: 심각한 슬픔이나 실망스러운 상태. 지금으로 보아선 행운의 여신이 당신과 함께 하지는 않는 듯하다.

당신을 슬픔에 빠뜨릴 일이 생길 것이지만, 어찌할 도리가 없다. 친한 사람이 죽거나, 회사가 파산하거나, 정부가 교체되거나 하는 일들. 그러나 그것들과 상관없이 세상은 여전히 돌아간다. 일단은 그 슬픔이나 실망감을 애도할 시간을 갖도록 하라. 그러면서 당신은 휴식을 취할 수 있을 것이다.

슬픔이나 실망은 당신 자신의 노력여하에 달렸을 수도 있고, 혹은 당신과 대단히 밀접한 관계에 있는 사람과 연관된 것일 수도 있다. 경우야 어쨌든, 당신은 감정적으로 민감한 영향을 받게 될 것이다. 다시 한 번 러시아 속담 한 편을 인용해 본다.

"계획은 인간이 하지만 그 모든 것을 주관하는 것은 신이다."

3. 배 (SHIP)

- 영향이 미치는 기간 : 한 달에서부터 몇 달 이내.
- 상징 : 재력, 모험.
- 의미 : ↓ 1. 재산을 상속받거나 내기에 이긴다.
  → 2. 장사나 노동으로 재산을 얻는다.
  ← 3. 여행.
  ↑ 4. 물질적인 손해, 실패로 끝난 노력.

- 그림의 일반적 의미 : 배 그림은 어떤 사람의 재정상태와 밀접한 관련이 있다. 즉 부(富)나 모험을 의미한다. 초기의 신세계 탐험 시대에 '배'는 신대륙 발견의 강력한 상징으로서, 결과적으로는 부의 축적으로 이어졌다. 수비학(Numerology)에서도 배는 모험이나 여행, 그리고 새로운 경험 등을 의미하는 것이었다. 일반적으로 이 그림은 어떤 종류의 행동을 고무시키는 것이다. 예컨대 이 그림이 1번 방향에 있을 때는 재정적인 모종의 기회를 잡게 될 것이다. 그렇지만 4번 그림이 나타났을 때는, 돈이나 사업에 있어서 어떤 경계신호를 나타낸다고 보아도 무방할 것이다.

● **방향 1**: 재산을 상속받거나 어떤 내기에서 이기게 된다. 요즈음의 경우로 본다면, 이는 전혀 기대하지 않았던 자금의 출처를 얻게 되는 것이라 이해할 수 있다. 이 경우에, 복권을 사거나 도박을 한다면, 이익을 보기에 좋은 시기이다. 그러나 강조하고 싶은 것은, 이 그림이 나왔다고 해서 매번 내기에 이긴다는 것은 아니다. 다만 이 시기동안, 당신의 승부운이 확대된다는 것 뿐이다. 마찬가지로 금전운은 꼭 당신이 계획한 행위 외 다른 곳에서도 찾아올 수 있다. 당신이 어떤 재산을 받는다는 것은, 생각지도 않았던, 아니 이미 잊고 있었던 곳에서도 금전을 얻을 수 있다는 것을 암시하고 있다. 아마도 거의 잊혀졌던 친척이라든가, 오래전에 사두었던 주식이나 채권들이 이제는 상당한 이익을 남길 수 있게 되었을지도 모를 일이다. 지금이야말로 일찍이 시작했던 사업들과 더 밀착되어야 할 때이다. 수수료나 보너스 등도 이미 준비되어 있을 것이다.

다만 한 가지 명심할 점이 있다. 이 카드가 모종의 불법적인 방법을 통한 이득까지도 보장하는 것은 아니다.

● **방향 2**: 장사나 노동의 대가를 통한 이익. 탐험가들은 미지의 대륙에 발을 디디면서 많은 모험을 겪게 된다. 그 모험들 중 어떤 것은 굉장한 보물이 든 상자를 발견하는 수확을 낳기도 했다. 마찬가지로, 노력만 한다면 재정적인 이득이 당신을 기다릴 것이다. 이런 때는 무엇을 판다든가 또는 노동에 대한 적절한 대가를 얻을 수 있는 시기이다. 만약 당신이 지금 빈둥거리고 놀고 있다면, 이제야말로 새로운 사업계획을 시작하거나, 새 일자리에 도전해 볼 만한 때이다. 노력을 기울이는 한 멋진 결과는 당신 것이 될 것이다. 이 경우에 적당한 러시아 속담이 있다. "쇠는 뜨거울 때 두드려라"

● 방향 3 : 여행을 하게 된다. 이 그림은 여행을 떠나기에 적절한 시기임을 말해준다. 대체적으로 이 경우는, 단순한 주말소풍이 아니라 장거리 여행을 암시한다. 이 그림이 '길(道)' 그림과 인접하고 있다면, 여행 가능성이 대단히 농후한 것이다. 혹시 당신이 어떤 여행계획을 미리 세워 놓고 있는 상태에서 이 그림이 나타났다면, 당신은 순조롭고도 즐거운 여행을 기대해도 될 것이라는 의미이다.

● 방향 4 : 물질적인 손실이나 무익한 노력. 모든 탐험가들이 혁혁한 수확을 올린 것은 아니었다. 콜럼버스는 북미대륙은 발견했지만 실제로 그가 기대했던 금덩어리들을 가지고 귀국할 수 없었다. 이렇게 볼 때, 당신이 노력만 기울인다고 항상 성공이 뒤따르리라는 법은 없는 것이다. 이럴 때는, 도박을 하거나 모종의 금전적인 기회를 엿보기에는 적당치 않다. 투자를 고려할 때도 신중해야 하며 특히 가진 돈을 몽땅 한 종목에 쏟아 붓는다는 것은 위험한 일이 아닐 수 없다. 이 경우를 꼬집은 러시아 속담이 하나 있다. "바다를 건너면 소 한 마리가 반 페니(PENNY: 화폐단위)가 된다" 어떤 나라에서는 비싼 물건이 다른 나라에서는 아주 싼 물건으로 둔갑해 버리는 수가 있다. 따라서, 당신의 현재 아이디어가 비록 좋기는 하지만, 실제로 응용하기에는 부적절할 수도 있다.

4. 집 (HOUSE)

- **영향이 미치는 기간** : 지금 당장부터 서너 달, 이내.
- **상징** : 집안 일, 사업상의 문제.
- **의미** : ↓ 1. 모든 일에 성공한다.
  → 2. 바른 길만이 성공의 지름길이다.
  ← 3. 주변의 인물들을 주목할 것.
  ↑ 4. 새로운 계획일 땐 실패한다.

- **그림의 일반적 의미** : '집' 그림도 클로버처럼 행운을 암시한다. 집이나 오두막은 우리의 원초적인 관심사 중의 하나로, 부차적으로는 물이나 음식을 떠올리게 한다. 잘 지어진 집을 갖는다는 것은 또 다른 일이나 사업을 추구할 수 있다는 것을 의미한다. 예컨대 집 그림은 물질적인 안정을 의미하며, 가정의 경제적 상태를 가리키기도 한다. 이 그림은 또한 가정의 안정을 보장해 주는 직접적인 수단으로써 직업이나 사업상의 문제까지 나타내 준다. 물질적인 결과에 근심하고 있는 사람에게 이 그림이 나타났다면, 희소식을 기대해도 된다.

● 방향 1: 이 그림에서 얻을 수 있는 최상의 형태가 바로 이 방향이다. 이는 당신의 집안에서 어떤 일이건 순조롭게 진행되고 있음을 확신시켜 준다. 일반주택이나 아파트, 혹은 어떤 주거형태이건 집안일은 안정적이고도 행복하게 꾸려지고 있다. 또한 집을 고치거나 새로운 일을 시작해도 원활히 진행된다는 것을 암시한다. 이 그림은 또한 파산 직전의 상태에서도 나타나는데, 결국 당신은 그 어려운 환경 속에서도 가능한 한 성공적인 해결을 볼 수 있으리라는 것이다. 만약 당신이 새로운 시도를 하고 있는 와중에 이 그림이 나타난다면, 그것은 전력투구를 하라는 의미이다. 왜냐하면 당신의 성공은 십중팔구 확실하기 때문.

● 방향 2: 올바른 길만이 성공의 지름길이다. 마치 델피의 신탁같이 모호한 수수께끼 같은 말이다. 도대체 어떤 것이 올바른 길이란 말인가? 따라서 지금이야말로 당신의 여건들을 면밀히 검토하고 자신에게 알맞는 것을 추구하도록 해야 할 때이다. 그러므로 그 해답은 당신 자신이 가지고 있으며, 다만 문제의 핵심을 파악하고 그 대답을 듣는 것은 스스로의 직관에 귀를 기울여야 할 터이다. 직관은, 대개는 단 한 번 번쩍 스쳐 지나간다. 그러면 이성이 그것을 재빨리 받아들여 합리적으로 그 상황에 바람직한 학습된 가치들을 적용시킬 수 있을 것이다. 만약 당신에게 이 그림이 나타난다면, 비록 다른 이들이 막연하다고 할지라도 당신의 독특한 생각을 강력하게 밀고 나가도록 하라. 어떠한 새로운 생각도 처음에는 의혹과 반대에 부딪치지 않는 것이 없다는 것을 새삼 기억하면서 말이다.

● 방향 3: 당신 주변의 인물들에게 주목할 필요가 있다. 누군가

가 당신에게 경제적인 손실을 입힐지도 모른다. 당신의 집을 고치고 있는 사람이거나, 아니면 당신에게 과중한 업무를 떠맡기는 사람일 수도 있다. 혹은 당신의 계획을 방해놓거나, 당신에게 외상으로 일을 시킬 수도 있다.

또한 이 그림은 당신의 가정에 위험스러운 인물이 생길 수 있다는 것을 알려준다. 예컨대, 평소에 착했던 자녀가 술이나 환각제 등으로 난폭해져서 주변을 괴롭힐지도 모른다. 이럴 경우, 결코 그를 자극해서는 안되며, 문제를 차근차근 풀도록 노력해야 한다. 또한 '집' 그림은 그 효과가 즉각적이지만 그리 오래 지속되는 것이 아니다. 따라서, 때를 기다려 더 좋은 시기가 될 때 문제를 해결하는 것도 하나의 좋은 방법이다.

이 그림이 나타났을 때는 특히 문 단속에 신경을 써서 도둑이나 강도에 철저히 대비하는 것도 필요하다. 이 시기에 낯선 사람을 초대한다든가 주변(이웃)을 너무 믿는 것도 조심해야 한다. 이 경우에 적절한 러시아 속담이다. "신에게 의지하라. 그러나 네 자신에게도 소홀히 하지 말 것이다"

● **방향 4** : 새로운 계획에 차질이 생긴다. 이는 그 계획이 항상 난관에 부딪친다기보다는 그 시기에만은 별로 성공적이지 못하다는 것이다. 혹시 당신은 지금 집 계단을 새로 칠할 계획을 세우고 있는 것은 아닌지. 그렇다면 각종 잡다한 일들로 도저히 시간을 낼 수가 없을 것이다.

이 그림은 또한 현재 진행시키고 있거나 계획되고 있는 것들에 대해서도 얘기한다. 당신이 상사에게 그 안을 제출하지만 퇴짜를 맞을 가능성이 더 높다. 그렇다고 해서, 완전히 포기하라는 것은 아니다. 다만 다시 한 번 심사숙고해 보아야 할 필요가 있다는 것이다. 만약 당신이 그 계획에 성공이나 실패의 가능성을 깨달았다면, 집 그림은 이 방향으로 나타날 것이 틀림없다. 이는 당신에 대한 일종의 예언이며, 따라서 실제로 거절을 당해도 그리 놀라지 않게 된다. 결국 당신은 그 계획을 보다 잘 실현시키기 위해서 제시되는 새로운 제안을 숙지하는 더 나은 마음가짐을 갖게 될 것이다.

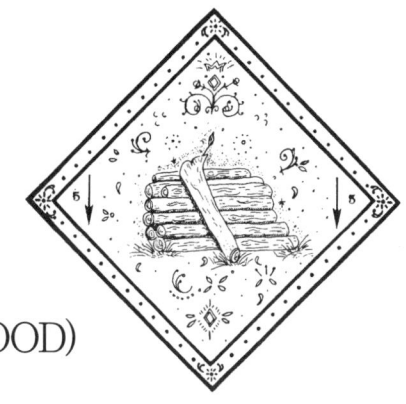

5. 장작 (FIREWOOD)

- 영향이 미치는 기간 : 즉각적임.
- 상징 : 육체적인 건강
- 의미 : ↓ 1. 양호한 건강상태
  → 2. 회복.
  ← 3. 사소한 질병.
  ↑ 4. 타박상이나 절개, 기타 질병.

● 그림의 일반적 의미 : 장작이란 날씨가 추울 때 우리의 몸을 덥혀주고 건강을 지켜주는 데 필수적인 것이다. 이 그림은 우리의 육체적 건강의 즉각적인 상황을 나타낸다. 혹시, 약간만 몸이 이상해도 의사에게 쫓아가는 우울증이나 건강 염려증 환자들이라면, 이 그림이 생과 사를 주관하는 큰 병에 대한 것이 아니라고 안심을 시켜주어야 한다. 그 경우에는 영구차 그림이 더욱 심각한 병을 나타내 주기 때문이다.

● 방향 I : 양호한 건강상태를 가리킨다. 혹시 당신이 지금 건강

에 대해 염려를 하고 있다면, 그 염려는 당장 붙들어 매는 것이 좋겠다. 당신의 모든 생활은 오히려 육체적 안정에 기여하고 있으니 말이다. 때로는 이 그림이 나타났을 때 어떤 문제에 접하고 있을 수도 있다. 그렇지만 이 그림이라면, 그들이 어떤 걱정을 하고 있든지 건강에는 하등 영향을 미치지 않음을 단정해도 좋을 것이다. 혹시, 연로한 노인들이 이 그림을 얻게 됐을 때에는, 이 또한 대단히 위안이 되지 않을 수 없을 것이다. 비록 그들의 심신이 약해지고 예전처럼 활력이 넘치지는 않더라도 그들이 아직 건강하다는 것을 틀림없이 말해주고 있기 때문이다.

● **방향 2**: 회복. 당신이 어떤 병을 앓고 있든 지간에 곧 회복할 수 있다. 또한 그 병이라는 것도 감기나 독감 정도이며, 때로는 더 심한 것일 때라도 사용하는 약이나 치료방법들의 효과가 좋을 것이다. 다만 치료는 완치될 때까지 계속하여야 한다. 사소한 통증 정도만 느낌 경우, 이 그림에 대해서 큰 걱정은 하지 않아도 된다. 물론 그 통증은 상상한 만큼 심각한 것은 아니다. 어쨌든 이 그림은 그러한 불편한 상태는 곧 막이 내릴 것이며, 조만간 건강이 찾아오리라는 것을 얘기하고 있다.

● **방향 3**: 사소한 병. 즉 감기나 독감, 혹은 모종의 짜증나는 상태 등이 이 경우에 해당된다. 이것들은 그다지 심각한 질병들이 아니다. (영구차 그림이 나타내는 것만큼은) 만약 이 그림이 떨어졌다면, 당신의 식사습관을 점검해 보든가, 충분한 휴식을 취해서 건강에 마이너스가 될 감기 따위에 걸리지 않게 자신을 돌보도록 한다. 이럴 경우, 러시아 사람들은 이렇게 말하곤 한다. "밤새 마귀에게 물을 퍼 날라 준 것 같은 몰골이군." 이것은 당신이 자신을

너무 혹사했을 때 들을 수 있는 말이다.

혹시, 몸져 들어누웠다 해도 그리 길게 끌 병은 아닐 것이다. 대개는 저절로 낫거나 굳이 병원에 가지 않아도 될 정도의 병이다. 그러나 충분히 휴식을 취하고 적절하게 식사를 조절해서 더욱 심각한 병으로 발전되지 않도록 주의하는 것이 바람직하다.

● **방향** 4: 타박상, 절개 혹은 기타 질병. 당신은 어떤 사정으로 상처를 입게 될 것 같다. 대개는 주의를 기울이지 않고 달려가거나 해서 상처를 입을 수도 있다. 그러므로 매사에 침착하고 주의를 기울이는 것이 상책이다. 혹시 술을 마실 계획이 있다면 절대로 운전을 하지 말 일이다. 이 시기에는 어떤 무모하고도 어리석은 행위가 상처로 직결된다. 이런 경우 러시아 사람들은 다음과 같은 속담을 쓰곤 한다. "어디로 떨어질지 알기만 한다면, 다만 지푸라기 몇 가닥이라도 깔아 놓아라." 상처 입을 위험을 뻔히 알고 있다면 주의하라는 뜻이다. 하지만 그 상처나 병은 심각한 것이 아니며, 바로 치유될 수 있는 것이다.

6. 사과 (APPLE)

- 영향이 미치는 기간 : 1주에서 2주 전이나 그 이후.
- 상징 : 만남.
- 의미 : ↓ 1. 즐거운 일.
  → 2. 뜻밖의 즐거운 기회나 선물.
  ← 3. 즐겁지 않은 모임이나 만남.
  ↑ 4. 가까운 시일 안에 좋지 않은 일이 일어난다 .

- 그림의 일반적 의미 : 학생이 선생님에게 사과를 드려서 선생님을 기쁘게 한다. 사과는 우리를 기쁘게 하거나 분노를 유발시키는 사건과 관련이 있다. 하지만 이 카드가 우리 삶의 중대한 국면을 상징한다고 할 수는 없다. 물론 매일 일어나는 사건에 대해 우리의 태도를 결정하게 하는 중요한 의미를 띠고는 있지만, 만약 우리가 기쁜 일을 즐기거나 달갑지 않은 사람들과의 만남을 견뎌내는 법을 터득할 수만 있다면, 스트레스는 훨씬 줄고 삶을 더 즐길 수도 있을 것이다. 기억하라, 하루에 사과 한 알이면 의사가 필요 없으리라는 걸.

● 방향 1 : 즐거운 일이 생긴다. 잔치가 있거나 점심모임, 혹은 당신을 편안하게 하는 사람들과 커피 한 잔이라도 할 수 있을지 모른다. 혹시 요즘의 생활이 정체상태에 있다면 당신에게 기쁨을 줄 만한 활력소를 찾아보는 것도 좋겠다. 영화를 본다든가, 운동경기 구경, 또 운동을 하거나 음악회에 가는 것 등등. 그와 마찬가지로서 사과를 한 입 성큼 깨물어 먹는 것도 신선한 활력소가 되지 않을까.

● 방향 2 : 예기치 않았던 기쁜 일이 생기거나 선물을 받을 수도 있다. 이 경우는 당신의 삶을 재미있게 할 뜻하지 않던 일이 일어날 수 있다는 것을 의미한다. 아마도, 오랫동안 만나지 못했던 친구와 우연한 조우를 하게 된다든가, 오랫동안 노력을 기울여 왔던 교사 자격증을 따게 될지도 모른다.

당신이 받게 될 선물은 굉장히 정성들여 포장이 된 것일 수도 있다. 그러나 비록 엉성하더라도 어버이날 처음으로 당신의 자녀로 부터 받는 선물이라면 그에 비할 바가 못 된다. 어떤 기쁜 일이 생기면 일단 그것을 한껏 즐겨보라. 당신의 생활을 밝게 꾸며줄 것이다. 러시아에는 다음과 같은 속담이 있다. "조그만 물고기 한 마리가 커다란 바퀴벌레보다 낫다."

다시 말해, 아주 조그마한 기쁜 일이라도 결코 즐겁지 않은 큰일에 비하면 훨씬 의미가 있다는 뜻이다.

● 방향 3 : 달갑지 않은 모임이나 만남. 이 경우는 그리 유쾌하지 못한 대화라든가, 가게 점원과의 다툼, 이웃과의 언쟁, 옛 애인과의 당황스런 만남 등을 얘기할 수 있을 것이다. 가끔 우리들은 자신만의 문제에 너무 깊이 매몰되어 있거나, 너무 바쁘거나 해서,

우리의 자연스러운 본능을 닮아 빠지게 만들어 버리고 만다.
　유쾌하지 못한 만남 때문에 혈압이 올라갈 수도 있다. 하지만 이것은 바람직한 자세가 아니다. 우리가 명심해야 할 점은, 문제는 다른 사람과 사이에서 생긴 것이고, 그 사람의 나쁜 태도가 자신에게 큰 영향을 미치도록 해서는 안 된다는 점이다. 썩은 사과 한 알이 사과 한 상자를 몽땅 썩게 만들 수가 있다. 그러므로 당신은 썩은 사과로부터 가능한 한 멀리 떨어져 있는 편이 현명하다. 문제의 상대방에게 그저 미소나 지어 보이고, 당신은 할 일을 계속하면 된다. 러시아에는 "귀로 듣지 말고 다리로 들으라"는 속담이 있다. 이는 다시 말해, 슬퍼지는 일이 싫다면, 피하는 게 상책이라는 뜻이다.

　● **방향 4** : 가까운 장래에 불쾌한 일이 일어난다. 이 경우도 외판원이나 이웃, 또는 옛 애인과 크게 다툴 일이 생길 수 있다는 것을 암시한다. 이런 유쾌하지 않은 사건은 사소한 예에 불과하므로 당신의 하루를 온통 망칠 필요는 없다. 만약 이러한 상황에서 당신이 감정보다는 이성적으로 대처할 수 있다면 그러한 불쾌함은 쉽게 떨쳐 버릴 수 있다. 러시아 사람들은 다음과 같은 우스갯소리를 흔히 한다. "숲 속으로 깊이 들어가면 갈수록 나뭇짐만 무거워진다."
　이 경우는 다른 사람과 불화가 생겼을 때 적용될 수 있다. 자꾸 다투면 다툴수록 화만 더 쌓이게 된다. 이런 때는, 당신 자신을 바보같이 만드는 불쾌한 일을 더 하지 말라는 뜻이다. 그 역할을 상대방이나 열심히 하도록 놔두라.
　최근에 나에게 이 방향의 사과 그림이 나타난 적이 있다. 나는 무슨 일이 생길지 궁금했고, 혹시 심각한 일이라면 경계를 해야 한다고 생각하고 있었다. 이틀 후, 나는 친구 한 명과 집에서 멀리 떨어진 곳으로 심령모임에 참가하러 가게 되었다. 그날의 점은 15명이 보게 돼 있었다. 이런저런 혼잡 속에서 친구와 나는 간신히 마지막의 두 번호를 잡게 되었다. 친구는 자신의 차례표를 갖고 있었지만, 그나마 나는 내 차례표를 다른 사람에게 줄 수밖에 없었다. 그는 나보다 먼저 왔지만 나중에 온 어떤 사람이 새치기를 한 바람에 차례표를 받지 못했다고 사정했기 때문에.

   나는 당황할 수밖에 없었다. 하지만 이 정도의 일이야 살아가면서 수없이 겪게 되는 조그만 사건들에 불과하다고 생각하자 크게 화낼 가치도 없는 일이라 여겨졌다. 이윽고 우리는 즐거운 점심식사를 하게 되었다. 친구에게는 좋은 운수가 떨어졌고 나는 다시 틈을 내어 그곳에 가기로 했다.

7. 뱀 (SNAKE)

- 영향이 미치는 기간 : 1, 2주 후부터 몇 달에 걸쳐서.
- 상징 : 누군가에게 공격을 당한다.
- 의미 : ↓ 1. 악의를 품은 사람이 독설을 퍼붓는다.
  → 2. 배신, 부정.
  ← 3. 상실
  ↑ 4. 쓰디쓴 질투.

● 그림의 일반적 의미 : 뱀은 악마적인 힘을 경고하는 매우 부정적인 그림이다. 에덴동산에서 이브에게 선악과를 따먹도록 꼬드긴 게 바로 뱀이 아니었던가. 대체로 뱀은 우리의 삶에 부정적인 방향으로 영향을 미치는 모종의 외적인 힘을 의미한다.

그러나 어떤 경우에는, 뱀도 긍정적인 빛을 발한다. 뱀의 독이 사람을 치료하는 약으로 쓰이기도 한다. 커다란 뱀은 생명을 준 수혜자로도 보여 질 수 있다. 즉 아담과 이브가 뱀이 준 과실을 먹고 난 후 오늘날 우리가 알고 있는 것 같은 인간의 삶이 시작되었기 때문이다. 뱀이 허물을 벗듯이, 뱀은 우리에게 또 다른 삶을 위해 하나의 삶을 포기하는 것도 상징한다. 이것은 우리가 원하는 것보다 더욱 많은 지식을 얻을 수 있다는 것과 삶의 가치가 변화되는 결과를 의미해 주기도 한다.

● 방향 I : 악의에 찬 사람에게서 악담을 듣게 된다. 마치 갑자기 뱀에게 불리듯이 대개는 예기치 않았던 부당한 경우일 것이다. 사람이란 원래 악한 존재는 아니다. 따라서 당신이 그를 만났을 때, 그는 좋지 않은 상태였을 가능성이 높다. 그 사람은 다만 당신에게 화풀이를 한 것일 수 있다. 하지만 그의 악담으로 당신은 괴로움을 겪는다. 그가 바로 당신이 약점으로 여기는 소위 아킬레스건을 건드렸기 때문이리라.

카드의 다른 그림들은 이러한 독설에 대처하는 방법을 가르쳐 준다. 이 독설은 잠시 당신을 가슴 아프게 하겠지만, 곧 떨쳐 버려야 한다. 아마도 그러한 경험으로 당신의 약점이 드러나게 되면, 당신은 그 상황을 개선시키기 위해 노력해야 할 것이다. 따라서 이 독설은 결과적으로는 당신에게 상처를 치료하는 독과도 같은 역할을 하게 되는 것이다.

그리고 당신은 이러한 악담을 앞으로는 피하고, 그 상처를 극소화하기 위해서 모든 행동을 심사숙고해야 하며 가능한한 갈등은 피하는 것이 바람직하다.

● 방향 2 : 배신이나 부정, 변심. 만약 당신이 누군가를 불성실하다고 의심하고 있을 때 이 그림이 나타났다면 당신은 분명 이것이 사실이라고 확신하게 된다. 이 그림은 또한 아무것도 의심을 하고 있지 않은 사람에게는 일종의 경고의 의미를 띠고 있다. 반대로, 당신이 누군가를 의심하고 있는데도 이러한 그림이 나타나지 않는

다면, 지금 당신의 의심은 공연한 기우에 불과하다. 해를 거치면서, 나는 이 그림이 주로 성인들의 부정한 행동을 정확히 드러내주고 있음을 알게 되었다.

그러나 그림은 대개는 모호한 것이어서, 어느 편이 부정을 저지르고 있는지 정확히 말해주지는 않는다. 오직, 그 점을 보는 사람만이 그 진실을 알겠지만.

이 그림이 남녀 간의 문제에 관계되지 않을 때는 간혹, 당신 주변의 누구에게나 적용될 수 있다. 당신을 혼란에 빠뜨릴 뱀과 같은 자가 주변에 도사리고 있을지 모른다. 어쩌면 당신이 의심조차 품지 않았던 전혀 낯선 사람일 수도 있다. "깊을수록 물은 잔잔히 흐르지만, 악마가 자라고 있다."

어떤 사람이 조용하면서도 환한 미소로 기분 좋게 다가올지 모르지만, 내심으로는 분노와 질시, 그리고 은밀한 욕망이 꿈틀대고 있을지 모른다. 그런 배신의 정조에 경계하여야 한다. 모든 서류들은 서명하기 전에 세심히 검토하여, 법적으로 하자가 없게 해야 된다. 속아 넘어가기 쉽게 자신을 함부로 방치하지 마라.

● **방향 3**: 상실. 타인의 애정을 잃거나 당신에게서 매우 중요하고도 값진 것을 잃게 된다. 뱀이 허물을 벗듯이, 우리도 간혹 삶을 변화시키고 싶을 때가 있다. 이러한 변화는 당신이 보기에 따라서 긍정적, 혹은 부정적일 수도 있다. 순수함을 잃는 것은 항상 고통스러운 것이지만, 만약 그로써 어떤 현명한 지혜를 얻게 된다면 일종의 필요불가결의 과정이라 할 수 있다.

대부분의 젊은이들은 자신의 연인이 배신하는 것을 용서할 수 없는 행동이라 생각한다. 그러나 상대방이 불성실하다는 인식은 곧 자기 자신의 행동을 다시 돌아보게끔 하는 근원이 되어야 한다.

당신에게 있어 다른 사람을 머무르게 할 수 있는 행동 혹은 부족한 점은 무엇일까? 따라서 어떤 것을 잃는다는 것이 경우에 따라 당신 자신, 소중한 가치들, 그리고 인생의 목표에 대해서 보다 깊은 이해를 촉진하는 기회가 될 수도 있다.

인생을 살아가는 것이 평탄한 운동장을 뛰는 것과 같은 것만은 결코 아니라는 점을 기억하라. 우리는 살아가면서 많은 장애물을 접한다. 어떤 것은 조그만 둔덕같이 대수롭지 않을 수도 있지만, 어떤 것은 태산처럼 높고 험한 것일 수도 있다. 우리는 장애물이나 문제를 해결하는 방법을 통해서만이 진정한 성장과 만족을 얻을 수 있다.

간혹 당신이 대단히 높은 가치를 두었던 것을 잃는 경우도 있다. 가령, 물질적인 소유나 명예가 바로 그것인데 일찍이 얘기했듯이, 뱀 그림이 나타났다면 행동에 주의를 하고, 매사에 심사숙고하는 것이 현명하다.

● **방향 4 : 쓰디쓴 질투.** 이는 아마 당신만의 느낌이거나 다른 누구의 느낌일 수도 있다. 이 경우에 갖게 되는 감정은 건강한 것이 못된다. 질투 뒤에는 파괴가 뒤따르기 때문에 흔히 녹색눈의 괴물이라고 불린다. 질투는 여기에 사로잡힌 사람의 시각을 혼란스럽게 하며, 그로 인해 지속적인 인간관계나 진실한 우정을 유지하는 기회를 잃게 만든다. 애정 문제에서도 질투가 상대방을 사랑하는 척도가 될 수는 없다. 다만 당신이 얼마나 불안정한 상태에 있는가만을 상대에게 보여줄 따름이다.

카드는 상대방이 충실한지 아닌지를 드러내 줌으로써 도움을 준다. 다른 이들에 대한 의심이 누그러뜨려졌다면, 굳이 질투심으로 기운을 낭비할 필요는 없다.

누군가가 당신을 질시하고 있다는 그림이 나타났다면, 그 질투심을 진정시키기 위한 노력이 필요하다. 다른 사람들 앞에서 자신의 재산을 과시하는 것은 좋은 태도가 못된다. 항상 정직하고 타인의 호의에 고마워하라. 사람들은 일단, 똑같은 운명공동체라는 것을 깨닫게 되면 질투심 같은 것은 금방 버릴 테니까 말이다.

8. 영구차 (HEARSE)

- 영향이 미치는 기간 : 1, 2주 후에서 몇달까지.
- 상징 : 육체적, 감정적 위험.
- 의미 : ↓ 1. 질병.
  → 2. 일시적이긴 하나 붐의 균형을 잃는다.
  ← 3. 당신이 피할 수 없는 불쾌한 일이 생긴다.
  ↑ 4. 조만간 위험으로부터 벗어난다.

- 그림의 일반적 의미 : 이 그림은 죽음을 가리키고 있기 때문에 일단은 두려움을 느낄 수밖에 없다. 그러나 벌써 죽음이 임박한 것은 아니고, 다만 가능성만을 경고할 뿐이다. '장작' 그림도 건강문제와 관련이 있는데, 이보다는 더 약한 의미를 띠고 있다. 혹시 이 그림이 당신에게 나타났다면, 문제는 상당히 심각하다 할 수 있으며 피할 수도 없다는 것을 알아야 한다.

다른 그림들과는 달리, 이 그림은 1번이 가장 부정적인 의미가 강하고 뒤로 갈수록 약해지는 특정이 있다.

만약 이 그림이 당신이 놓은 위치에서 '마지막 카드'에 완전한 모양을 만든다면, 그림이 놓인 위치대로 화살표 방향을 읽어야지, 1번 방향을 읽어서는 안된다.

● **방향 1** : 질병. 만약 제대로 돌보지 않는다면 죽음으로까지 몰고 갈 병이다. 이 책의 서두에서 내가 이 그림을 접했을 당시의 경험에 대해 밝힌 적이 있다. 이 그림은 내 뼈 속에서 자라고 있던 종양에 대해 경고를 해 주는 것이었다. 만약 당신에게 이 그림이 나타났다면, 당신의 건강상태를 필히 점검해 볼 일이다. 혹시 좋지 않은 부분이 있다면, 심하지 않더라도 꼭 의사를 찾아가 보라고 권하고 싶다. 의사도 발견해 내지 못한다면 당신 스스로가 자선의 건강에 대해 좀 더 세심한 주의를 기울일 필요가 있다. 아마도 당신은 더 많은 휴식, 식이요법, 적당한 운동에 술·담배도 끊고 어쩌면 물만 마셔야 될지도 모른다. 심장병이나 암, 당뇨, 관절염, 그리고 위궤양 같은 병들은 심각한 상태가 되기까지는 시간이 걸리는 병들이다. 그러므로 이 그림은 현재 당신의 생활습관이 잘못되어 있다면, 그 결과가 심각한 병을 초래할 수도 있다는 점을 경고하고 있다.

혹시 당신이 이미 심각한 병을 앓고 있다면 이 그림은 당신에게 더욱 자주 나타날 것이다. 이는 당신이 현재 따르고 있는 처방을 계속 지켜야 한다는 의미이다. 내 친구 중 암을 앓던 친구가 하나 있는데 수술을 받은 후에도 이 그림이 계속 나타나고 있다. 이 경우는 그녀가 아직 완치되지 않았다는 것을 의미하는 것일 게다. 그러므로 이 그림은 그녀를 암에 걸리게 한 생활습관을 하루 속히 버리라고 경고하고 있다. 새로운 생활습관, 즉 보다 나은 식이요법, 더 많은 휴식과 운동 등이 원만한 건강을 유지시키는 비결이다. 이 그림은 당신이 일단 자신의 건강에 더욱 주의를 기울이기 시작하면, 사라질 것이 분명하다.

● **방향 2**: 일시적이기는 하지만 기운을 잃는다. 이 경우는 전반적인 무력감이라고나 할까. 즉 무엇을 해야 할지 모르는 허탈한 상태를 가리킨다. 감정의 격변이 잠시 당신을 불안정하게 하면서 몸의 균형을 깨뜨린 것이다. 이러한 격렬한 감정은 가족의 사망, 실직, 배우자의 배선, 자녀들의 탈선, 또는 앞으로의 삶을 어떻게 지탱해야 될지 모르는 상태에서 경험하게 된다.

이 카드의 긍정적인 양상은 다만 이러한 상태는 일시적일 뿐이라는 것이다. 당신이 상황을 좀 더 주의 깊게 직시한다면, 이 상황은 당신의 능력에 달린 문제가 아니라는 점을 깨닫게 한다. 당신은 상황을 바꿀 수 없고 단지 견뎌내야 할 뿐이다. 우리 모두는 살아가는 동안 몇 차례의 어려운 시기에 직면한다. 만약 그 어려움을 일시적인 것이라고 간주하게 된다면 건강이나 정신적인 안정에 최소의 피해만 입고 거뜬히 헤쳐 나올 수 있게 될 것이다.

● **방향 3**: 의식할 수 없는 불쾌한 상황에 놓이게 된다. 실직을 하거나 집을 옮겨야 된다든가, 가정의 불화 등과 같은 모종의 불쾌한 소식을 듣게 될지도 모른다. 이 상황들이 당신을 압박감에 시달리게 해서 건강에 부담을 줄 것이다.

이 그림이 얼마 전에 실직을 한 내 친구에게 나타났었다. 그에게는 물론 힘든 시기였지만, 해고되기 전부터 이미 진행된 상황이므로 그도 이제 와서 어쩔 도리가 없었다. 4년 전으로 거슬러 올라가 추억을 해보면서, 그때가 자신에겐 최고의 해였다는 것을 깨달았다. 하지만 그의 인생에서 하나의 시기가 끝나가고 있었으며, 이제 그는 새로운 시기를 시작해야 하는 길목에 서게 된 것이다.

● **방향 4** : 조만간 위험으로부터 벗어남 수 있다. 대개는 우리들 모두, 언제가 운이 손짓하는 시기인지를 이미 알게 된다. 이 그림은 이 특별한 시기에만 당신은 모든 위협으로부터 반드시 피해야 한다는 것을 경고한다. 술, 담배를 너무 많이 하는 당신이라면, 이제는 끊어야 할 때이다. 혹시 브레이크가 좋지 않은 차를 몰고 다니는 것은 아닌지? 이제 당신은 생활의 모든 양상을 재점검해야 할 시기이다. 그렇다고 불필요한 육체적·감정적 기회를 갖는 것은 좋지 않다.

친구 중 하나에게 이 그림이 나타났을 때 그녀는 결혼생활이나 경제적인 문제에 많은 문제를 안고 있었다. 위험경고를 깨닫자 그녀는 즉각 자신의 복부가 고통의 온상이라는 것을 인식하게 되었다. 카드의 충고에 따라, 그녀는 의사를 찾아갔고, 거기서 자신의 위궤양이 상당히 진척되고 있다는 것을 알게 되었다. 이후 적당한 식이요법으로 병을 극복할 수 있었던 그녀는 차후의 심각한 문제 또한, 해결할 수 있게 되었다.

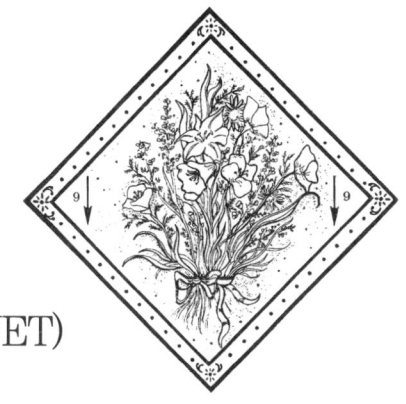

9. 꽃다발(BOUQUET)

- 영향이 미치는 기간 : 1주에서 4주 이내.
- 상징 : 행복.
- 의미 : ↓ 1. 만사형통.
  → 2. 승리.
  ← 3. 희망의 성취.
  ↑ 4. 돈을 벼는 수단을 획득.

● 그림의 일반적 의미 : 꽃다발은 오랜 기간 동안의 정원이나 농장의 제초작업, 비료, 물주기 등 정성을 들여 가꾼 수확의 상징이다. 따라서 이 그림은 당신의 노력으로 이룩해낸 성공적 결과란 뜻을 담고 있다. 그것은 자연이 공짜로 준 선물이 아니라, 획득하기 위해 당신이 기울인 노력의 대가이다.

● 방향 1 : 추구하는 모든 일에 행운이 뒤따른다. 바야흐로 당신의 일은 모든 방면에서 큰 성공이 기다리고 있다. 당신이 현재 그 문제에 대해 궁금해 하고 있을 때, 이 그림이 나왔다면 당신은 꼭

한번 순탄한 길에 접어들었으며, 무엇을 하던 간에 제대로 하고 있다는 것으로 생각하면 된다. 그러므로 현재의 일을 꾸준히 계속 해 나간다면 성공은 당신 차지가 될 것이다.

● **방향 2**: 승리, 또는 금전적인 이익을 보게 된다. 봉급이 오른다거나 투자한 부분에서 새로운 이윤을 얻게 됐을 때, 또는 복권이 당첨되는 경우도 있다. 그렇지만 '돈' 그림처럼 이 그림이 나타났다고 매번 돈을 벌게 된다는 것은 아니다. 다만 지금이 금전적인 이득을 볼 수 있는 좋은 기회라는 것이다. 이럴 때 당신은 분산투자를 효과적으로 해 본다든가, 복권을 한두 장쯤 사보는 것도 괜찮을 것이다. 러시아 속담에 이런 것이 있다. "굳건한 바위 아래에는 물이 흐르지 않는다."

바위는 일종의 안정된 기반을 상징한다. 가끔 당신은 이기기 위해서 운세를 받아들이는 자세도 필요하다. 만약 복권을 사지 않았다면, 상금이라는 것도 없었을 테니까.

● **방향 3**: 희망이 충족된다. 사람들은 몸무게를 조금 빼는 것으로부터 에베레스트 산 정복까지 각양각색의 희망들을 가지고 산다. 그러므로 그 희망을 성취하기 위해서는 꼭 하고 싶은 것, 곧 그것은 육체적 정신적으로 가능한 것이어야 한다는 조건이 따른다. 만약 이 그림을 얻게 됐다면, 당신의 희망은 실현될 수 있다고 믿어도 된다. 다만 기억할 점은, 어떤 분야에서 최고가 되기 위해서는 오랜 시간이 걸리므로 섣불리 포기해서는 안 된다는 점이다.

자신의 목표를 향해 끝까지 질주하라. 그러면 성취의 기쁨을 맛볼 수 있을 것이다. 이 경우에 어울리는 러시아 속담이 있다. "암탉은 한 번에 낟알 갱이 하나만을 먹지만, 차츰차츰 배를 채운다."

● 방향 4 : 돈을 버는 수단을 획득한다. 이 그림은 직장을 찾는다거나, 해고 당할까봐 겁을 내는 사람들, 혹은 직업을 바꾸어 보려는 사람들에게는 반가운 그림이다. 이는 당신이 자신의 자질을 잘 평가하고, 능력을 직시하고 있다면, 돈을 벌 수 있는 수단을 찾을 것이라고 암시한다. 그 비결은 긴장을 풀고, 조건을 탐색해 보고, 새로운 기회에 적응해 보아야 한다는 것이다. 많은 사람들은 직장을 잃었을 때 낙심만 하지, 이때야말로 새 출발을 위한 신나는 새로운 기회가 될 수 있다는 사실은 깨닫지 못한다.

언젠가 나는 라디오에서 삶을 유지시키는 방법을 구하기 위해 종일토록 부르거나, 명상에 잠겨 있을 때 반복해서 부르는 인도 노래에 대한 이야기를 들은 적이 있다. 그 노래는 더 나은 직장과 더 많은 재산을 얻기 위하여 부르는 것이 아니었다. 다만 이 노래는 인간의 필요를 채워 주는 자연으로 향하는 길을 얻고자 하는 노래였다. 자연의 섭리는 새들이 배가 고플 때 달알 갱이를 제공한다.

이 노래를 부르기 시작하자, 나에게는 흔하지 않은 여러 직장에서 채용의사가 전해오기 시작했다. 일례로, 나이 많은 연금 생활자 한 명이 러시아이를 배우려고 먼 곳으로부터 와서는 나에게 한번에 5달러씩을 주겠다고 마구 우겨대는 것이었다. 이런 일이야말로 꽃다발 그림이 나타났을 때 일어나게 되는 일들 중의 하나이다.

10. 낫 (SCYH)

- **영향이 미치는 기간**: 1, 2주 후부터 전 생애에 걸쳐.
- **상징**: 운명적인 변화.
- **의미**: ↓ 1. 악마의 운이 뒤따른다.
  → 2. 모종의 협박, 위협의 결과가 생긴다.
  ← 3. 재앙으로부터 탈출한다.
  ↑ 4. 언쟁할 일이 생긴다.

- **그림의 일반적 의미**: 이 그림은 당신이 통제할 수 없는 어떤 강력한 힘을 나타낸다. 긴 풀을 베어내는 낫과 같이 그 힘은 당신의 삶을 파괴시키는 힘으로 작용하고 있다. 힌두교의 윤회이론을 믿는 사람들은 이 그림이야말로 이생에서 치러야 하는 전생의 업보와 관계가 있다고 해석할 게 분명하다. 이 이론에 입각해보면, 가령 당신이 전생에서 누군가를 죽였다거나, 극악무도한 존재였다면 이생에서는 당신의 그 극악무도한 죄의 대가를 치러야 하는 것이다. 이런 시각에서 이 그림을 해석하는 것이 가능하기는 하다. 하지만 이 그림을 있는 그대로 좋은 일에 대비되는 나쁜 일로 볼 수

도 있다. 밤이 지나면 아침이 오듯이.

우리는 살아가면서 여러 부분에 걸쳐 나쁜 일을 겪게 될 텐데, 그런 일이 일어났을 때 받아들이는 법도 배워야 한다. 이 카드를 사용하면서 얻게 되는 이익이란 다름아닌 바로 이것, 즉 나쁜 시기를 경고함으로써 스스로 지탱할 시간을 가질 수 있게 한다는 점이다.

낫은 또한 '시간 할아버지(Father Time)*'가 들고 있는 상징물로, 섣달 그믐날 우리가 보게 되는 노년의 끝을 상징한다.

낫이 밀이나 풀, 혹은 잡초들을 벤다는 것은 토지가 새로운 생명체를 위해 깨끗이 정리를 한다는 뜻이다. 즉 같은 맥락에서 당신의 시야를 깨끗이 해준다는 의미를 담고 있다. 드디어 신선한 출발을 가능하게 하는 것이다.

● **방향 1:** 불길한 운명이 뒤따른다. 이 경우 당신은 아주 무력한 존재로 기껏 할 수 있는 일이란 일단 순응을 하고 더불어 품고 살아가는 수밖에 없다. 이 그림이 얼마 전 유태인인 내 친구에게 나타났다. 그녀는 얼마간은 유태인이라는 이유 때문에 폴란드를 떠나와야 했었다. 점을 보는 동안에도 그녀는 자신의 민족문제 때문에 어느 정도 시달리고 있었다. 하지만, 자신의 출신에 대해 그녀가 무엇을 할 수 있을까. 다만 그것을 받아들이고 자신이 박해받고 있다는 감정을 되도록 말끔히 지워 버리려 노력할 수밖에는 없는 것이다. 또 다른 친구 한 명에게도 이 그림이 정기적으로 나타났었다. 그녀는 알코올중독자인 양친 아래에서 고통스러운 어린 시절을 보냈었다. 하지만 그녀는 자신의 과거는 도저히 바꿀 수 없

---

*이마가 벗겨지고, 긴 턱수염을 기르고, 손에 큰 낫과 물단지, 때로 모래시계를 들고 있는 노인으로 나타냄.

었지만 과거에 대한 아픈 기억은 스스로 바꿀 수 있을 것이다. 일단 사람이 그 무엇과 화해를 할 수 있게 되면 이 그림은 더 이상 나타나지 않을 것이다.

이 그림은 또한 당신의 삶에 끼어들지 모르는 불길한 사람과도 관계가 있다. 직장동료, 당신 반의 학생, 이웃 혹은 까다로운 교환수일 수도 있다. 당신은 은연중에 그들의 화풀이 대상이 될 것이다. 그러므로 가능하면 주변과 적대적인 관계가 되지 않도록 애를 쓰고 정당한 원천으로부터 도움을 구하는 편이 좋을 것이다.

● **방향 2** : 모종의 위협에 결과가 뒤따른다. 이 그림은 십중팔구 무언가 잃어버릴 것이라고 경고해 준다. 직업, 삶의 터전, 혹은 다른 사람과의 애정 등이 위험하다. 이제 당신 자신이 문제를 야기시키지 않았다는 것을 확인하기 위해서라도 주변을 점검해봐야 할 때이다. 명심할 점은 낫은 밀도 베지만 잡초도 벤다는 점이다. 따라서 당신은 회사 내 인사이동의 와중에서 그 결과 때문에 고통을 받을 수도 있다.

얼마 전에 내 친구에게 바로 이 그림이 나타났을 때, 그는 예기치 않은 해고를 당했다. 회사는 직원을 감원해야 했고 친구의 상관은 그의 능력을 시기한 나머지 그 기회를 빌미로 친구를 회사에서 쫓아내 버렸다. 하지만 친구에게도 부분적으로 잘못이 있었던 건 그 상사의 비위를 거스른 지나친 행동은 삼갔어야 했다는 것이다. 그가 좀 더 자신의 행동에 신중했더라면, 그런 상황은 당하지 않았을 것이다.

● **방향 3** : 모종의 재앙으로부터 벗어날 수 있다. 당신은 재앙으로부터 무사히 빠져 나올 수 있기 때문에 그것이 일어났던 사실 조

차도 모를 수 있다. 다만 마음을 편하게 가진다면, 문제는 당신을 피해 간다. 하지만 당신에게 이 그림이 나타났을 때에는, 교통정보, 기 상징보에 귀 기울여서 당신이 있을 장소에서 불운을 겪지 않도록 최선을 다해야 한다.

이 그림은 캘리포니아에서 나를 방문했던 한 부부에게 나타났었다. 그 1주일 후, 그들 집 근처에서 지진이 발생했다. 하지만 그들은 다치지도 않았고 어떤 피해도 입지 않았다.

● **방향 4** : 언쟁의 소지가 있다. 가족 간이나 친구, 동료, 직장 등에서 발생할 수 있다. 이 싸움은 당신이 시작한 것은 아니나 그 속에 말려들게 된다. 재치있게 대응하고 말보다는 듣는 편이 좋다. 이렇게 함으로써 당신 자신이나 다른 이들에게도 최소한의 손실만으로 이 상황을 벗어날 수 있다. 낫은 오래된 것을 베어내 버리고 새로운 싹이 돋아나게 한다는 점을 기억하라. 그러므로 언쟁이 때로는 낡고 억눌린 감정을 일소시키고 새 출발을 가능하게 할 수도 있다는 것이다.

11. 나뭇가지 (BRANCHES)

- 영향이 미치는 기간 : 1, 2주에서 전 생애에 걸쳐.
- 상징 : 화해, 혹은 가족 간의 불화, 불쾌한 일.
- 의미 : ↓ 1. 언쟁 후의 결정.
  → 2. 가족 간의 불화.
  ← 3. 가까운 사람과의 이별.
  ↑ 4. 눈물, 분노.

● 그림의 일반적 의미 : 나뭇가지는 우리의 가족 구조나 우리가 가족으로 여기는 사람들과 관계가 깊은 그림이다. 나무가 가족 전체라면 나뭇가지는 가족 개개인을 상징한다. 나뭇가지들도 다양한 방향으로 뻗어나가듯이 식구들의 관심사나 생각들도 가지각색이기 마련이다. 가끔 이러한 상이함이 가족 간의 불화를 초래할 수도 있다. 그러므로 이 그림은 주로 가족 유대나 불일치를 표현한다. 세 번째 방향의 그림을 제외하고는 장기적인 효력이 없다. 당신은 가족들을 다른 누구보다도 자주 접하기 때문에 그들에게 더욱 민

감할 수밖에 없을 것이다. 집에서는 노상 불평불만인 사람들이 직장에서 상사에게 자기들의 불평을 쉽게 늘어놓지 못한다.

이 그림은 가족 관계에서 발생할 수 있는 사소한 언쟁이나 그 밖의 언짢은 일과 관계가 있다. 더 심각한 문제는 '악수' 그림이나 '반지' 그림을 통해서 드러난다.

● 방향 1 : 사소한 언쟁이나 다툼 후에 결정이 난다. 이 그림은 반갑고도 긍정적인 그림이다. 즉 언쟁이나 오해의 종지부를 상징한다. 대개의 경우, 의견일치는 저절로 찾아오기 마련이다. 이 그림 이후에는 뿌듯한 만족감이 뒤따른다. 가벼운 입맞춤이나 포옹으로 문제는 순조롭게 풀리고, 모든 나쁜 감정들도 잊혀지게 된다.

● 방향 2 : 가족간의 불화. 식구 중 한 명이 다른 가족들과는 어긋난 행동을 하려고 한다. 이러한 불일치는 이미 일어났거나 일어날 찰나에 있을 수도 있다. 때때로 이 그림은 모든 것이 잘 풀려 나가서 가족 간의 불화 같은 것은 전혀 존재하지 않는 경우에도 나타날 수 있다. 그러다 뜻밖의 사건이 일어나 당신들은 다툼에 휘말릴 수도 있다. 비록 당신은 냉정을 유지하고 다툼에 끼어 들려고 하지 않을 진 모르지만, 다른 가족들이 양편으로 갈라져서 그 불화는 계속 되고 만다.

이 경우, 가장 유익한 충고는 피할 수 없는 사실이라는 것을 수긍하고 기다리라는 것이다. 대개는 1주일쯤 지나면, 불화를 야기시키는 감정은 사라지고 화목했던 생활로 다시 되돌아가게 된다.

● 방향 3 : 가까운 사람과 헤어진다. 이 방향에서 이 그림은 불화와 심각한 상태를 가리킨다. 가장 쓰디쓴 불화의 몇몇은 오랫동

안 서로 대화가 없는 가족들 간에 존재할 수 있다. 하지만 그 분열을 조장하는 오해는 대체로 사소한 성질의 것들이다. 아마도 당신은 모임에 초대받지 못한다든가, 대수롭지 않게 여기게 되는 사건을 통보받는다든가, 보통 가족관계에서 생길 수 있는 자질구레한 사건들 때문에 고통을 당할 것이다. 이런 경우 당신의 즉각적인 반응은 다른 사람을 거절함으로써 나름대로 보복이 가능하다.

    이 경우에 전면적인 관계파탄은 시각차로 인해 양쪽이 갈라졌을 때이다. 당신이 다른 사람의 시각을 완전히 바꾼다는 것은 거의 불가능한 일이다. 다만 이 문제를 야기한 당신의 책임은 없었는지 되돌아보아야 할 것이다. 당신이 어디서 실수를 했는지 안다면 잘못을 수정하기 위해 노력해야 할 일이다, 원래, 자신의 실수를 명확히 볼 수 있다는 것은 아주 어려운 일이다. 하지만 전쟁은 항상 두 적수의 대립에서 시작되는 것으로 그렇지 않다면 갈등이란 없으리라는 사실을 명심해야 한다. 잘못을 스스로 고려해 가면서 당신은 그 관계가 다시 공고해질 수 있는 희망을 발견하게 될 것이다.

    오랜 결혼생활 동안, 이 그림은 나에게 여러 번 나타났었다. 만약 상대가 노력을 하고 관계를 증진시키려는 의지만 갖고 있다면, 결혼생활은 다시 공고해질 수 있다.

    이 그림은 또한 집에서 멀리 떨어진 곳으로 이사 가는 가족과도 관련된다. 그 사람은 새로운 삶의 터전을 이루기 위해 새로운 지역으로 옮겨가게 된다. 따라서 이 그림은 당신이 묶은 감정의 끈을 멀리 보내 버려야 할 때를 깨우쳐 주기 위해 나타난다.

    ● 방향 4: 눈물, 분노의 표현. 사려 깊지 못한 다른 누군가의 고통을 주는 행동으로 불행을 맛본다. 하지만, 이는 당신의 인생에서

그리 커다란 문제일 수는 없다. 다만 상처입기 쉬운 감정상태에 있을 때 경험할 수 있다. 그 다른 사람은 자신이 당신의 감정을 상하게 하고 있다는 사실조차도 깨닫지 못하고 있는지도 모른다. 눈물이 흐른다면 울고 싶은 대로 마음껏 울어버려라. 그렇게 하여, 부정적인 감정들을 일소해 버리고, 세계를 다시 한 번 새롭게 대변하도록 준비하라.

12. 새 (BIRDS)

- 영향이 미치는 기간 : 1, 2주 전이나 후.
- 상징 : 책임으로부터 해방.
- 의미 : ↓ 1. 즐거움과 쾌락.
  → 2. 예기치 않은 기쁨.
  ← 3. 누군가 약속을 어길 것이라는 예측이 사실로 나타난다.
  ↑ 4. 싸워야 할 장애물.

- 그림의 일반적 의미 : '새'는 창공을 마음껏 날아다니는 '자유'를 상징하는 동물이다. 그들은 세상 근심걱정이 없다. 또 새들은 인간이 맨몸으로는 도저히 따를 수 없는 높은 곳까지 솟구쳐 오를 수 있다. 새는 오직 날아다니며 그 삶을 즐길 따름이다. 또 세상 높은 곳에서 아래를 내려 볼 수도 있다. 그러므로 우리 인간들은 가고 싶은 곳을 마음껏 가고, 부드럽게 날고, 대지를 마음껏 빨아들이며 원할 때는 땅에 내려올 수 있는 새들의 능력이 더없이 소중한

것처럼 보인다.

새는 자연의 벗이다. 이들은 자유와 구속받지 않는 환희를 상징한다. 그리고 인간인 우리에게 문명의 규율에 구속되지 않은 자유로운 영혼을 깨우치게 해준다. 그러나 한편으로, 이 동물을 문명의 소산인 농장이나 비행장과 연결 지어 생각해 본다면 골칫거리가 아닐 수 없다. 이 그림의 첫 번째, 두 번째 방향에서 새는 환희와 쾌락을 상징하지만, 나머지 두 그림은 우리가 넘어야 할 장애물을 나타낸다.

● 방향 1: 환희, 쾌락, 행복, 축복, 그리고 즐거운 시간. 이 그림은 현재의 상황이나 짧은 어느 한 시기를 나타낸다. 소원성취, 승진, 새 직장, 새 아파트, 아니면 만나면 즐겁고 좋은 친구들과의 교류 등에 관계가 있다. 두 마리의 새의 모습에서 알 수 있듯이, 좋은 친구와의 시간은 멋진 일이다. 또 어떤 사회적인 활동도 순조로운 진행으로 유익한 경험이 된다. 그러므로 이 그림의 핵심은, 좋은 시절이 오래 기억되도록 무언가 특별한 일을 하도록 권하는 것이다.

● 방향 2: 예기치 않았던 기쁨. 아마도 생각하지 못했던 일이 찾아와서, 당신이 마지막 순간에 내린 결정이 좋은 방향으로 풀려나가게 된다. 새들처럼, 우리도 이따금씩은 무사태평해지는 법을 배워야 한다. 가끔은 일상 생활에서 벗어나 남편이나 자녀, 또는 친구들과 함께 영화라도 한 편 보러가는 것은 어떨까. 자연스럽게 우러나온 감정이 이끄는 대로 행동하다 보면, 때로는 커다란 기쁨을 느낄 수 있다.

● 방향 3 : 누군가가 약속을 어길 것이란 예견이 사실로 나타난다. 이 약속들은 살면서 정기적으로 나타나는 작은 문제점들을 가리킨다. 남편이 망가진 곳을 손봐주겠다고 약속해 놓고 지키지 않는다. 일찍 들어오겠다던 자녀도 감감 무소식이다. 자료를 찾아 주겠다던 직장동료도 약속을 지키지 않는다. 우리는 이 때문에 당연히 화를 내게 되고 이때, 그것은 더욱 큰 문제들로 발전할 수도 있다. 그러나 스스로 우리가 이런 것쯤은 아주 사소한 약속일뿐이라고 문제의 성격을 쉽게 파악해 버리면, 실제로 더 큰 골칫거리도 미리 방지할 수 있다.

● 방향 4 : 싸워야 될 장애물. 골치 아픈 문제나 장애가 3번 방향의 그림에서 보다는 좀 더 심각한 양상으로 나타난 경우이다. 하지만 이것도 커다란 문제는 아니다. 살아가면서 겪게 되는 어려움은 일종의 도전이라 할 수 있다. 일단 한 고비를 극복했을 때 우리는 성취감이라는 강렬한 느낌을 맛보게 된다.
　새가 우리 삶의 영역을 침범했다고 해서 농부들이 그러하듯이 그들을 죽일 필요는 없다. 단지 허수아비나 커다란 소음을 이용해서 녀석들을 속이는 방법만 터득할 수 있으면 된다. 마찬가지로, 일단 장애물을 직면하면 그것을 넘어설 수 있는 창의적인 방법을 생각해 본다. 이것이 진짜 어려운 문제에 닥칠 경우에 대비해서 당신의 기력을 아껴두는 방법이 될 것이다.

13. 소년 (BOY)

- 영향이 미치는 시기 : 1주에서 4주 이내.
- 상징 : 모험.
- 의미 : ↓ 1. 가까운 시일 안에 여행을 한다.
  → 2. 유쾌한 모임에 가입, 즐거운 시간을 보내게 된다.
  ← 3. 새로운 우정이 싹튼다.
  ↑ 4. 기대하지 않았던 만남이나 데이트.

- 그림의 일반적 의미 : 소년은 젊음, 활력, 모험의 상징이다. 우리가 젊거나 혹은 나이가 들었어도, 이 그림은 동심이 가득한 모험과 명랑한 삶에 관계가 있다. 지금은 어린 개구쟁이 소년처럼 행동해도 될 시기이다. 새로 만난 사람들을 믿고 매일의 일상사에서 흥미진진한 모험거리를 기대해볼 일이다. 때때로 우리는 평소의 역할로부터 자유로워지고 싶을 때가 있으며, 어렸을 때 즐겼던 단순한 기쁨도 돌이켜 볼 필요가 있다.

● **방향 1**: 가까운 시일 안에 여행을 하게 된다. 이 시기는 당신이 가고 싶은 곳이면 어디나 여행하기에 아주 좋은 시기이다. 비록 당신이 여행계획을 세워 놓지 않았더라도, 뜻밖의 어떤 계기로 떠나게 될 기회를 얻는다. 그리고 그 여행은 진정 즐거운 것이 될 거라는 의미를 아울러 담고 있다. 그렇지만 이 여행이 꼭 비싼 돈을 들인 화려한 여행일 필요는 없다. 오히려 일종의 발견이랄까. 평상시와는 다른 눈으로 새로운 곳과 그곳에서의 삶을 보게 되는 것이라 할 수 있다. 섬으로 야영을 간다든가, 도보여행, 외국의 허름한 하숙집, 스킨스쿠버 다이빙 같은 것은 어떨까.

또 자녀들과 다른 도시로 가보는 것은 모험면에서는 덜하지만, 기억할 만한 추억이 될 것이다. 당신이 어느 곳을 가던 간에, 소년이 무언가 새로운 것을 발견하게 되듯이 설레는 모험심으로 세상을 바라볼 것이다.

● **방향 2**: 유쾌한 모임에 가입하여 즐거운 시간을 보내게 된다. 이 경우는 이미 약속된 계획이라던가, 또는 전혀 뜻하지 않은 사람과의 조우를 하는 등의 일이 포함된다. 당신은 어린 학생처럼 걱정, 근심으로부터 자유로워짐을 느낄 것이다. 서로를 함께 느끼면서 긴장을 풀고 자신을 즐기다 보면 그 다음날의 반동조차 느낄 수 없게 된다. 이 그림은 당신이 직면한 상황과 관련이 있다. 즉 한 패거리의 친구들과 카드 점을 보고 있는 모습 같은 것이다. 이 그림이 나오면 대개는 대화에 활기가 생기고 모두들 무척 즐거워한다.

● **방향 3**: 새로운 우정이 싹튼다. 많은 사람들이 일정한 나이가 지나면 새로운 친구를 사귀기를 꺼려하는 것이 실상인데, 이 그림

은 그 중요성을 역설적으로 돋보이게 해 준다. 이 그림이 당신에게 나타났을 때는, 주변을 잘 살펴보고 누가 과연 새로운 친구가 될 수 있을지 가늠해 보기 바란다. 그 대상은 이미 알고 있는 사람이거나 이웃, 혹은 전혀 새로운 사람일 수도 있다. 아니면, 예전부터 그저 알고 지내던 친구가 새삼 마음에 들게 될지도 모른다. 그러기 위해서는 먼저 당신 자신이 노력해야만 이 굳건한 우정의 기반을 다질 수 있다. 이 새로운 친구는 어쩌면 당신보다 어린 사람일 수도 있다. 하지만 당신보다 어리거나 나이 든 사람이라도 열린 마음으로 대하는 것이 중요하다. 다양한 연령층의 친구를 갖는다는 것은 삶에 있어 다양한 시각을 갖게 만드는 것인 만큼 무미건조한 생활로부터 벗어나는 돌파구가 될 수도 있다.

특히 당신 나이쯤 되어 친구들을 하나 둘씩 잃기 시작한다면, 새로운 친구를 사귈 수 있다는 것은 더할 나위 없이 반가운 일일 것이다. 최근의 조사에 의하면, 친구나 가족과 건전한 관계를 꾸준히 유지하고 있는 사람들이 더욱 행복하게 생활하여 장수한다는 사실이 밝혀졌다.

● 방향 4 : 기대하지 않았던 만남이나 데이트를 하게 된다. 이 대상은 대개 오랜 친구나 직장동료, 이웃, 아니면 옛 애인과의 우연한 만남일 수도 있다. 하지만 때로는 당신이 예기치 않던 누군가로부터 데이트 신청을 받게 될 수도 있다는 것을 말한다. 그 경우 모든 것에서 당신은 즐거운 시간을 보내게 된다.
반면에 이 그림은 또한 과거에 당신에게 상처를 주었던 누군가와의 우연한 만남을 암시하기도 한다. 하지만 당신이 그 사람을 만났을 때, 당신이 태연한 모습으로 그를 대할 수 있다는 데 그 사람은 매우 놀랄 것이다. 당신은 고통과 두려움을 극복함으로써 유쾌한 동심으로 돌아갈 수 있을 것이며, 이 때문에 다른 사람을 객관적으로 바라볼 수 있는 시각적 여유도 갖게 될 것이다.

14. 여우 (FOX)

- **영향이 미치는 기간** : 1주에서 4주 이내.
- **상징** : 기만, 속임수.
- **의미** : ↓ 1. 교묘한 속임수에 걸려든다.
  → 2. 거짓이 폭로된다.
  ← 3. 새로운 우정을 과신하는 것은 어리석은 일이다.
  ↑ 4. 다른 사람을 무작정 믿고자 하는 감정에 주의하라.

- **그림의 일반적 의미** : 여우는 흔히 우리에게 교활함과 간사함을 떠올리게 하는 동물로 먹이를 구하기 위해 결코 낮에 나서질 않는다. 모두들 잠든 깊은 밤에 살금살금 기어와서 먹이를 슬쩍해가곤 한다. 하지만 그런 이유로 여우를 다른 육식동물보다 더 위험한 동물이라 할 수는 없다. 단지 이 짐승이 생존하는 방식 때문에 그러한 오명을 얻게 된 것뿐이다.

여우의 이러한 모습은 이솝우화의 '여우와 까마귀' 편에도 잘 나타나 있다. 여우는 까마귀를 꼬드겨서 입에 물고 있던 치즈를 떨어뜨리게 해서 빼앗는다. 인간 중에도 수단과 방법을 가리지 않고 가능한 모든 것을 이용하는 이들이 있다. 따라서 이 그림은 여우처럼 간교하고 꾀부리는 사람들에 대한 경고라고 할 수 있다. 하지만 이들이 꼭 당신을 괴롭히는 것은 아니다. 오히려 그들은 자기보존 본능을 따르고 있을 뿐이다. 그렇기에 당신은 이 사람들을 피할 수 없다. 다만 그들보다 한 단수 위에서 내려다보고, 그들 때문에 생길지 모르는 손해를 줄이는 방법을 터득하는 것만이 상책이다.

● **방향 1**: 당신은 교활한 속임수에 넘어간다. 당신의 배우자가 당신을 속이고 있거나 자녀 중 몰래 못된 짓을 하는 아이가 있을지 모른다. 아니면 직장동료가 당신의 공로를 가로챌지도 모른다. 이 모두가 정직하지 못한 짓들이다. 이들 모두가 당신을 속이고 있다는 것을 알면서도 고의로 행동하고 있다. 어쩌면 당신에게 진정 고통을 주고 싶지 않아서일 수도 있겠으나, 단지 그들은 그 상황에서 벗어날 수 없어서 가장 쉬운 방법을 택했을 것이다. 예를 들면, 아내를 속이는 남편은, 순간의 환희에 너무 집착한 나머지 자신의 행동을 깊이 생각해 볼 시간을 갖지 못하게 된다. 따라서 이 그림이 당신에게 나타났다면, 주변 인물 등에게 각별한 주의를 하고 누군가 당신을 속일만한 사람이 있다면, 그 이유를 알아내야 한다. 물론 그 사람 또한 교묘하게 행동할 것이므로 쉽지 않은 일이다. 그렇지만, 다른 사람의 기만적인 술책을 찾아내지 못한다 하더라도, 당신이 믿어서는 안될 사람이 있다는 것을 안 이상은 아주 신중한 행동을 하여야 한다.

● **방향 2**: 기만적인 태도가 탄로 난다. 이는 당신이 거짓말이나 실수를 했던 것, 아니면 다른 사람의 거짓말과 실수에 관계가 있다. 러시아 속담 중에 "거짓말은 다리가 짧다"라는 것이 있다. 다

시 말해 거짓말은 오래가지 못하고 탄로가 나게 돼 있다는 것이다. 거짓말이나 실수를 한 장본인이 바로 당신이라면, 일단 그 실수를 솔직하게 인정하고 그 결과를 받아 들여라. 자신의 실수를 순순히 받아들이는 편이 장기적으로 보면 덜 고통스러울 것이다. 혹은, 다른 사람이 실수를 저질렀거나 거짓말을 했다 손치더라도 가능한 너그럽게 받아들이고 함께 허심탄회하게 노력해 볼 일이다. 다른 사람의 실수를 고소하게 생각하는 것은 현명치 못하다. 당신도 똑같은 상황에 처하게 될지도 모를 일이다.

● 방향 3 : 새로운 우정을 지나치게 신뢰하지 말라. 새로운 우정을 나타내는 대표적인 그림은 '소년(boy)' 그림이다. 이 그림이 나타났다면 새로 사귄 친구를 믿고 어떤 사실을 허물없이 나눠도 괜찮다. 그렇지만 이 방향에 여우 그림이 맞춰져 있을 때는, 지금 사귀는 새 친구를 조심해야 할 필요가 있다.

그 사람은 직장이나, 학교, 취미활동, 혹은 기타 사교적인 모임 중에 만난 사람일 수 있다. 그는 십중팔구 당신과 정기적으로 보게 될 사람이다. 그러므로 주의를 해야 한다. 어떠한 사적인 생각이나 의견을 함부로 털어 놓거나, 그 사람과는 지나치게 개인적인 행동을 하지 않는 것이 좋겠다. 특히 술을 마실 일이 있을 때 각별히 주의하라. 술김에 느슨해져서 당신은 의도한 것보다 훨씬 많은 것을 그에게 털어놓게 될 수도 있다. 그러나 이 새로운 친구가 당신이 진짜 좋아하는 타입의 멋진 사람일 수도 있다. 하지만 당신이 알아두어야 할 것은, 이 사람의 첫 번째 관심사는 바로 다름 아닌 자기 자신만의 무사안일 뿐이라는 점이다. 당신으로부터 들은 어떤 얘기가 모종의 결정적인 방법으로 사용될지도 모른다.

● 방향 4 : 주변의 사람들을 무작정 신뢰하지 말라. 이 경우도 앞서 얘기했던 범주의 사람들이 포함된다. 즉 이 그림은 당신에게 가족이나 직장, 사업상의 지인, 그리고 이웃이라도 무작정 믿어서는 안 된다는 것을 경고하고 있다. 그러나 그들이 부리는 꾀는 속임수에 불과하며 커다란 위험은 아니다. 다만 카드를 계속 보면서 다른 그림들을 주시하여 당신이 입게 될 손해가 어떤 것인지 알게 되는 것이 중요하다. 즉 감정적인지 아니면 금전이나 사업적인 손실인지를.

앞에서도 얘기했지만, 이 그림이 나타났을 때는 당신이 퍼뜨리게 될 정보에 대해서 상당한 주의를 기울이는 태도를 가져야 한다. 이 그림은 또한 당신이 직장의 상사나, 정부 관리나 경찰에게 당신이 밝히는 사실과도 관련이 있다. 거짓말을 할 필요는 없지만 필요 이상의 것을 떠벌릴 필요도 없는 것이다. 관료라는 직업은 사람들의 감춰진 부분을 귀 기울임으로 교묘하게 집어내는 자리라는 점을 명심하기 바란다. 그러므로 이 시기에 아무나 무작정 믿어 버리는 것은 금물이다. 혹시 당신이 새로운 일을 벌려 놓았다면, 이 일에도 각별한 주의를 기울여야 한다. 분명 어느 구석엔가 위험은 도사리고 있으므로.

15. 곰 (BEAR)

- **영향이 미치는 기간** : 일 개월에서 7, 8개월 이내.
- **상징** : 노동, 노력의 만족할만한 성과.
- **의미** : ↓ 1. 행복이 당신을 지나쳐 가진 않겠지만 주의하라.
  → 2. 노력이 결실을 맺는다.
  ← 3. 가까운 시일이 아니더라도 원하는 것을 얻는다.
  ↑ 4. 모든 충고를 선뜻 받아들이지 말라.

- **그림의 일반적 의미** : 곰은 야성적 힘과 원기를 타고난 짐승이다. 인류 발전의 어떤 시기에서는, 곰은 그 무시무시한 괴력으로 숭배의 대상이 되기도 했었다. 하지만 곰은 먹이를 구하는 데만 전적으로 이 힘을 쓴 것이 아니다. 작은 열매를 따먹거나, 물고기를 잡고, 꿀을 찾아내는 데는 교묘한 재주가 있었다. 이렇게 배를 꽉 채운 다음, 춥고 황폐한 계절 동안 겨울잠에 들어간다. 그러므로 원시시대에 동굴에서 살던 인류는 곰과 비슷한 생존방식을 터득할 수밖에 없었다. 그들이 곰의 생존본능을 숭배했을 거라는 것은 이런 면에서 보면 충분히 이해할 만하다.

또, 이 그림은 우리가 곰에게서 배워야 할 교훈도 가르치고 있다. 생존을 위해서 인간은 자연스러운 본능을 따라야 한다고 충고한다. 먼저, 어디서 양식을 구해야 하며, 호기를 엿보고 기다려야 할 때는 또 언제인지를 자연에서 배우라는 것이다.

● **방향 1**: 행복이 당신을 지나쳐 가진 않겠지만 그래도 주의하라. 당신이 원하는 것은 바로 그 자리에 있고 당신 것이 될 수 있다. 당신은 그만큼 기쁘겠지만 주의해야 한다. 함부로 덤벼 들어서는 안 된다. 다음의 오래된 속담은 이 상황을 적절히 경고해 준다.
"바보들이나 천사들도 건너기 무서워하는데 달려든다."
이럴 때 우리는 바로 곰의 지혜를 배워야 한다. 상황을 자세히 살피고 함정이 없는지 살펴본다. 그리고는 오직 원하는 목표만을 향해서 전진한다.
이 그림은 대개의 경우 당신의 기본적인 생활기반과 관련이 있다. 즉 직장이나 사업, 또는 장기적으로 당신의 삶을 더욱 안락하게 해줄 어떤 계획 같은 것들이다.

● **방향 2**: 당신의 노력이 결실을 맺는다. 다시 한 번 강조하건대, 원하는 것을 획득하기 위해서는 곰처럼 열심히 노력해야 한다. 곰은 가만히 웅크리고 앉아 있기만 해서는 목숨을 부지할 수가 없다. 그는 부지런히 먹이를 찾아 다녀야 한다. 마찬가지로, 우리도 자신의 운을 찾아야 하며 거기에 노력을 쏟아 부어야 한다. 우리는 흔히 꿀벌들로 얼굴이 뒤덮인 채 앞발로는 여전히 꿀이 가득한 벌집을 움켜쥐려 애쓰는 곰의 난처한 위기상황을 우스꽝스럽게 보아 넘긴다. 그러나 곰은, 노력에는 대가가 따른다는 평범한 진리를 잘 알고 있다. 그렇다면 이 진실을 당신도 적용할 줄 알아야 한다. 만

약 원하는 것이 있다면 그건 충분히 당신 것이 될 수 있다. 하지만 당신 쪽에서도 특별한 노력이 필요하다. 그 보상이란, 다름 아닌 당신이 열심히 매진하면 원하는 것을 얻게 된다는 교훈이다.

당신의 노력에 보상이 즉각 주어지지 않을 수도 있다. 예를 들어 아이들을 가르치는 것은 오랜 시간 공을 들여야 한다. 부모노릇을 한다는 것 중 특히 텔레비전이나 광고로부터 각종 압력을 받으면서 아이들을 키운다는 것이 점점 어려워지고 있다. 다른 아이들은 최선의 인스턴트 음식으로 아침을 간단히 먹는 것이 자랑일 때, 매일 당신의 자녀들에게 따뜻한 된장국으로 아침식사를 해 먹인다는 것이 과연 쉬운 일일까?

그러므로 이 그림은 사소한 종류의 반대는 무시하고 당신의 본능을 따르라고 충고해 주고 있다. 그러한 당신 노력의 대가로 자녀들은 건강하고 올바른 인격체로서 바르게 자랄 수 있다.

● **방향 3**: 원하는 것을 얻게 되겠지만, 시간이 걸릴 수도 있다. 이 그림은 당신에게 인내를 가지고 기다리라고 말한다. 무언가 행동에 옮기고 싶겠지만 지금은 적당한 시기가 아니다. 그렇다고 크게 낙담하거나 쉽사리 계획을 포기하지도 말라. 당신의 계획이 성공하기 이전에 더 많은 경험과 정보가 필요한 것이라고 이해하는 것이 바람직하다.

이 그림은 내가 이 책을 쓰고 있는 동안 수차례에 걸쳐 나타났다. 나는 책을 빨리 끝내고 싶어 조바심이 났지만, 내가 일을 진행하지 못하고 멈출 때마다 카드가 어떻게 힘을 발휘하는지 진일보된 이해를 할 수 있었다. 만약 처음의 노력만으로 책이 출판되었다면, 불완전한 정보들이 상당수 포함됐으리라. 하지만, 시간을 좀 더 들여서 긍정적이거나 부정적인 경험을 두루 쌓아가는 것이 더욱 가치 있는 최후의 목표를 달성하게 해주는 한 과정이라는 것을 알게 되었다.

● 방향 4 : 모든 종류의 충고를 섣불리 믿지 말라. -물론 카드에 나타난 것까지 포함해서- 이 경우가 암시하는 것은, 인생에는 밟아가야 할 많은 가치 있는 여정들이 있지만 그 모든 것들이 우리에게 의미 있는 것은 아니라는 점이다. 따라서 이 그림은 당신이 옳고 그른 판단을 하는 것은 당신 내부의 반응에 달렸다고 얘기한다.

친구 한 명이 암에 걸렸을 때 나에게 얘기했다. 그는 판에 박힌 외과적 방법이라는 방사능 치료에만 의존하기 보다는, 다양한 육체적·심령적 방법들도 있다는 것을 조사했다고 한다. 그리고 그는 그 모든 충고들을 적극적으로 실천하기 시작했고 그 결과, 엄청난 체중감소와 더욱 심한 스트레스에 시달리게 되었다. 그러자 이 그림이 그에게 나타났고, 이는 아무 충고나 그저 믿어 버리는 것은 결과적으로 사태를 악화시킨다는 경고와 다름없었다. 우리는 하고많은 모든 충고에 따르기 보다는 자신의 본능에 충실해야 한다. 이윽고 그 친구는 자기가 가장 좋아하는 방법을 선택했고 나머지는 무시해 버렸다. 그랬더니 쓸데없는 스트레스는 사라졌고, 2 년 후에는 암을 거뜬히 이겨내었다.

16. 별 (STARS)

- 영향이 미치는 기간 : 서너 주에서 길게는 인생 전반.
- 상징 : 삶에 영향을 미치는 운명.
- 의미 : ↓ 1. 길잡이 별이 당신을 목적지까지 인도해 준다.
  → 2. 장사나 거래에서 성공한다.
  ← 3. 순간적인 눈멂으로 일련의 실수를 저지른다.
  ↑ 4. 즐겁지 않은 사건들이 벌어진다.

- 그림의 일반적 의미 : 이 그림은 인생에서 꼭 무언가를 이뤄야 된다고 믿고 있는 몽상가들을 위한 그림이다. 화가, 작가, 건축가, 조각가, 정치가 또는 꿈이나 야망에 사로잡힌 모든 이들을 몽상가라 부를 수 있다. 그들 자신의 노력뿐만이 아니라 전체의 힘이 그들의 꿈의 실현에 영향을 미친다.

- 방향 1 : 길잡이별이 당신을 목적지까지 무사히 인도한다. 그리고 당신의 야심은 현실로 나타난다. 물론 이 꿈이 당신의 노력 없이도 즉시 이루어진다는 의미는 아니다. 이 그림은 항상 영감을

105

심어주는 그림이므로 꿈을 결코 포기하지 말라고 격려한다. 옛날의 상인들이 별을 길잡이 삼아 방향을 알았듯이, 당신도 목표를 향해 매진하라는 의미이다. 당신이 이 충고를 충실히 따른다면 살아 생전에 희망을 이룰 수 있을 것이다.

● 방향 2 : 사업에서 성공을 거둔다. 천체가 당신에게 행운을 주도록 움직이고 있다. 이는 매일의 일상사를 포함해서, 당신이 쫓고 있는 일이 무엇이든 간에 성공이 기다린다는 의미이다. 당신의 목표가 차츰 현실로 나타나고, 당신 삶의 빈 책장들이 가득 채워지면, 마침내 원하는 목적지에 다다른 당신 자신을 발견하게 될 것이다.

● 방향 3 : 일시적으로 눈이 멀어 일련의 실수를 저지르게 된다. 길을 가던 상인이 별자리를 잘못 읽어서 헤매게 된다면, 그는 그만큼의 시간을 허비한 셈이 된다.

이 그림이 불길한 건 아니다. 하지만, 당신 자신이 저지른 실수가 좋지 않은 결과를 낳게 됨을 경고하고 있다. 일시적인 눈 멈이란 분노, 질투, 두려움 등으로 당신은 자신에게로만 함몰된 나머지 주변의 사람들을 전혀 생각지도 않게 된다. 물론 이런 잘못이 '산' 그림이나 '영구차' 그림이 경고하는 것 같은 심각한 결과를 초래하지는 않는다. 자동차 열쇠를 그대로 꽂아두고 문을 닫아 버린다든가, 서류에 서명을 잘못할 경우나, 주소를 잘못 찾거나 하는 정도의 실수를 흔히 범하게 된다. 이 경고는 1,2주 정도 지속되는데, 간혹 이미 일어났던 일에도 적용될 수 있다.

● 방향 4 : 일련의 불쾌한 일들이 생긴다. 이것들도 그렇게 심각

할 정도는 아니지만, 어쨌든 즐겁지 않은 일임에는 분명하다. 직장에서의 불쾌한 언사, 잘못된 스케줄이나 약속, 생활비가 갑자기 몽땅 떨어져 버렸거나 하는 따위의 일들이다.

　대개의 경우, 이런 일들에 당신이 바로 손쓸 도리는 없다. 다만 지금 이 시기는 생활이 순조롭지 않은가 보다하고 알고 있으면 된다. 사소한 골칫거리에 흔들리지 말라. 이 문제들은 오히려 당신으로 하여금 당당히 직면해서 해결할 수 있게끔 준비하는 기간이라 생각하는 것도 바람직하다. 지금은 조그마한 어려움 때문에 혼란에 빠질 시기가 아니기 때문이다. 초기의 선원들은 비우호적인 원주민, 배신자들, 비열한 악당, 우글거리는 쥐와 전염병을 대면해야 했지만, 그럼에도 그들은 자신들의 목적지에 도달할 수 있었다.

17. 왜가리 (HERON)

- 영향이 미치는 기간 : 1개월에서 7, 8개월 이내.
- 상징 : 새출발, 변화.
- 의미 : ↓ 1. 주거지의 이동.
     →2. 환경에 의해 바람직하지 않은 길로 들어선다.
     ←3. 친구 관계의 변화.
     ↑ 4. 집안에 식구가 는다.

- 그림의 일반적 의미 : 왜가리의 친척뻘인 황새는 흔히 아기를 데려다 주는 새로 전해 내려온다. 왜가리가 그와 비슷한 역할을 하는 것은 네 번째 방향에서이다. 왜가리나 황새 모두 우리의 가정이나 그 주변에 뜻하지 않게 생기는 일들의 상징이다. 왜가리는 늪지대와 강기슭에 서식하는 다리가 긴 새로 생선을 주식으로 하는데, 그 방법은 인간이 이용할 수 있을 만한 것이다. 당신 집 가까이에 왜가리가 산다는 것은 그곳에 물고기가 살고 있다는 징표이므로 일단은 행운으로 받아 들여도 좋다. 중요한 식량의 원천이 바로 주변에 풍부하다는 뜻이니까.

왜가리는 여름 몇 달 동안 굴뚝 꼭대기에 둥지를 트는 것으로 알려져 있다. 그래서 가을이 되어 불을 지피게 되면, 새둥지 때문에 연기가 빠져 나갈 수 없는 사태가 발생한다. 때문에 집안이 온통 연기와 그을음투성이가 될 것은 뻔한 일이다. 그래서 뜻하지 않은 야단법석에다 소동이 발생한다. 새로운 아기가 태어날 때도, 새로운 상황에 적응하기 위한 부산함과 혼란이 생긴다. 왜가리를 부정적인 의미를 담은 그림이라고는 할 수 없지만, 당신 가정과 그 주변에 예기치 않은 일의 발생을 암시해준다.

● **방향 1** : 이 시기에는 주거지를 옮길 가능성이 있다. 물론 틀림없이 이사를 간다는 의미라고는 할 수 없고, 다만 주거환경을 변화시키기에 적절한 시기라는 뜻이다. 혹시 집을 사고 싶었다면, 거래는 잘 성사될 것이므로 계속 추진하는 것이 좋다. 또 이 기회는 다른 경우에 적용할 수도 있다. 살다보면, 더 큰 집으로 옮기고 싶다거나 투자를 위해, 한 채 더 구입하고 싶을 때도 있다. 하지만, 상당히 주저하게 되고 계속 추진하기가 어렵다. 나중에 더 재산을 불리지 못한 것을 후회하여 보았지 그땐 이미 늦는다. 이미 저질러진 다음에 생기는 지혜는, 값진 것이긴 하나 적절한 시기에 행동을 취하지 않는다면 필히 후회가 뒤따를 것이다.

이 그림이 이 방향으로 나타난다면, 그때는 주저할 필요가 없다는 뜻이 된다. 문제는 잘 해결될 테고, 행동은 성공을 가져온다. 왜가리는 물고기가 있는 곳이라면 어디든지 날아간다는 사실을 명심하라.

● **방향 2** : 환경에 의해 본의 아니게 바람직하지 않은 길로 들어선다. 왜가리가 굴뚝에 둥지를 틀어서 가득 찬 연기와 그을음을 털

어내야 하듯, 당신은 달갑지 않은 일을 해야 될 상황에 처하게 된다. 그리고 당신은 여기서 빠져 나갈 재정적인 수단이 없기 때문에 즐겁지 않은 관계를 지속해야 되는 경우를 말하기도 한다. 혹은, 당신의 바람과는 무관하게 안정적인 환경으로부터 떠나야 될 상황도 의미한다. 다른 사람의 행동으로 인해서 당신은 인생의 새로운 국면으로 접어들게 되는 것이다.

이를테면 자녀들이 집을 떠나거나 결혼함으로써 따로 나가서 살게 될 때, 그야말로 집은 허전한 둥지가 되어 버린다. 하지만 당신이 이런 상황을 막기란 쉽지 않다. 이 시기에는 다만 지금 당신에게 요구되는 것을 하면서 지내는 수밖에 없다. 이 그림은 당신의 인생에서 겨우 한두 달 가량 영향을 미칠 따름이다. 그러므로 그때의 낭패감은 얼마 지나지 않아 사라지리라고 이해해야 한다. 이 경우 적절히 어울리는 러시아 속담이 있다. "어쨌든 나는 이만큼은 썰매타기를 즐길 테다." 고양이에게 질질 가면서 앵무새가 내뱉은 말이다.

● 방향 3 : 친구 관계가 변한다. 새로운 우정이 싹튼다거나, 한때 좋았던 관계가 소원해지는 등 양쪽 모두를 포함한다. 이 두 경우 모두, 당신의 능력으로는 어쩔 수 없는 외부적인 영향 때문에 생긴다. 친구들이 멀리 이사를 가든가 관계가 깨어지든가 하는 관계에 영향을 미칠 새로운 사건들이 자꾸 생기게 된다.

그러나 이런 일이 생겼다고, 배신감을 느끼거나 쉽게 포기해서는 안 된다. 오히려, 이는 우리의 현대적인 삶의 한 방식으로 점잖게 받아들일 일이다. 아마도 차후에 상황이 바뀐다면, 서로 다시 굳건히 맺어질 수도 있기 때문이다.

● 방향 4 : 식구가 늘어난다. 젊은 부부에게 이 그림이 나타나면 임신을 한다든가, 아기가 새로 태어난다는 의미로 받아들일 수 있다. 하지만 자녀를 다 키워버린 나이든 사람들이나 젊더라도 아이를 가질 계획이 없는 사람들도 있다. 이들에게 있어서 이 그림은 대체로 집안에 머무를 사람이 도착한다는 의미이다. 자녀나 친척이 돌아온다든가, 친구가 잠시 머무를 수도 있다. 이들은 오랫동안 머무를 사람들이라기보다는 자기들의 업무가 끝날 때까지만 머무르게 된다. 가령, 방학을 맞아 집에 돌아와 있는 자녀들이나 남은 방 하나를 임시로 누구에게 빌려 줬을 경우를 말한다.

이러한 경우는 결국 집에 식구가 하나 느는 셈이며, 마치 새로운 아이가 가정의 일원이 된 것처럼, 온 집안이 기쁨에 들떠 있으면서도 동시에 수선과 혼란도 야기된다.

18. 개 (DOG)

- 영향이 미치는 기간 : 몇 개월에서 전 생애에 걸쳐.
- 상징 : 친구와의 관계.
- 의미 : ↓ 1. 충실하고도 지속적인 우정.
  → 2. 친구의 도움을 받는다.
  ← 3. 친구라 여겼던 사람이 진실한 사람이 아니다.
  ↑ 4. 친구 사이에 변화가 생긴다.

- 그림의 일반적 의미 : 개는 인간과 가장 친한 동물이다. 그러므로 개 그림은 가장 좋은 친구관계를 상징한다. 이 친구는 가족 구성원일 수도 있고, 배우자나 다른 친한 친구일 수도 있다.

- 방향 I : 충실하고도 지속적인 우정을 맺는다. 이 그림의 가치는 당신이 이미 알고 있는 것을 얘기하는 것이 아니라, 당신이 의지할 수 있는 친구가 있다는 사실을 깨우쳐 주는 데 있다. 당신은 진정으로 충실한 친구를 가지고 있는 사람이다. 예를 들어, 친구와 여행계획을 세웠다 하자. 그런데 그 계획이 무산되었을 때 당신은

친구에게 책임을 전가시키려 할지 모른다. 이때 이 그림이 나타난다면 이는 당신 친구 잘못이 아니라는 것을 일깨워 주는 그림이다.

더 깊이 생각해 본다면, 당신도 어느 정도 책임이 있다는 것을 깨닫게 된다. 실제로 지금의 당신의 친구는 당신이 예전에 그에게 했던 것보다도 훨씬 깊은 우정을 보여주고 있다.

● 방향 2 : 당신은 의지할 만한 친구를 가지고 있다. 어려운 처지에 처했을 때, 우리에게 도움을 줄 만한 친구가 있다면, 당연히 그들의 도움을 받아야 한다. 그렇다고 모든 사람이 다 선량한 의지를 갖고 있다는 것은 아니다. 하지만 이 그림을 얻었다면, 당신 주변의 사람들을 믿고 의지해도 좋다는 의미이다.

반면 '숲' 그림 중 3, 4번째 방향이나 '고양이', '여우', '말' 그림들은 친구 때문에 위험에 처하리라는 경고들이다. '친구'라는 단어는 참으로 재미있는 단어이다. 때로 우리는 가까운 친구라고 여기지도 않았던 사람에게 큰 도움을 받을 때도 있다. 예를 들어, 어려운 시기에 당신의 연인이나 배우자의 친구가 당신의 어려움을 알아채고는, 당신이 위기를 헤쳐 나가도록 다른 모임으로 이끌어 줄 수도 있다. 힘든 때일수록 먹고 힘을 내어야 하지만 요리할 기력조차 없는 당신에게 음식을 만들어 갖다 주는 친구가 있을 수도 있다.

또 오랫동안 만나지 못했던 친구로부터 반가운 소식을 들을 수도 있다. 이 그림은 이 넓은 세상에 당신이 혼자가 아니라는 사실을 깨우쳐 주는 것만으로도 반가운 그림이다. 러시아 사람들은 이렇게 말한다. "백 루블을 갖고 있는 것보다 한 명의 친구가 더 소중하다"라고.

● **방향 3**: 이 방향의 그림은 좀 더 부정적인 의미를 담고 있다. 당신이 친구라고 생각하는 사람은 그다지 진실한 사람이 못된다. 요는 그 사람보다 당신 자신이 그 관계에 푹 빠져 있다는 점이다. 당신은 어떤 사람을 친구로 여기고 있지만, 그 사람은 당신을 그저 많은 친구들 중 하나 정도로만 여기고 있다. 따라서 그 사람은 당신의 감정 따위야 아랑곳하지 않을지도 모른다. 친구관계라는 것도 역시 밀고 당겨주는 맛이 있어야 재미있는 법이다. 아마도 그 친구는 당신에게 실제로나 심리적으로나 아픔만을 남겨두고 돌아서 버릴 것이다.

그러므로, 중요한 것은 그 사람은 지금 당신이 원하는 만큼 가까운 친구가 아니며, 평상시처럼 너무 믿지 말아야 된다는 것을 자각해야 하는 것이다. 상황은 이미 당신 손을 떠났으니, 당신은 아무 것도 할 수 없다. 그러므로 너무 강한 신뢰감은 갖지 않도록 유의하라.

'악수' 그림은 우정에 관한 또 다른 그림이다. 만약 이 그림이 나타난다면, 우정을 되살리기 위해 노력을 해야 한다. '악수'가 바로 상황을 직접적으로 설명해 주는 셈이 되므로.

또한 특별히 흥미진진한 점은 이 카드점을 보는 당사자는 과연 누가 진정한 친구인지, 아닌지를 즉각 깨닫게 된다는 것이다.

● **방향 4**: 친구관계에 변화가 온다. 대개의 경우, 이 그림은 친구 사이가 깨어지는 것과 같은 최악의 상태를 암시하는 안타까운 그림이다. 그렇지만, 그 변화로 느슨해졌던 관계가 더 단단해질 수도 있다는 의미 또한 포함하고 있다는 점을 기억해야 한다.

친구 사이의 변화는 대개의 경우, 어쩔 수 없는 상황, 즉 졸업, 결혼, 육아, 직장 등으로 멀리 떨어져 있는 시간이 많게 될 경우에 생긴다. 안타까운 상황임에는 틀림없지만 일부는 일시적인 상황이고 후일 다시 친해질 기회를 가질 수도 있다. 중요한 것은 당신이 친구와 지냈던 추억을 항상 기억하는 일이다. 그 굳건한 결속, 모든 꿈과 미래의 이상을 서로 나누었던 학창시절을 기억해 보는 것도 좋다. 비록 졸업을 하고 각자의 삶을 찾아 떠나야 했기에 우정이 멀어진 건 안타깝지만, 먼 훗날 이 시절을 회상하면서 당신의 삶이 얼마나 그로 인해 풍요로웠는지 깨닫게 될 것이다.

19. 성 (CASTLE)

- 영향이 미치는 기간 : 전 생애.
- 상징 : 안전.
- 의미 : ↓ 1. 삶의 마지막에라도 희망이 이루어진다.
  → 2. 늘그막에 안식처를 갖는다.
  ← 3. 장수.
  ↑ 4. 만성적인 질병.

● 그림의 일반적 의미 : 성(城)은 물리적인 안정을 상징하며 항상 적으로부터 안전하게 보호해주는 피난처와 같은 존재였다. 전통적으로, 단단한 성벽은 그 안의 주민들을 적의 공격으로부터 지켜주는 요새와 같은 역할을 하였다. 문명이 발달하면서 사람들은 더 이상 단단한 요새를 필요로 하지 않게 되었고, 성이 주는 안전과 피난처라는 이미지만 남게 되었다. '가정은 한 사람의 성이다' 라는 말은 아직도 의미가 통용되는 속담이다. 마찬가지로, 가정은 우리가 충분한 시간을 투자하여 안락한 장소로 만들 수 있는 유일한 안식처이다. 그러므로 이 그림은 누군가 그 보상을 받게 되는 것은

요행 때문이 아니라 그가 그만큼 진지한 노력을 기울인 결과라는 것을 가리켜 준다.

　과거에 튼튼한 성은 사람의 생명을 끝까지 지켜주는 안정과 행운을 제공했었다. 따라서 이 그림은 일생을 포괄하는 그림으로 그 예언은 당신의 삶 전반에까지 확대된다. 즉 이 그림은 당신이 살아갈 수 있는 최적의 환경을 제공하는 양상들을 나타낸다고 할 수 있다.

　● **방향Ⅰ**: 살아가면서 원하는 것이 무엇이던 간에 성취된다. 비록 인생의 막바지에 이르렀을 때라도.
　당신은 행복한 인간관계, 가정, 당신의 책이 출판되는 일, 신비한 곳으로의 여행 등등을 원하고 있지 않은가. 이 그림을 얻었다면, 당신이 원하는 만큼 빠른 시일이 아니더라도 그 소원은 결국 이루어진다. 문제는 많은 사람들이 제 때가 되기도 전에 너무 조급하게 원하곤 한다는 점이다. 한평생 동안 기다릴 것은 아예 꿈조차 꾸지 않는다. 지금은 특히 즉각적 만족만을 추구하는 시대이다.
　이 그림은, 긴장을 풀고 너무 일에만 매달리지 말며 목표를 향해 매진하라는 것이다. 즉 너무 조급히 달려들지 말라는 의미이다. 비록 먼 훗날이 될지는 몰라도 언젠가 원하는 것을 얻는다. 하지만 이 그림의 아이러니는 만약 당신이 너무 빨리 성취한다면, 그만큼 당신의 삶도 짧아지기 마련이라는 점이다.
　성이 항상 안전을 상징하는 것은 아니다. 굳이 그 의미를 제한한다면 할 수 없겠지만 실제로 성은 장기적으로 보아 사람에게 꼭 이익만을 주는 것은 아니었다. 런던탑의 경우를 상기해 보라. 그것은 피난처가 감옥으로 바뀐 대표적인 예이다. 중세기에는, 차후 안전을 위해서 성곽 주위에 해자(垓字)를 파 놓았다. 그 해자는 템스

강의 하수와 연결되게끔 만들어진 것이었다. 하지만 하수도가 제 역할을 해내지 못해서 그 해자는 400여년이 넘도록 썩은 웅덩이로 방치되고 있었다. 그리하여 런던탑 주변에 살던 주민들은 각종 질병에 노출되어 있었다. 빅토리아 여왕 때 가서야 비로소 그 웅덩이를 메우는 작업이 시작되었고, 이후 탑 주변의 주민들은 건강한 삶을 보장받게 되었다.

이 역사적 사실의 교훈은, 우리가 한때 절실하게 원하던 일이 장기적으로는 커다란 해악으로 돌아올지도 모른다는 점이다. 이 그림 또한 우리에게 희망을 갖되, 너무 조급히 뛰어 들지는 말 것을 충고해 주고 있다. 장미 향기도 가끔씩 맡아 가면서 차분히 길을 가자는 것이다. 당신이 기대한 것보다 훨씬 충만한 삶을 영위할 수 있을 것임이 분명하다. 러시아 사람들은 '조용히 여행하면 할 수록 더 멀리 구경한다'라는 속담을 흔히 쓴다.

항상 조급히 서두르는 사람은, 세심한 것들을 빠뜨릴 뿐만 아니라 후일 그 일을 다시 해야 될지도 모른다. 또한 그 성급함 때문에 고혈압으로 수명을 단축하게 될지도 모른다. 그러므로 목표를 향해 매진하되 항상 인내심을 가져야 한다. 가고 싶은 만큼 가다 보면, 얻게 될 것이기 때문이다.

● **방향 2**: 노년에 안식처를 찾겠다. 현재 어려운 시기에 처해 있는 사람들에게 위안을 주는 그림이라 하겠다. 나중에는 그들의 문제도 해결되고, 노년에는 더 이상 황폐한 삶을 살지 않아도 된다는 얘기니까.

최근에 두 번째 결혼이 파탄되고, 집마저 잃게 된 내 친구에게 이 그림이 나타났다. 그런 그녀에게는 삶이 바르게 정돈이 되어 늘그막에는 안식처를 찾을 수 있을 거라는 예언이 참으로 위안이 되었다. 이 사실을 알게 되자, 그녀는 미래에 대한 불안으로 위축되어 있기 보다는 더 나은 기회를 얻기 위해 새로운 노력을 시작하게 되었다.

만약, 당신이 20대나 30대인데도 이미 자신을 위한 안식처를 마련해 놓았다면 다른 종류의 모험들을 시도해 봄직하다. 왜냐하면, 너무 이른 나이에 안정을 찾아 버려서, 그 안정이 행여 당신의 삶을 지루하게 할 수도 있기 때문이다.

● 방향3: 장수한다. 그렇다고 어리석은 행동을 마구 하거나 자신을 돌보지 않는데도 긴 수명을 보장받는 것은 아니다. 성도 무너질 수가 있는 법이며, 주의하지 않는다면 적에게 함락될 수도 있다. 마찬가지로, 당신 건강은 스스로 돌보아야 하며 확실하게 주변 환경을 관리해야 한다는 뜻이다. 적당한 노동과 휴식, 친구나 가족과의 단란한 관계 등이 당신이 건강하게 장수할 수 있는 비결이다. 그러므로 당신은 자신의 건강이나 안정을 위해 노력하는 것이 바람직하며, 그 결과 건강한 삶을 오래도록 누릴 수 있을 거라는 긍정적인 메시지를 담고 있는 그림이다.

● 방향4: 당신의 생활습관 중에 무엇인가 잘못된 부분이 있다. 그 때문에 당신은 고질적인 질병에 시달리는 것이다. 성이란 곳은 흔히 외풍이 심하고 추운 장소이다. 비록 사람들을 안전하게 해주는 곳이지만 그만큼 그곳에서 병도 얻을 수 있다. 그래서 성 안의 사람들은 특별히 두꺼운 옷을 입고 찬바람을 막기 위해 벽과 창문을 타퍼 천(닥나무의 일종으로 만든)으로 둘러치곤 했었다.

같은 의미에서 당신은 평생에 걸쳐 어떤 병을 몸에 지니고 살 수가 있다. 만성적인 병이라면, 평상시에 다스릴 방법을 강구해야 하며 병이 더욱 악화되지 않도록 하여야 정상적이고도 생산적인 생활을 영위할 수가 있다. 고질적인 질병 때문에 우리 스스로를 빈틈없이 돌봄으로써 오히려 더욱 장수하고 보다 나은 삶을 살게 되는 경우도 있다.

일례로 내 친구 한 명은 20년 넘게 담석증을 앓고 있어서 지방질을 피하는 엄격한 식이요법을 실천해야 했다. 최근의 의학적인 발견은 지방이 심장마비나 암을 유발할 수 있다는 사실을 보고하고 있다. 그래서 한 가지 질병에 주의하다보니 더불어 다른 심각한 병도 예방할 수 있게 되었다. 그러므로 이 그림을 당신이 받아 들여야 할 정당한 충고라면 생활 속에서 정확하게 실천해야 함을 경고해 주고 있다.

당신의 생활습관을 점검해 보면서 습관 중 어떤 것이 고질적인 병을 유발시키지 않나 살펴보는 것도 좋은 방법이다. 술·담배를 너무 많이 하고 있지는 않은지? 충분한 운동보다는 업무에만 매달려서 자신을 고립시키고 있지는 않은지? 지금이야말로 장기간의 계획에 착수함으로써 당신의 성벽을 굳건히 떠받치는 것이 필요한 시기이다.

20. 숲 (FOREST)

- 영향이 미치는 기간 : 일 개월에서 7, 8개월 이내.
- 상징 : 당신 주변의 사람들.
- 의미 : ↓ 1. 소중한 사람들과 우정을 유지한다.
   → 2. 유쾌하고도 규모가 큰 공동체에 참여.
   ← 3. 의심스러운 사람과의 관계.
   ↑ 4. 당신의 앞 길에 쳐져 있는 그물에 조심하라.

- 그림의 일반적 의미 : 숲은 많은 나무들로 이루어진다. 그리고 자연이 내뿜는 폭풍, 산불, 짐승, 해충 등의 갖은 고난도 견디어 낸다. 나무는 자라는 동안 주변 나무를 보호하는 만큼, 주변 나무를 또한 그 나무들을 보호한다.

이처럼 우리들도 결코 홀로 서 있을 수는 없다. 우리는 언제나 사람들에게 둘러 싸여 있다. 이 그림은 당신과 함께 자라났던 사람들, 또는 성장의 경험을 함께 나누는 사람들을 상징한다. 대부분의 사람들은 이 그림의 처음 두 방향이 지적하는 바처럼 당신에게 이로운 사람들이다. 그러나 세 번째, 네 번째 방향의 그림들은 당신 주변의 사람들도 경계해야 할 때가 있음을 경고해 주고 있다.

● **방향 1**: 소중한 사람들과 우호적인 관계를 지속적으로 유지한다. 이 그림은 당신이 선량한 사람들을 친구로 삼고 있음을 알려준다. 그들은 당신이 살아가는데 좋은 영향을 끼칠 사람들이다. 따라서 서로가 공유하는 관심사는 당신에게 든든한 기원과 영감을 안겨준다. 이 사람들은 직장동료, 동거인, 혹은 친구들이 될 수도 있다. 이 그림은 당신의 삶이 어떤 변화의 국면에 접어들었을 때 흔히 나타난다. 예컨대 이사를 간다든가, 직업을 바꾼다든가, 다시 혼자가 되었다거나 하는 경우들일 것이다.

이 그림은 당신 삶의 모습이 변하더라도 당신이 이미 굳건한 관계를 쌓아 놓았던 것을 상기시켜 준다. 더 나아가서 당신이 그들을 필요로 할 때 친구가 거기 있다는 것을 말해준다. 그들은 더 이상 이득이 없다고 생각될 때 슬쩍 사라져 버리는 시시껄렁한 친구들이 아니다. 오히려 그들은 당신의 삶에 자양분을 공급한다. 마찬가지로 당신이 그들 삶에 활력이 되어 주듯이.

● **방향 2**: 어떤 목적으로 유쾌한 사람들이 많이 모이는 공동체에 가담하게 된다. 이는 사회적으로 활동이 활발한 사람들의 바람직한 표상이다. 만약, 현재의 직업에 만족하여 계속 머무르고 싶다면, 당신을 바르게 이끌어줄 올바른 회사나 공동체에 속해 있음이 분명하다. 혹시 지금 당신이 적당한 배우자를 못 찾고 있다면, 차후에 좋은 동반자를 만날 수 있는 바람직한 만남을 가지고 있다는 것도 암시한다. 이 그림은 당신이 하는 활동이 어떤 것이든지 당신에게 이로운 결과를 가져다 줄 것 또한 의미한다. 동시에, 당신은 지금 매우 유쾌한 시절을 보내고 있다는 것도 깨우쳐 준다.

당신이 그다지 사교적인 사람이 못된다면, 이 그림은 당신으로 하여금 밖으로 눈을 돌려서 무언가 새로운 일을 찾아보도록 독려하고 있다. 적십자 자원봉사, 정치단체 가입, 아니면 에어로빅을 하면서 몸을 풀 수도 있다 ' 당신의 흥미를 끌만한 어떤 행동에든지 몰입하는 것이 필요하다. 우리는 혼자 고립되어 살아가기 보다는 모임 같은 곳에서 다른 사람들과 어울림으로써 삶을 윤택하게 할 수도 있는 것이다.

이 그림은 또한 당신과 같이 카드점을 보고 있는 사람과 관련이 될 수도 있다. 그가 제시하는 의견은 중요하거나 전혀 무익한 것일 수가 있다.

● **방향3**: 의심스러운 사람들과의 관계. 이 그림이 나타났을 때 당신은 주변의 사람들에게 귀를 기울일 필요가 있다. 그들은 당신이 가지고 있는 무언가를 탐내고 있는지도 모른다. 숲 속에서 새로운 나무가 자랄 때, 이 나무는 주변의 나무들과 함께 빛이나 물, 그리고 자양분을 다투게 된다. 그러므로 당신의 권리를 잘 지키고, 이 시기에는 누구든 너무 쉽게 믿지 않는 것이 좋다.

이 그림은 또한 당신 주변에 도사리고 있을지 모를 위험스러운 인물에 대해서도 경고를 해준다. 여기서 의심을 살 만한 사람이란, 모종의 비합법적이거나 부정직한 일을 의식적으로나 무의식적으로 저지르는 사람들이다. 이런 부류의 사람들에는 약물이나 술을 너무 과다하게 복용해서 감정의 기복이 매우 심한 사람들도 포함된다.

이 그림이 내게 나타났던 것은, 내가 어떤 특별한 무리의 학생들을 가르치기 시작했던 6, 7년 전의 일이었다. 일련의 불쾌한 사건들이 연달아 일어났다. 그들이 하는 짓들은 평범한 학생들의 단순한 장난이 아니라, 그야말로 악의에 찬 행동 그 자체였다. 그로부터 얼마 후, 학생들 중 한 명이 경찰에 체포되었고, 다른 한 명은 정신병원에 수용되는 일이 발생했다. 그러므로 이 그림은 나에게 주변에 있는 사람들을 특별히 주의하라는 일종의 경고였던 것이다. 그 후로, 나는 항상 그 충고를 따라서, 상황을 더욱 악화시키지 않도록 신경을 썼다. 이 그림이 다시 나타난다면 나는 더욱 매사에 각별한 선경을 써야 할 것으로 마음 깊이 새겨 두고 있다.

혹시 새 직장에 취직을 했다든가, 낯선 사람들과 교류를 시작했다면 이 상황에서 당신은 각별히 신경을 써야 한다. 새로 알게 된 사람들 중엔 정직하지 않은 사람이 있을 수도 있기 때문이다.

● **방향 4** : 당신이 가는 길에 쳐져 있는 그물을 조심하라. 다른 누군가가 자기들에게는 이익이 되지만 당신은 그 반대일지도 모르는 어떤 일을 당신이 하기를 원하고 있다. 이 경우는 더욱 심각한 경우로 발전할 수도 있는데, 가령 본의 아니게 법을 어기게 되어 당신이 걸려들게 될지 모르는 사태가 발생할 수도 있다. 아니면, 당신의 시간과 노력을 너무도 요구하는 계획이 수립되어 당신에게는 전혀 이로울 게 없는 상황에 연루될 수도 있다.

이 시기에는 어떤 서류라도 우선 서명하기 전에 각별한 신경을 써 자세히 살펴야 한다. 이것들은 당신이 아닌, 다른 편에게 이득이 될 만한 문서들일 것이다. 일단 서명을 해버리면, 차후에 그것을 바꾸기가 쉽지 않다는 걸 깨달아야만 한다. 또한 가족 관계라도 주의해야 하겠다. 당신의 상대자가 당신을 궁지에 몰아넣으려 할지도 모른다. 즉, 당신이 책임져야 할 어떤 짓을 저질러서, 결국 당신이 비난을 받아야 하는 그런 상황 말이다.

직장에서도 업무를 잘 수행해야 한다. 다른 사람들이 빈둥거릴 기회를 주어서는 안 된다. 또한 미처 업무가 끝나기도 전에 떠나 버려서 당신의 업무 전체가 비판의 대상이 되도록 하게 해서도 안 된다. 물론 당신 가정의 기반도 항상 든든히 지키도록 유의해야 한다.

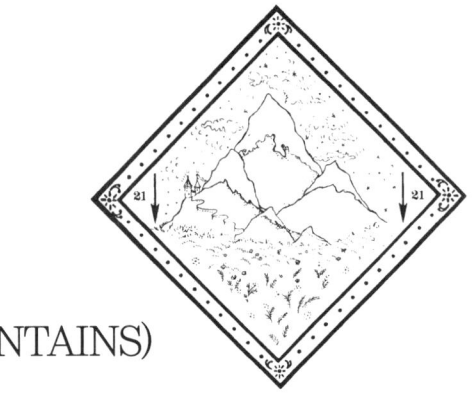

21. 산 (MOUNTAINS)

- 영향이 미치는 기간 : 1주에서 4주 전이나 후.
- 상징 : 위험.
- 의미 : ↓ 1. 믿을 수 없는 적이 당신을 노린다. 주의하라.
  → 2. 불쾌한 일이 다가오나 피할 수는 있다.
  ← 3. 심사숙고 끝에 결단을 내린다.
  ↑ 4. 어려운 시기에 강한 사람으로부터 도움을 받는다.

- 그림의 일반적 의미 : 이 그림은 매우 강렬한 의미를 띠고 있는 그림들 중의 하나로 주의를 기울여야 한다. 즉, 우리 스스로의 잘못이 아닌, 외부로부터 엄습하는 위험을 경고해 주고 있다. 산은 자연의 위대한 창조물이다. 산으로 인해 인간들은 삶의 제한도 받지만 또한 보호도 받는다. 산을 오르는 데는 항상 위험이 따르기 마련이지만, 여전히 인류는 자연의 힘을 정복하려는 시도를 포기하지 않고 있다. 첫 번째와 두 번째 방향에서 이 그림은 위험을 경고하지만, 나머지 두 방향은 자연의 힘으로부터 당신이 도움을 받게 되리라는 것을 예언해 준다.

● 방향 1: 믿을 수 없는 적이 당신을 노리고 있으니 조심해야 한다. 직장동료가 당신의 자리를 탐내고 있을지 모르며 당신의 상사도 당신을 해고시킬 빌미만 찾고 있는지도 모른다. 강도가 당신의 집안으로 침입할 기회만을 호시탐탐 노리고 있을 수도 있다. 또한 배우자가 당신 곁을 떠날 구실을 찾고 있지는 않을까. 하지만 이 그림은 당신에게 편집증 환자가 되어야 한다고 말하는 것은 아니다. 다만 이러한 특별한 시기에 도래할지 모를 위험을 경고하는 것이다. 이때는 느슨해지거나 나태해져서는 안 된다. 가정이나 직장에서도 최선을 다하여 누구도 당신에게 트집 잡을 빌미를 주어서는 안 된다.

가끔 우리는 우리에게 괴로움을 주게 될 사람을 간과하는 수가 있다. 이 그림이 나타났다면, 당신 주변의 사람들을 주시하면서 누가 장래에 적이 될 만한 인물인가를 찾아내는 것이 필요하다. 그러나 어떤 특별한 행동을 취할 필요는 없다. 다만 그 인물주변을 항상 주목하고 있으면 된다.

● 방향 2: 불쾌한 일이 다가오지만 피할 수는 있다. 이 그림은 대개는 육체적인 위험을 경고하고 있다. 이 그림이 나에게 나타난 적이 한 번 있었다. 그 며칠 후, 고속도로를 달려가는데 브레이크가 말을 듣지 않는 것이었다. 불행 중 다행으로 나는 평평한 직선도로를 달리고 있었기 때문에 별다른 사고 없이 차를 멈출 수가 있었다. 이 그림이 나타날 때는 혹시 고장 난 기계가 있으면 손질을 잘해두고 자동차도 세심하게 점검해서 만약의 사고를 미연에 방지해야 한다. 또한 밧줄이나 사닥다리를 타고 산을 오를 때라든가, 취사 시 불 옆에서, 또는 배가 출발할 때, 사나운 개가 옆에 있을 경우 등에는 함부로 정신을 놓고 있어서는 안 된다. 매사에 세심한

주의를 한다면 위험은 피할 수 있다.

● **방향 3**: 심사숙고 끝에 올바른 결단을 내리게 된다. 이 그림은 대단히 고무적인 그림임에 틀림없다. 또 당신에게 현재의 상황을 잘 평가하라고 말해주고 있기도 하다. 긍정적인 것에 대립되는 양상들을 잘 점검해 보고, 어떤 것들이 당신에게 더 중요한 것인지를 결정하라고 재촉하고 있다. 당신은 이 상황에 대해 찬·반을 결정할 수 있다. 신문이나 기타 매체를 통해 정보를 얻음으로써 보다 나은 선택을 할 수도 있다. 때로는 부정적인 것들이 긍정적인 것들보다 더 많을 수가 있겠지만, 당신은 그 모든 부정적인 것들을 물리칠 수 있는 극소수의 긍정적인 것들을 결정할 수 있다. 이러한 방식은 개인적인 문제 외에도 재정적이거나 사업상의 문제에까지 적용시킬 수 있다.

이 그림의 핵심은, 요컨대 결정을 내릴 때는 충분한 시간을 가지라는 것이다. 자연에서 산들의 존재만큼 그 결정들은 당신에게 중요하므로 당연히 심사숙고해야 할 것이다. 일이 진행되면서 당신은 점차 진정한 가치를 발견하게 될 것임이 틀림없다.

● **방향 4**: 어려운 시기에 강한 인물을 만나서 도움을 받게 된다. 영향력 있고 강력한 힘을 가진 사람들이 당신을 도울 의사를 가지고 있다. 그들은 직접적인 관계에서, 혹은 당신의 뒤에서 은밀한 도움을 줄지 모른다. 이 그림은 '산' 그림에서 첫 번째 그림이 가지고 있는 것과는 정반대의 의미를 당신에게 주고 있다. 즉, 여기서는 당신이 직장에서 어려움에 처해 있다면, 상사에게 조언을 구하기에 좋은 시기라는 것을 의미한다. 혹시 개인적인 문제 때문에 고민을 하고 있을 때에는 의사나 성직자, 상담 전문가나 그 문

제에 대해 일가견을 가지고 있는 누군가를 찾아가는 것도 현명할 것이다. 가끔 이러한 도움은 강하다거나 당신에게 힘이 된다고 전혀 생각해보지 않았던 사람에게서 얻을 수도 있다. 러시아인들은 그래서 진정한 친구란 서로를 잘 아는 친구라고 얘기하곤 한다. 어쩌면 당신은 지금 도움을 받고 있는지조차 느끼지 못할 수도 있다. 영향력 있는 사람들, 예컨대 변호사나 주선인, 관리자 등 당신의 업무를 촉진시키는 사람들이 당신으로 하여금 임무를 최고로 수행할 수 있도록 도와주고 있다. 그러므로 이 방향의 그림은 당신이 지금 사업상의 조력자나 관리자들을 믿어도 되는 시기임을 말해주고 있다.

22. 길 (ROAD)

- 영향이 미치는 기간 : 1~7개월부터 전 생애까지.
- 상징 : 인생의 여정.
- 의미 :   ↓ 1. 그 행복한 여정.
　　　　→ 2. 즐거운 여행.
　　　　← 3. 외롭고 고달픈 여정, 혹은 일.
　　　　↑ 4. 인생에 깃든 고난.

● 그림의 일반적 의미 : '길'은 당신의 인생 여정을 상징한다. 시원하게 뚫린 길은 이 시기에 당신에게 커다란 어려움이 없음을 가리킨다거나 이 그림의 마지막 방향에서처럼 그다지 순조롭지 못한 인생 여정을 상징하기도 한다. 특히 여행을 좋아하는 자들에게 이 그림은 반가운 그림들 중 하나이다. 꼭 두 번째 그림만이 여행을 상징하는 것은 아니기 때문에 이 그림 또한 즐거운 여행을 할 수 있을 것임을 암시한다.

● 방향 I : 행복한 여정. 당신의 삶은 지금 이 순간 대단히 순조

롭게 진행되고 있다. 직장, 가정, 여가 그리고 정신적인 생활이 모두 올바른 길을 걸어가고 있다.

혹시 당신이 이 시기에 여행하는 것이 적합한지 궁금해 하고 있다면, 이 그림은 지금이야말로 여행계획의 설정에는 더할 나위없이 좋은 시기라고 말해준다. 혹시 한 해 운수를 보았을 때 이 그림이 나타났다면, 그해 안에 여행을 할 일이 생길 것을 암시하는 것이다. 언젠가 나와 친구 두 명은 거의 가망도 없는 유럽여행을 가고 싶어 했다. 하지만 이 그림이 우리들 중 단 한 명에게만 나타나는 것이었다. 또 한 친구는 점 따위는 믿지 않는 사람으로 여행 운수가 나오지 않았는데도 구태여 여행을 고집했다. 그러다가 출발 예정 한 달 전에 영국에 살고 있던 그녀의 친구가 다시 캐나다로 이사 오게 되었음을 알려왔다. 결국 그 친구의 여행은 그렇게 취소될 수밖에 없었다. 나 또한 카드의 결과에도 불구하고 여행계획을 고수했지만 뜻하지 않게 치통이 발발함에 따라 출발을 할 수가 없었다. 여행을 할 수 있을 운수의 이 그림이 나왔던 친구는 가족 한 사람의 뜻하지 않던 죽음으로 출발을 망설이고 있었다. 그러나 그녀는 떠나기로 결정을 내렸다. 결국 그 휴가는 그녀에게 대단히 멋진 경험을 안겨 주었고, 집안문제는 그녀의 부재에도 불구하고 잘 해결되었다.

● 방향 2 : 즐거운 여행. 이 그림은 당신이 어떠한 여행계획을 세우더라도 잘 진행되리라는 것을 나타낸다. 모든 일이 만족하게 진행되고 당신은 멋진 시간을 가질 것이다. 여기에서의 여행은 비교적 큰 여행으로 미주나 유럽, 아시아나 다른 대륙으로 여행을 할 가능성이 짙다. 또한 가까운 시골로의 짧은 여행, 낚시 혹은 근거리에 있는 커다란 장터나 상가로 쇼핑을 가는 등의 사소한 나들이

도 있을 수 있다.
　만약 여행을 할 계획이 없다면, 이 그림은 당신의 생활이 평안하게 그 여정을 따르리라는 의미로 해석할 수 있다. 실제로 지금, 당신의 삶은 일종의 흥겨운 잔치에 비길 만하다. 당신이 행하는 모든 것은 유쾌한 것들로서 기쁨과 행복을 준다고 말할 수 있다.

● 방향 3 : 외롭고도 고달픈 여정이나 업무. 이 시기의 당신의 삶은 너무도 고요한 상태로 마치 긴 연휴가 끝나고 봄이 오기 전의 나른한 시기라고나 할까. 지금 당신은 주로 허드렛일이나 하는 단순노동에 머무르고 있어 매우 지겨워하고 있다. 그러나 이 그림은 그다지 불길하지는 않고 다만 당신이 이 시기에 만족스러운 생활을 하고 있지 못함을 가리키고 있다.
　하지만, 당신은 이러한 평온함이 몸과 마음에 휴식을 줄 수 있다는 점을 깨달아야 한다. 우리는 즐겁고 신나는 일을 원하는 만큼 휴식도 필요로 하는 것이다.
　혹시 당신이 장기적인 목표에 매달려 있을 때 이 그림이 나타났다면, 당신의 일에 활기를 불어 넣어줄 창조적인 방법도 생각해 봄 직하다. 로마는 하루아침에 이루어지지 않았다는 점을 명심하라. 어떠한 위대한 성취도 기나긴 노력의 산물이라는 점을.
　하지만 이 그림은 대체로 당신의 일상생활과 연관이 있다. 혹시 매사가 지겹게 여겨진다면, 자신의 삶을 평가해보길 권한다. 아마도 당신은 매일 매일의 일상적인 과업 속에서 당신의 꿈이나 목적을 잊고 있을 수도 있다. 당신이 전업주부라면, 공부를 다시 시작하거나 새로운 직업을 구해보는 것도 괜찮지 않을까. 그리고 지금의 직장생활이 지겹다면, 새로운 분야를 찾아 보거나 다른 일을 겸업해 보는 것도 좋은 방법이다.

이런 시도는 삶의 자극제가 될 뿐만 아니라 무미건조함 때문에 삶을 낭비하는 오류를 범하지 않게 해줄 수도 있다.

● **방향 4** : 당신의 앞길에 난관이 도사리고 있다. 만약 이 그림이 당신의 일상생활과 관계가 있다면, 앞으로 맞서 싸워야 할 장애물과 부딪칠 수 있다는 암시가 담겨 있다. 이는 직장이나 가정생활에 동시에 적용될 수 있는데, 극복해 나가야 하는 문제들이 생긴다는 뜻이다. 하지만 나쁜 그림은 아니다. 다만, 이 그림은 때때로 삶이 우리에게 고통을 주고 우리는 그에 당당히 직면해야 함을 의미하는 것이라 할 수 있다. 그렇게 문제를 극복하는 데서 우리의 자존심은 더욱 고양되어진다. 따라서 우리는 문제들에 대면함을 두려워해서는 안 되며, 그 도전이라는 것은 우리의 최선을 요구하는 것이라는 점을 깨달아야 한다.

만약 이 그림에 여행계획을 연관지어보고 싶다면, 그 여행에는 어려움이 따를 듯하다. 물론 커다란 어려움이라기보다는 사소한 골칫거리 정도에 불과하겠지만. 가령, 길을 잃어버린다든지, 호텔을 찾는데 헤매게 될 것이라든지, 교통편이 연착되는 등의 문제들 말이다. 그러나 어떤 식으로든지 문제가 생길 것을 미리 알고 있다면 준비도 그만큼 단단히 할 수 있을 것이다. 여행의 중요한 부분은 희생시킬 필요도 없이.

23. 생쥐 (MICE)

- 영향이 미치는 기간 : 1주에서 4주 이후.
- 상징 : 주로 물질적인 재화를 잃거나 찾게 된다.
- 의미 : ↓ 1. 잃어 버렸던 것을 찾는다.
  → 2. 기대하지 않았던 발견.
  ← 3. 도둑을 맞는다.
  ↑ 4. 한 번 도둑맞은 물건은 영원히 찾을 수 없다.

● 그림의 일반적 의미 : 생쥐는 꾀바르고 약삭빠른 작은 짐승으로 집 주변에서 먹이를 찾으러 돌아다닌다거나 훔치면서 살아간다. 따라서 이 '생쥐' 그림은 물건을 잃어버리거나, 혹은 찾게 되는 것을 상징하는 그림이다. 이 그림은 당신이 잃어버린 것이 크게 중요하지 않은 것이라 할 때에는 상대적으로 사소한 의미를 담고 있는 그림이다. 또한 이 그림은 잃어버린 대상을 찾는 것에 전력을 투구해야 하는지 아닌지에 대해서도 유용한 답을 제공해 준다.

● 방향 I : 잃어버린 것을 되찾는다. 안심을 시켜주는 그림이라

하지 않을 수 없다. 우리는 무엇을 잃어버리면, 그것을 찾느라고 제정신이 아니어서 때로 그 물건을 찾을 수 있는 기회를 놓치는 수가 많다. 이 그림은 궁극적으로 당신이 잃어버린 것을 찾을 수 있다는 것을 말해 준다. 그러므로 느긋하게 마음을 진정시키는 게 우선이다. 그런 다음 차분하게 그것이 있을 만한 곳과 어디쯤에 떨어져 있을지를 논리적으로 곰곰이 생각해 본다.

공공장소에서 물건을 잃어 버렸다면, 도움이 될 만한 기관에 의뢰하거나 광고를 내보는 것도 좋겠다. 당신이 참을성만 있다면, 잃어버린 물건을 되찾을 수 있는 절호의 시기라는 점을 명심해야 한다.

내 친구 한 명은 아주 아름다운 금팔찌를 잃어버린 적이 있었다. 아무리 찾아보아도 없어 이제는 도둑맞았거나 영원히 못 찾을 것이라 단념하고 있었다. 하지만 놀랍게도 이 생쥐 그림이 그녀에게 계속 나타나지 않는 게 결국 1년이 지나서야, 자신이 자선단체에 보내려고 두었던 오래된 옷 속에서 그 팔찌를 발견하게 되었다.

● **방향 2**. 기대하지 않았던 발견. 이 경우는 당신이 완전히 잇고 있었던 가치 있는 무엇을 발견하게 되는 경우이다. 예컨대 보석이나 돈, 현금화되지 않은 채권이나 증권 등의 발견으로 당신을 즐겁게 할 수 있는 것들이다.

이 그림은 또한 당신 소유는 아니지만 어떤 가치 있는 물건의 발견도 암시한다. 그럴 때는 주인에게 되돌려 주도록 노력을 하라. 그렇다면 당신은 즉시 보상을 받거나 평생에 걸쳐 덕을 입게 된다.

한 번은 이것을 예증할 만한 재미있는 사건이 우리 가족에게 일어났다. 어느 날 고양이 한 마리가 우리 집에 들어와서는 눌러 살기 시작했다. 내 아들은 우리가 원래 키우던 고양이와 짝을 지워

줄 속셈으로 그 녀석을 계속 기르고자 했다. 하지만 잃어버린 주인이 애타게 찾고 있을 수도 있으므로 신문의 분실란을 눈여겨보아야 한다고 했다. 그러다가 주인이 낸 광고를 보게 되었고, 연락하자 그 주인이 당장 달려 왔다. 그는 너무도 기쁜 나머지 아들에게 50달러나 주었다. 내 아들에게 있어서는 작은 경험을 통해 소중한 교훈을 깨달을 수 있는 기회가 되었다. 그는 자신이 발견한 것을 주인에게 돌려줌으로써 다른 사람을 기쁘게 함과 동시에 자신도 그 보상을 받을 수 있다는 것을 몸소 배우게 된 것이다.

● **방향 3** : 도둑을 맞는다. 귀중한 것을 함부로 방치해 두지 말라. 마치 쥐가 눈에 띄는 대로 먹어 치워버리는 것과 같은 결과가 생길 수 있다. 문단속을 잘하고 열쇠가 제대로 작동이 되는지 점검해 볼 일이다. 이때는 당신이 가지고 있는 것에 주의를 게을리해서는 안 되는 시기이다. 보석이나 카메라, 자전거 뿐 아니라 모든 물건들을 안전하게 보관하여 누구도 음흉한 충동을 느끼지 않도록 해야 한다.

당신 주변을 배회하는 사람들에게 각별히 신경을 쓸 것이며, 익숙하지 않은 영역에 선뜻 뛰어 들어서는 안 된다. 도둑을 맞거나 강도를 당할 위험이 도사리고 있다. 잡히기를 원하는 도둑은 세상에 하나도 없다. 하지만 먼저 예방책을 쓴다면, 도둑쯤은 미연에 방지할 수 있다.

● **방향 4** : 한번 도둑맞은 물건은 영영 찾을 수 없게 된다. 잃어버린 것이 무엇이든 간에 찾기 힘들 것이다. 개인적으로 소중한 물건이라면, 그것은 아주 당신의 손에서 떠나버린 것으로 그것을 되찾으려는 욕심 따위는 버리는 게 낫다. 소중히 여기는 어머니의 반

지를 도둑맞을 수도 있다. 하지만 어머니에 대한 당신의 추억은 당신이 살아 있는 한 영원히 살아 있을 것이다.

당신은 잃어버린 것에 대해 보험회사 등으로부터 보상을 받을 수도 있고 그렇지 못할 수도 있다. 나는 오래전, 하와이에서 캠핑을 하던 중, 우리 일행의 장비가 몽땅 들어 있던 차를 도둑맞은 적이 있었다. 전문가의 의견으로는, 보험회사에서 우리에게 배상을 할 수 없다는 것이었다. 우리는 갖은 방법을 다 써서라도 배상을 받기 위해 노력했지만 헛수고였다. 이 그림이 나타나면서, 나는 이제는 포기할 때가 되었다는 것을 깨닫게 되었다. 나는 이 일에 내 정력을 참으로 무던히 쏟았지만 보험회사는 눈 하나 꿈쩍하지 않았다. 지금까지도 나는 보험회사의 판단이 틀렸다고 믿고 있지만, 질 것이 뻔 한 싸움을 계속하느니 작은 손해를 감수하는 것이 더 쉬웠을 거라는 점도 깨닫게 되었다.

24. 심장 (HEART)

- 영향이 미치는 기간 : 1개월에서 7~8개월 이내.
- 상징 : 사랑.
- 의미 : ↓ 1. 사랑하는 사람의 대답에 당신의 행복이 있다.
  → 2. 당신 가슴에 사랑의 불이 당겨진다.
  ← 3. 환희와 기쁨이 떠나지 않는다.
  ↑ 4. 가까운 사람과 의견이 일치한다.

- 그림의 일반적 의미 : 심장은 수천 년 동안 사랑의 상징으로 여겨져 왔다. 최근에는 심장의 변형된 의미, 즉 '삶' 그 자체로도 우리는 익숙히 받아들이고 있다. 이 의미를 멋지게 배합한다면, 사랑으로서 우리의 삶에 진정한 생명을 부여한다는 의미가 탄생된다. 그러나 사랑은 이성간의 사랑 뿐 아니라 그 이상의 것을 포함한다. 부모와 자식 간의 사랑, 국가, 직업, 혹은 우리의 감정에 깊이 영향을 미치는 가슴 벅찬 감정을 또한 우리는 사랑이라 부른다.

사랑을 낭만적인 것이라고만 규정하고 찾아 헤매는 사람을 보는 것은 안타까운 일이다. 왜냐하면, 그들은 자식들이나 가족, 혹은 친구들에 대한 사랑도 진정한 사랑임을 깨닫지 못하고 있기 때문이다.

'심장' 그림은 우리 자신의 깨달음으로부터 우러나온 감정의 길잡이가 되어 준다.

● **방향 1**: 당신의 행복은 당신이 사랑하는 사람의 답에 달려 있다. 이 그림은 어떤 의미에선 부정적일 수가 있다. 즉 사랑의 관계는 당신 혼자의 짝사랑에 빠져 있다고 완성되는 것이 아니라, 상대방의 반응도 따라야 한다는 의미에서이다. 이때는 다른 이가 당신의 감정을 모르고 있거나 당신과의 관계를 대수롭지 않게 생각하고 있는 경우가 대부분이다. 그러므로 스스로 매혹적이며 사랑스러운 존재가 되도록 노력을 기울여, 상대방의 정열을 불태우게 해야 할 듯하다. 사랑을 구하는 것만으로는 얻을 수 없다. 오히려 부드럽고도 섬세한 행동이 도움이 될 것이다. 이때는 유쾌하게 저녁 식사를 하고 향수를 뿌려 보거나, 음악, 꽃 등과 함께 상대를 위해 보다 많은 시간 투자가 필요할 것이다. 당신이 진정 사랑을 받고 싶다면, 상대방을 위해서 올바르게 행동해야 할 것이다.

혹시 당신이 지금 첫사랑의 열병을 앓고 있는데, 그 사람이 당신이라는 사람의 존재조차 깨닫지 못한다고 해도 절망해서는 안 된다. 이 그림은 당신의 사랑은 궁극적으로 이루어지리라는 것을 가리키고 있기 때문에 당신이라는 존재를 그에게 알리기 위해서는 더욱 노력을 해볼 일이다. 하지만 당신의 노력이 당장 빛을 발하지 않는다면, 다음의 러시아 속담을 되새겨 볼만도 하다. "첫사랑은 마치 첫니가 돋을 때만큼 아픈 법이다."

● **방향 2**: 당신 가슴이 사랑으로 뜨겁게 달아오른다. 이것이야

말로, 사랑의 열정적인 모습을 의미한다. 당신이 이상형으로 여기고 있던 사람(여자 혹은 남자)이 나타나 당신은 그 사람에게 폭 빠져 버리는 사태가 발생할 지도 모른다. 아니면, 이미 누군가를 사랑하고 있는 당신에게는 그에 대한 강렬한 정열이 더욱 불붙을 지도 모를 일이다. 성공적이고 유익한 시간은 흔히 우리의 감정을 고양시켜서 강렬한 사랑의 감정을 체험하게 만든다. 이러한 감정들이 우리 주변에 머무르는 것이든, 새로운 누군가에 대한 것이든지 이는 지극히 자연스러운 것이므로 마음껏 즐겨야 할 것이다.

이 그림은 사랑이라는 감정이 당신의 마음을 뜨겁게 할 것이며, 당신은 그것이 전부라고 느끼게 됨을 말해준다. 물론 사랑의 감정은 소중한 것으로서 육체적으로만 실행할 그 어떤 것이 아니다. 따라서 이 그림은 당신이 무작정 나가서 당신의 감정에 불을 당기는 누군가와 성적인 관계를 맺으라는 격려 따위가 결코 아닌 것이다.

이 문제를 결정하는 것은 다른 차원의 문제이다. 그럼에도 불구하고, 이 그림은 누군가를 사랑하는 감정 상태를 충분히 즐기라고 말해 주고 있다.

● **방향 3**: 살아가면서 간혹 문제에 부딪치더라도 환희와 기쁨이 당신 곁을 떠나지는 않는다. 이 그림은 어려움에 처해 있어 삶이 삭막할 때 흔히 나타난다. 그러나 어려운 시기는 금방 지나갈 것이고 그것 또한 우리가 생각하는 것만큼 심각한 정도는 아니라는 것도 아울러 타일러 주고 있다. 당신은 이 그림을 봄으로써 미소 짓게 되며, 감정을 다시 고무시킬 수가 있게 된다. 그리하여 세상과 당당히 대면할 활력과 용기를 갖게 되리라. 따라서 이 그림은 당신의 삶 전체를 직시하여 한 가지 문제 때문에 낙심하기 보다는 당신이 하고 있는 일이 주는 기쁨을 충분히 즐기라는 암시와 다름

없다. 사랑과 기쁨은 우리 주변 어디서나 찾을 수 있고 우리는 눈과 마음을 크게 열어서 그것을 볼 수 있도록 하기만 하면 된다.

혹시 애정생활에 문제가 있다면 다음의 러시아 속담이 당신을 미소 짓게 만들 것이다. "사랑은 창문 밖으로 내던져 버릴 수 있는 물건이 아니다" 지금 당신이 누군가를 사랑하고 있다면, 의식적이거나 무의식적으로 가해진 것이든 상처를 입기가 쉽다. '오래 오래 행복하게 살았다'는 말은 오직 동화 속에서나 찾아 볼 수 있는 얘기가 아닐까. 그러므로 성인이라면, 당신은 고통을 잘 다스려야 한다. 썩은 감자를 버리듯이 쉽게 던져버릴 수 있는 성질의 것이 아니다. 혹시 당신이 고통 속에서도 재미있는 부분을 찾아낼 수 있다면, 당신에게 직면된 문제가 그렇게 커다랗게 보이지 않을 수도 있다.

● **방향 4**: 가까운 사람과 의견이 일치한다. 이는 가족이나 친한 친구, 더 나아가 인류 전체에 대한 사랑을 주고받는다는 의미이다. 이 그림은 또한 당신이 느끼는 사랑은 범우주적인 의미에서 선하다는 것도 확인시켜 준다. 오래된 러시아 속담이 하나 있다. "인간에 대한 사랑을 베푸는 자가 가장 부자이다" 단지 받으려고만 하지 말고 다른 이에게도 베풀어 주도록 하라.

25. 반지 (RING)

- 영향이 미치는 기간 : 1개월에서 7~8개월 이내.
- 상징 : 두 사람의 관계.
- 의미 : ↓ 1. 결혼이나 의견일치.
  → 2. 부자와 손을 잡는다.
  ← 3. 연인이나 친구 사이에 방해가 끼어든다.
  ↑ 4. 사랑하는 두 사람의 관계가 깨진다.

- 그림의 일반적 의미 : 반지는 두 사람간의 지속적인 관계를 기약하는 하나의 상징이다. 전통적으로 결혼을 포함해서 근래에 다양하게 맺어지는 관계들이 흔히 반지로 상징되곤 한다. 이렇게 반지는 두 개체가 한 존재로 결합되는 것의 상징이다. 그렇지만, 이러한 결합이 각자가 자신의 인격이나 정체성을 포기해야 한다는 것을 의미하는 것은 아니다. 오히려, 자신을 잘 보존함으로써만이 분리된 두 개체일 때보다도 더욱 강력한 새로운 결합체를 형성할 수 있는 것이다. 카드 점에서 반지는 대개의 경우, 서로 사랑하고 있는 남자와 여자의 관계를 암시한다. 아울러 반지는 한 사람이 맺

게 되는 또 다른 강한 유대관계도 암시할 수 있다.

● 방향 1 : 반지는 결혼이나 두 사람의 의견일치를 상징한다. 혼자 사는 사람에게 이 카드가 나타났다면, 이제 결혼할 때가 되었다는 암시로 받아들여도 된다. 현재 가까운 이성이 없는 사람은 주변을 눈여겨보아야 할 때이기도 하다. 왜냐하면 당신의 마음을 사로잡을 누군가가 곧 나타날 것이며, 그와 결혼하는 것이 진정 기쁜 일일 것이기 때문이다. 이미 결혼을 한 사람에게 이 그림이 나타났다면, 지금은 당신들의 결혼이 황금시기를 맞고 있음을 알려주는 것이다. 바로 당신의 배우자에게 당신은 진정 필요한 존재라는 의미이다. 가끔씩 이 그림은 결혼생활에서 심각한 어려움을 겪고 있는 사람들에게도 나타난다.

하지만, 이 그림이 의미하는 것은 당신들이 다투고 있는 문제는 중요한 것이며, 당신들 스스로 그 문제를 해결함으로써 더욱 강한 결합을 이룰 수 있을 것이라는 암시이다. 이리하여 당신들은 상호간의 이해와 당신들의 결합에 대한 감사가 충만한 더욱 새로운 차원의 관계로까지 발견하게 되는 것이다.

또 다른 인간관계에서도, 중대한 문제에 대해서 다른 사람과 의견을 같이 하고 있다는 것을 말해 주고 있다.

● 방향 2 : 부자와 손을 잡는다. 대부분의 사람들에게 이는 신나는 뉴스임에 틀림이 없다. 당신과 지금 접촉하고 있는 사람은 번창일로에 있어서, 당신도 십중팔구 그 덕을 보거나 좋은 영향을 받게 되리라는 것을 의미한다.

혹시 당신이 독신이라면, 당신과 결혼하게 될 사람이 부자일 가능성이 높다. 이미 결혼을 한 당신이라면, 당신의 배우자가 성공할 수 있다. 그렇지만 이 그림이 나타났다고 해서 항상 그 사람이 부자가 되리라는 의미는 아니다. 오히려 당신의 모든 물질적인 근심거리를 삶의 나머지 부분이 배려해 줄 것이라는 암시가 강하다. 미래는 항상 변할 수 있다. "감옥하고 적선은 거부하지 말라"는 러시아 속담이 있다. 즉 살다 보면 빈털털이가 될 수도 있고 감옥에 갈 일이 생기지 않는다고 누가 보장할 것인가. 물론 그런 일은 생각조차 하고 싶지 않겠지만 말이다.

또한 명심할 점은 부자가 되는 길이 한 가지 뿐만은 아니라는 것이다. 요컨대 필요한 것보다 많은 것을 갖거나, 가진 것보다 덜 원한다면 그 또한 풍족하다 하지 않을 수 있겠는가. 당신에게 이 그림이 나타났다면, 이 시기가 당신에게는 좋은 시기임을 깨닫고 함께 하는 사람과 즐길 줄도 알아야 한다.

● **방향 3** : 연인이나 친구 사이에 방해자가 끼어든다. 당신들 사이가 일종의 휴지기에 들어갔다고나 할까. 이 그림이 나타났다는 것은 바야흐로 서로의 관계를 점검해 보아야 될 시기라는 것을 암시한다. 한때의 친밀한 관계를 다시 회복하고자 하는 마음이었다면 문제는 다시 풀릴 수도 있다. 몽유병 환자가 되기보다는 당신 상대자의 행동을 잘 관찰하고 무엇이 잘못되어 가고 있는지 스스로가 판단을 할 일이다.

때때로 사람들은 두 사람의 결합에 너무 방심한 나머지 처음 상대방에게 매력을 끌었다는 것조차 잊고 마는 수가 있다. 즉 여자는 쉽사리 주부나 어머니의 역할에 동화되어서 아이들이 태어나기 전에 자신이 얼마나 매력적이었는지를 잊어버린다. 마찬가지로 여자들도 소파에 누워서 인스턴트 음식이나 먹으면서 TV로 소일하는 남편을 보면 결혼 당시의 당당하던 기사의 모습을 떠올린다는 것이 쉽지가 않을 것이다.
 이 그림은 당신에게 당면한 일상이나 관심사를 포기하라고 종용하는 것은 아니다. 다만, 처음 만났을 때 서로에게 이끌렸던 모습들을 각자 잊어서는 안 된다고 깨우쳐 줄 뿐이다. 상대방은 전혀 다른 사람으로 바꿀 수는 없겠지만 당신 스스로는 변화할 수 있다. 당신들의 관계가 소중한 것이라면, 다시 돈독히 다질 수 있을 것이기 때문이다.

● **방향 4** : 연인 사이가 완전히 깨어진다. 둘 사이를 결합시켜 주었던 힘이 약해져 한때 위력을 발휘했던 마술이 전혀 말을 듣지 않게 된다. 방 안을 한 번 흘낏 쳐다보는 것만으로는 한때 가졌던 사랑의 감정을 더 이상 고취시킬 수가 없다. 실제로는 그와 다른 감정, 증오라든가 혐오감, 메스껍도록 불쾌한 생각들만 더욱 고개를 들 뿐이다. 이것이 서로간의 반응일 수 있다. 이 그림은 한 때 그렇게 좋았던 두 사람 사이의 끈이 끊어졌다는 것을 의미한다.
 그러나 이 그림이 꼭 결혼이나 인간관계의 파국만을 의미한다고는 할 수 없다. 만약 이별이나 이혼을 해야 한다면 이는 어쩔 수 없는 파국으로, 이때가 서로 헤어지기에는 알맞은 시기임을 말해준다. 매혹, 사랑, 결합, 방탕, 그리고 종말은 자연스러운 주기로 일어나게 된다. 그렇지만 그 최종결과가 반드시 이혼으로 직행하는 것이라고는 할 수 없다. 많은 사람들이 처음에 두 사람을 맺어 주었던 사랑 없이도 결혼생활을 지속하고 있지 않은가. 그 중에는 경제적인 이유나 안정, 아니면 자신들만이 안고 있는 특별한 문제 때문에 함께 살아가는 사람들이 있다.
 처음에 당신들을 맺어 주었던 사랑이 식어 버렸기 때문에 초기의 정열보다 더 강하고 만족스러운 사랑을 만들어 낼 수 없다고 단

언할 수는 없다. 이 그림은 서로가 인연을 맺은 지 대략 10년 정도 후 부터 나타나기 시작할지 모른다. 이 시기야말로 도저히 극복할 수 없을 정도로 문제가 쌓여서 둘의 관계를 끝내기에 딱 좋은 시기로 보여 질 수도 있다. 그렇지만 그런 결론을 내기에 앞서, 현명한 사람들은 이렇게 자문해 본다. "만약 내가 지금 이 문제를 해결하지 않는다면, 또 다른 사람을 만나더라도 10년 후에는 역시 마찬가지 문제에 직면하게 될 것임을 명심하자" 그러므로 당장 문제를 풀어 나갈 시도를 함으로써 더 높은 차원의 결혼생활을 지속시킬 수가 있게 된다. 상대방에 대한 부정한 행동조차도 서로간의 진정한 대화를 통해서 용서되고 잊혀질 수 있게 된다.

서로 간에 내재한 문제와 태도를 분석함으로써 그 한 쌍은 해답을 발견해 낼 수 있다. 한편, 어떤 부부들은 문제의 벽에 부딪히자마자 그것을 헤아려 보기보다는 부숴버리려고만 한다. 이런 사람들이 바로 결혼을 두 번, 세 번, 쉽게 해버리고 포기해버리는 자들이다.

한때 이 그림이 헤어진 지 얼마 되지 않은 두 남녀에게 나타난 적이 있었다. 그들은 1년 동안 별거를 하고 있었는데, 결국 서로 다시 합치게 되었다. 그전에 그들은 자기들이 70년대와 80년대를 통해 이룩되었던 성의 혁명에 미치지 못한다고 느끼고 있었다. 그들은 젊어서 결혼하여 두 자녀를 두고 비교적 만족한 생활을 영위하고 있었지만, 너무 무미건조한 일상사에서 헤어 나오지 못하고 있었다. 낭만적이고 열광적인 사랑은 지나갔으며, 이윽고 그들은 자신들의 결혼생활이 불행하다고 여기게 되었다. 그리하여 서로 헤어진 후 각자는 독신생활의 자유를 만끽해보려고 애를 썼다. 하지만 그들이 기대한 바만큼 그 생활이 신나지는 않았다. 점차 그들은 함께 지낼 때가 더 만족스러웠다는 것을 깨닫기 시작했다.

최근 그들의 결혼생활은 예전과는 똑같다 할 수 없지만 더욱 강한 끈으로 맺어져 있다.

당신에게 이 그림이 나타난다면, 자연스러운 파열점으로 삼아 관계를 끝내거나, 아니면 하나의 디딤돌로 삼든지 간에 선택은 자유이다. 이것이 카드의 신비한 점이다. 카드는 당신에게 상황을 깨닫게 해주지만, 당신의 미래를 결정하는 것은 바로 당신 자신에게 달려 있다는 점도 아울러 깨우쳐 주는 것이다.

26. 책 (BOOK)

- 영향이 미치는 기간 : 1주에서 4주 이후.
- 상징 : 비밀스러운 소식.
- 의미 : ↓ 1. 비밀의 전달.
  → 2. 당신에게 소중한 무엇이 숨겨진다.
  ← 3. 당신에게만 알려졌던 비밀이 드러난다.
  ↑ 4. 수다 때문에 손해를 본다.

- 그림의 일반적 의미 : 책이란 항상 지식과 연관이 된다. 책은 단지 가지고 있다는 것보다 읽을 수 있는 능력이 그 주인에게 힘을 부여하는 열쇠이다. 중세에는 성직자들만이 책을 가까이 할 수 있었다. 따라서 그 시대에는 교회의 권력이 막강할 수밖에 없었다.

그후 인쇄술의 발명으로 비로소 책은 일반대중에게 다가갈 수 있었고 지식도 널리 전파되기 시작했다. 그렇지만 인간들 모두에게 충분한 만큼의 중요한 지식이 공급되는 것은 아니었다. 오늘날에 조차, 은밀하게 개인적으로 지식을 독점하고 있는 사람들이 있다.

이들이야말로 최고의 권력을 갖고 있는 사람들이다.

'책' 그림은 당신 주변에 떠도는 정보들의 전달경로를 알려주고, 유용하게 사용할 줄 알아야 한다고 충고해 주고 있다. 영향을 미치는 기간이 짧은 것은 지식이나 소식이라는 것이 항상 변화무쌍하기 때문이다.

● 방향 1: 누군가가 당신에게 모종의 비밀을 알려준다. 이 비밀은 직업상의 문제일 수도 있지만, 다만 친구가 어떤 비밀스러운 행동에 대해 당신에게만 은밀하게 토로한 것일 수도 있다. 이 비밀을 알게 됨으로써 당신은 상황을 더 잘 이해할 수 있게 되며, 어떻게 대응해야 될지도 알게 되어 결국 당신에게는 이득이 생긴다. 하고 있는 일에서 더욱 발전을 원하는 사람에게는 모임에 참석하거나, 회보를 열람하며, 최신기술을 습득하고, 직장 동료들과의 화기애애한 점심식사를 하는 것도 중요한 과제라 할 수 있다. 이렇게 함으로써 회사에 대해 잘 알게 될 것임이 분명하다. 회사가 지금 어떤 상태이며 누가 회사를 움직이는 주역인지 등에 대해 알게 될 것이다.

당신이 그들의 생각을 경청하는 것만큼 당신의 생각을 나누고 열린 마음으로 대한다면, 결코 당신이 그들을 이용하는 것만은 아니다. 또한 당신이 들었던 비밀은 폭로하지 않는 것이 현명하며, 어떠한 비합법적인 목적에 이용하려 해서도 안 된다.

● 방향 2: 당신에게 매우 중요한 정보를 누군가 숨기고 있다.

악의에 찬 의도가 아닐 수도 있다. 어쩌면 그는 이 정보와 당신과의 관련을 미처 연결시키지 못하고 있을 수도 있다. 이 그림이 당신에게 나타났다면, 당신 주변을 떠도는 정보에 민감해질 필요가 있다. 또 다른 사람들의 대화에 좀 더 귀를 기울여 본다면 얻는 것이 있을 것이다. 당신의 일자리나 가정, 취미생활에 변화가 생긴다면, 그대로 받아들이지 않으면서 가능한 최선을 다해 그 변화를 재빠르게 알아차리는 것이 필요하다.

또한 개인적인 관계에서도, 다른 사람이 당신에게 숨기고 있는 비밀이 있지 않은가 점검해 보는 것이 좋을 듯하다. 특히 결혼을 고려하고 있는 사람들에게는 아주 중요한 절차이다. 예전에 내 친구 한 명은 멋있고, 다정하고, 사려 깊은 한 남자에게 홀딱 반해 있었다. 하지만 그녀가 자신의 남편이 술병을 노상 끼고 사는 술꾼이라는 것을 알게 된 것은 결혼한 지 얼마 지나지 않아서였다. 그러므로 그녀는 좀 더 신중했어야 했으며, 처음에 더욱 세심히 관찰을 했더라면 오늘의 고통과 슬픔을 피할 수 있었을 것이다.

● **방향 3** : 당신이 알고 있었던 비밀이 폭로된다. 당신 자신이나 다른 사람이 공공연하게 퍼뜨리게 된다. 지식이나 정보라는 것은 항상 변하기 마련이어서, 실제로 1분 전에 비밀이었던 것이 다음에는 공공연한 사실로 알려질 수 있다. 당신이 자신에게 정직하고 공명정대한 사람이라면 이 같은 누설은 당신과는 관련이 먼 이야기이다. 이것이 바로 비밀스러운 지식을 비합법적인 목적에 이용하면 안 되는 이유이다. 금방 들통이 나기 마련인 것이다. 개인적으로 은밀한 비밀이 밝혀지면 고통스럽고 분통이 터질 노릇일 것이다. 하지만 그것이 인생이고 삶 또한 항상 변하기 마련이다. 당신에게 비밀을 털어 놓을 만한 친구는 좋은 친구임에 틀림없지만, 상황이 바뀐다면 비밀이 드러나는 것이 필요할 수도 있다. 러시아 속담에 이런 것이 있다. "자루 속에 송곳을 감출 수는 없다" 다시 말하면, 비밀은 언제까지 감추어 둘 수만은 없으며 이유는 항상 누

군가가 발견해 내기 때문이다.

● 방향 4 : 수다스러움 때문에 손해를 입는다. 예컨대 피고가 재판에 지는 이유의 많은 부분은 그가 잘못해서가 아니고, 적절한 사실자료보다는 판결자를 혼란케 하는 쓰잘데 없는 제목들만 늘어놓기를 계속했다는 데서도 찾을 수 있다. 사람들은 가치 있는 논쟁을 할 수 있으나 이것이 너무 오래 계속 되면, 듣는 사람은 지겨워서 관심을 다른 곳으로 돌리고 만다. 친구들과의 모임에서도 끊임없이 시시껄렁한 대화로만 일관하면서 친구들이 어서 빨리 자리를 뜨고 싶어 하는, 상황조차 모르고 있는 사람을 보는 것은 참으로 딱한 일이다. 겉으로는 매력적인 남자나 여자들이 끊임없이 입을 열어 사소하고도 너저분한 농담만을 일삼는다면 그들의 매력은 일순간에 사라져 버릴 것이다. 이런 경우를 두고 러시아 사람들은 "바보들은 그들이 흘리는 말로써 알아볼 수가 있다"고 흔히 얘기한다.

혹시 당신에게 이 그림이 나타났다면 잠시 일손을 멈추고 당신 자신에게 귀를 귀우려 보리. 당신이 정말로 대화에 기어를 하고 있는가? 아니면 단지 목청만 크게 세우고 있지 않는가? 비밀로 해야 할 사실을 떠벌려서 다른 사람에게 고통을 주거나 혼란을 가중시키지는 않았는가? 자신의 생각을 너무 경솔하게 떠벌려서 당신이 실천해보기도 전에 남이 먼저 자기 것으로 만들어 버리게는 하지 않았는가?

많은 사람들이 자신들의 생각을 너무 일찍 밝혀버려 부정적인 반응에 직면한 나머지 성공에 지장을 초래하곤 한다. 인간에게는 입은 하나이지만 귀는 두 개가 있다는 점을 명심해야 한다. 이는 말은 그만큼 적게 하고, 두 배 이상 들으라는 얘기이다.

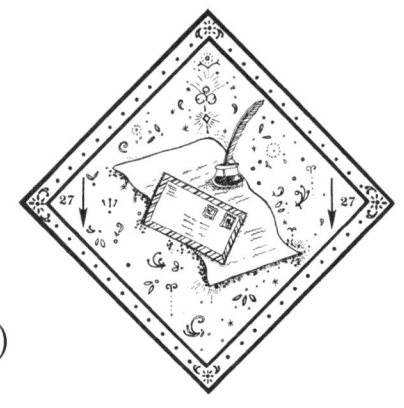

27. 편지 (LETER)

- 영향이 미치는 기간 : 1주 전부터 1~ 4주 이후.
- 상징 : 멀리서 들려오는 소식.
- 의미 : ↓ 1. 멀리서부터 행복이 찾아온다.
  → 2. 예기치 않던 즐거운 소식.
  ← 3. 오랫동안 기다렸던 말을 듣는다.
  ↑ 4. 슬픈 소식.

- 그림의 일반적 의미 : 인류가 읽고 쓰는 법을 터득한 이래, 편지는 정보와 소식을 퍼뜨리는 수단이 되어 왔다. 따라서 '편지' 그림은 다양한 종류의 소식을 가리킨다. 그 영향이 미치는 기간은 즉각적이며 그리 길게 가지 않는다. 마치 새로운 소식이 금세 헌 것이 되어 버리듯이 말이다.

- 방향 I : 행복이 멀리서부터 찾아온다. 편지를 통해서이든, 전화, 텔렉스, 컴퓨터 혹은 팩시밀리 같은 현대적인 통신수단에 의해서일 수도 있다. 이 소식은 당신의 생활에 영향을 미치고 당신을

매우 즐겁게 하는 소식이다. 누구에게 했던 부탁이나 받아 들여졌으면 했던 제안에 대한 답변일 가능성이 높다.

한편으로, 이 소식은 당신과 아주 가까운 누군가와 관련이 있는 소식일 수도 있다. 그 사람의 생활에 무언가 좋은 일이 생겼다는 것을 아는 것만으로도 당신은 충분히 행복하다.

● 방향 2 : 예기치 않던 재미있는 소식을 듣게 된다. 어떤 종류의 소식도 가능하지만, 어쩌면 전혀 생각지도 않았던 것일 수가 있다.

● 방향 3 : 오랫동안 기다렸던 말을 듣게 된다. 당신이 오랫동안 듣고 싶어 했던 무슨 얘기든지 이 시기에는 들을 수 있다. 가령, 결혼신청을 내내 기다려 왔다면 지금이 최적기이다. 승진이나 발전을 원하고 있다면, 이제 그 기회가 왔음을 당신은 듣게 된다. 대체로 이 시기에는 당신이 직접 정보를 얻으러 다닐 필요는 없다. 그 희소식은 제 발로 당신을 찾아오게끔 되어 있으니까.

또한 이 그림은 멀리 떨어져 있거나 오랫동안 소식을 듣지 못했던 누군가의 소식과도 관련이 있다. 오랜 기간이지만 당신은 어떤 사람을 잊지 않고 있었기에 결국은 그 사람에 대한 소식을 듣게 된다.

● 방향 4 : 슬픈 소식을 듣게 된다. 이 비보는 당신 자신의 관심사를 포함하여 당신이 잘 말고 있는 누군가와 관련될 수가 있다.

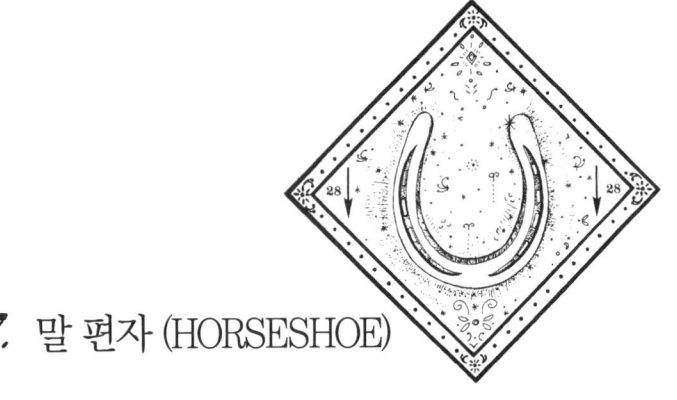

28. 말 편자 (HORSESHOE)

- 영향이 미치는 기간 : 1개월에서 7~8개월 이내.
- 상징 : 성공.
- 의미 : ↓ 1. 행운이 당신을 기다린다.
  → 2. 가까운 장래 당신이 시도하는 일이 성공한다.
  ← 3. 욕망이 충족된다.
  ↑ 4. 알아차리지 못하는 행복이 곁에 머물게 된다.

- 그림의 일반적 의미 : '클로버' 그림처럼 '말 편자' 그림도 대단한 성공과 행운을 암시한다. 그렇지만 '클로버' 그림이 요행에 의한 말 그대로 행운이라면, '말 편자' 그림은 사람의 노력에 따르는 행운이나 성공을 암시한다. 인류가 처음 가축으로 길들일 수 있었던 말은 편자가 발명되면서부터 더욱 유용한 짐승이 되었다. 따라서 발명이나 연구, 성실한 노동은 우리에게 커다란 복을 가져다 준다고 할 수 있다.

- 방향 I : 커다란 행운과 성공이 당신을 기다린다. 당신의 생각

이나 의견이 어떤 결과를 거둘지 궁금하던 차에 이 그림이 나타났다면 당신은 이제 큰 성공을 목전에 두고 있다고 생각해도 무방하다. 당신이 지원한 직장이나 승진, 무엇을 얻고자 했던 노력, 학위 논문이나 실현됐으면 하는 아이디어 등에 대한 대답은 일단 청신호이다. 그러므로 계획을 밀고 나간다면, 지원도 얻게 되고 성공적인 결실을 맺게 된다.

영향을 미치는 기간은 대개는 몇 개월이지만 그 효과는 짧게는 몇 일부터 길게는 몇 년까지 어느 곳에서든지 지속될 수 있다는 의미 또한 포함하고 있다. 무엇보다도 성공적인 삶은 당신이 투여하는 노력 여하에 달려 있다는 점을 명심해야 한다. 뒤로 물러앉아서 성공하기만을 바라지 말라. 무엇을 얻기 위해서는 노력이 필요하다.

이 그림은 당신의 생각이나 노력이 가치가 있기 때문에 더욱 매진한다면 성공할 것이라는 전언을 강하게 담고 있다. 다른 사람의 생각에 비해 너무도 혁신적이라 해서 자신의 생각을 쉽게 접어 버리면 안 된다. 러시아 사람들은 이런 경우에 어울릴 만한 다음과 같은 우스갯소리를 곧잘 한다. "너는 네 이미니 이비외는 똑같지 않다. 오히려 저 지나가는 남자와 닮았다" 당신은 다른 가족과는 다른 재능을 지니고 있다. 그러므로 당신의 재능을 십분 활용한다면 큰 성공을 거둘 수 있다.

● 방향 2 : 가까운 장래에 시도하는 어떤 일이 성공한다. 이 경우는 직장에서 맡게 될 중요한 프로젝트의 입안이나 일상사까지 포함한다. 직장에서 어떤 계획을 맡았다면 당신은 성공적으로 추진할 수 있다. 이 그림이 나타났다면, 생각하고 있었던 새로운 아이디어나 방법을 시험해 보기에 적합한 시기라는 의미로 해석해도

된다. 이 시기에 성공은 따 놓은 당상이라 해도 과언이 아니다. 이 때는 또한 다이어트를 생각한다든가, 체력단련 계획이나 오래 전부터 하고 싶었던 자기개발 프로그램 등을 시도해 봄직하다. 이 그림을 보게 되는 것이 항상 즐거운 경험이라 할 수 있는 것은 만사가 순조롭게 진행된다는 것을 말해주고 있기 때문이다. 앞서 얘기했듯이, 이 그림은 단순히 일상사가 순조롭게 진행된다는 의미일 수도 있다. 당신은 자신만만해져서 어떤 일이든지 해볼 수 있고 세상을 당당히 대변하게 될 것이다.

● 방향 3 : 당신의 욕망이 충족된다. 원했던 것이 실제로 이루어진다. 비싼 외투나 자동차를 장만했으면 하는 물질적인 욕구에서부터 줄곧 매진해왔던 목표가 성취되는 경우까지 포괄한다. 대개는 당신이 얼마동안 꿈꾸어 오거나 노력해 왔던 그 무엇의 실현일 것이다. 이 시기에는 다른 사람들로 하여금 당신의 희망을 알도록 하는 것도 좋은 방법인데 왜냐하면 그들로부터 예기치 않은 도움도 받을 수 있기 때문이다. 즉 당신이 적극적으로 자신의 생각을 알려서 남들이 인정을 해주는 것을 가만히 앉아서 기다리다가 받아들여지지 않았다고 실망하는 것보다는 바람직한 방법일 것이다.

그렇지만 이 경우에도 너무 극단까지 몰고 가서 지나치게 과다한 요구를 한다든가 당신 경험의 한계를 벗어나는 것은 곤란하다. 당신이 목표로 삼거나 희망하는 것은 실현가능하고 구체적인 것이어야 한다. 지나치게 억지를 부린 희망이나 생각은 금물이다. 당신 능력의 한계를 정할 수 있는 사람은 다름 아닌 당신 자신뿐이다.

● 방향 4 : 알아차리지는 못하지만 행복이 당신의 삶과 발을 맞추어 나가게 된다. 보지도 못하는데 그것을 어떻게 행복이라 말할

수 있는지 자못 이율배반적인 얘기라 하지 않을 수 없을 것이다.
　오히려 자기 자신보다는 다른 사람의 행복을 알아채는 것이 더욱 쉬운 일일지 모르겠다. 일례로 두 자녀를 둔 내 친구가 있다. 첫째는 사내아이로 부모의 극진한 사랑을 받고 있었다. 하지만 여동생이 더 영리하고 모든 면에서 재능이 뛰어났지만 부모는 장남에게 쏟는 만큼의 관심을 기울이지 않고 있었다. 나는 가끔씩 그 아이의 얼굴에 나타나는 쓸쓸한 실망의 빛을 엿볼 수 있었지만 부모는 전혀 눈치 채지 못하고 있었다. 그들이 의도적으로 그렇게 행동하는 것은 결코 아니었다. 오히려 자신들조차 알아채지 못하는 맹점이라 하는 편이 나을 것이다. 우리 모두는 자신들이 알지 못하는 맹점들을 가지고 있다는 것을 이 그림은 깨우쳐 주고 있다.
　혹시 당신은 인간 지향적이라기보다는 업무지향적인 사람은 아닌가. 하지만 인생의 말년에 접어든다면, 당신은 이를 후회할 것이 분명하다. 동네에서 가장 번듯한 집을 꾸미려고 허비한 시간 대신 좀 더 많은 시간을 자녀나 부모와 함께 보내지 못한 것에 대해서 말이다. 이 그림이 당신에게 나타났다면 주변을 자세히 살펴보고 당신이 미처 보지 못했던 것이 무엇인가를 깨닫기 바란다. 친구의 조언에 귀를 기울여 본다면, 당신이 간과하고 있었던 것을 알게 될 수도 있다. 사람들이 당신에게 얘기하는 것을 무조건 받아들이거나, 거부할 필요는 없다. 하지만 현재를 포함한 미래의 당신 행복이 친구의 충고에 달려 있을 수도 있다는 사실 또한 잊어서는 안 된다.
　또 다른 내 친구 한 명은 이 그림을 자신들과 함께 지내고 있던 젊은이와 연관시켰다. 그는 최우수 국가대표 육상선수로서, 학업에서도 전 과목 A를 받는 우등생이었다. 게다가 미남이고 매력적이며 재치까지 있어서 그 청년과 함께 있는 것은 매우 즐거운 일이었다. 하지만 그는 태어나자마자 어머니가 떠나버렸고, 아버지마저 자신을 버렸던 아픈 과거를 가지고 있었다. 대부분의 사람들이 원하는 희망 그 자체를 버린 그 부모는 참으로 불쌍한 사람들임에 틀림없다.

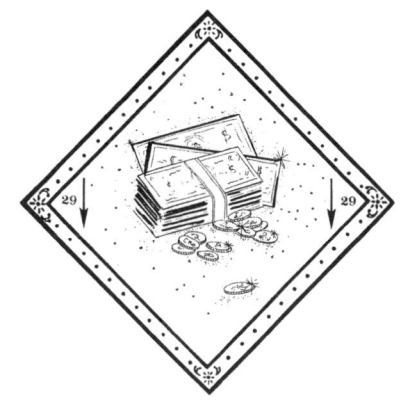

29. 돈 (MONEY)

- 영향이 미치는 기간 : 1개월에서 7~8개월 이내.
- 상징 : 돈.
- 의미 : ↓ 1. 상당량의 금전을 얻는다.
   → 2. 임무를 수행하면서 성공이나 이득을 얻는다.
   ← 3. 기대하지 않았던 기쁨이 다가온다.
   ↑ 4. 돈을 벌기까지는 오랜 기다림이 필요하다.

- 그림의 일반적 의미 : '돈' 그림은 굳이 설명이 필요 없는 자명한 그림이다. 이 그림은 당신이 돈을 얻게 되리라는 것과 금전적인 이익을 얻기에 적당한 시기라는 것을 암시한다. 이 그림의 멋진 측면은 바로 어떤 방향이 나타나더라도 돈은 받게 된다는 것이다. 한편으로 금전적인 손해를 암시하는 그림은 '배' 그림의 네 번째 방향이다.

'돈' 그림은 당신이 정당하고도 합법적인 방법으로 돈을 벌 수 있음을 얘기한다. 또한 어느 곳에 투자를 했더라도 그것이 합법적인 방법으로 돈을 걸었다는 점이 중요하다. 그러므로 이 그림이 당신에게 전해주는 메시지는 지금이야말로 돈을 벌기에 최적의 시기라는 것뿐이다. 그러나 어느 때이고 만사가 돈만 벌게 해주는 것은 아니다. 모종의 불법적인 행위를 도모하면서 그 시기를 결정할 때 이 카드를 사용한다면 절대로 바른 답을 얻지 못할 것이라는 사실을 명심해야 한다.

● 방향 1 : 상당량의 돈을 벌게 된다. 이 그림은 대개 세금공제 혜택을 받거나 평소의 급료보다 많은 보너스나, 수수료 혹은 이자 등을 받게 될 때를 얘기한다. 이들은 대체로 큰 액수여서 당신이 그 정도의 양을 받게 되는 것은 놀랄 만큼 기쁜 일임에 틀림이 없다.

또한 당신이 모종의 거래에 참여하고 있다면, 만족할 만한 결실을 얻게 됨을 이 그림은 암시하고 있다.

● 방향 2 : 맡은 업무를 성공적으로 수행하거나 이익을 얻는다. 당신이 쏟은 노력이 추진해 왔던 사업이나 일의 결산을 하기에 좋은 시기이다. 또한 이 시기에 집이나 가구, 골동품, 보석 등 값진 것부터 평소 당신이 사고 싶었던 사소한 것들에 이르기까지 후회 없는 구입을 하게 될 것이다.

또한 방치해 두었던 채권이나 주식이 있다면 점검해 보는 것도 좋을 듯하다. 그것들을 현금으로 바꾸기에는 지금이 적기이다. 채권은 일정기간이 있어 그 기간이 만료되면 제 이자를 받을 수 없다는 점을 명심하기 바란다. 그러므로 당신의 이윤을 극대화할 수 있는 기간도 잘 확인해 두는 것이 필요하다.

혹시 이 그림이 나타날 무렵, 새로운 사업에 뛰어들었다면 재정적으로 성공을 거두리라는 점을 염두에 두기 바란다.

● **방향** 3 : 기대하지 않았던 기쁜 일이 다가온다. 돈은 별게 되겠지만 앞의 두 그림들이 의미하는 만큼의 큰 액수는 아니다. 다시 말하면, 이 경우는 당신이 직접 돈을 내지 않고도 무엇을 얻게 되는 경우에 더 가깝다. 가령 운동시합이나 음악회의 공짜표가 생긴다든가 하는 경우 같은 것 말이다.

이 그림은 또한 뜻하지 않게 당신이 어떤 일을 하게 된다는 의미도 담고 있다. 이는 새로운 취미생활이나 새로운 일을 잠깐 즐길 정도의 일일 수 있다. 문득 누군가가 당신을 위해서 당신이 좋아하는 어떤 일을 하도록 하게 할지 모른다. 예컨대 친구 결혼식에 사진을 찍어 달라고 부탁을 받는다든가, 좋아하는 가수의 콘서트에 갈 수 있게 될 수도 있다. 이런 일로 큰 금전적인 이익이 남지는 않겠지만, 어쨌든 의미 있는 일로 기억될 것임은 틀림없다.

● **방향** 4 : 돈을 벌기까지는 오랜 시간을 요한다. 시간이 걸린다는 것이 우선은 실망스러운 소식이겠지만 어쨌든 당신은 돈을 벌게 되어 있다. 혹시 자영업을 하고 있다면, 제대로 이익을 남길 때까지는 오랜 시간이 걸린다. 또한 당신이 방학동안 아르바이트를 했다면 급료는 개학이 가까워질 무렵에서야 받을 수 있을 것이다.

만약 당신은 곧바로 이윤을 남기고 싶어 하는데, 이 그림이 나타났다고 하자. 그렇다면 당신의 다급한 계획이 즉시 빛을 보지 못하리라는 점을 알아두는 게 좋겠다. 2년 전에 나는 아들의 말에 현혹되어서 하룻밤만 자고 나면 두 배는 뛸 것이라는 황금주식을 산 적이 있었다. 하지만 일주일이 지나도 감감 무소식이었다. 그래서 나는 카드를 쳐보았는데 놀랍게도 '돈' 그림이 이 방향으로 나타났다. 따라서 그 후 그 주식이 구입 당시 시가의 반으로 폭락했을 때도 나는 크게 실망하지 않았다. 1년 후에, 그 주식은 다시 오르기 시작했고 약간의 이득도 보게 되었다. 이 그림이 주는 충고는 이렇다. 일단은 실망하거나 전전긍긍할 필요가 없다. 다만 좋지 않은 상황이 지나갈 때까지 참을성 있게 기다리면 된다.

30. 백합 (LILY)

- 영향이 미치는 기간 : 한 평생.
- 상징 : 충실함, 신의.
- 의미 : ↓ 1. 의미가 충만된 행복한 인생.
  → 2. 죽을 때까지 믿음 속에서 살리라는 것을 안다.
  ← 3. 믿을 수 없는 행복.
  ↑ 4. 정절에 대한 무익한 의심, 질투.

- 그림의 일반적 의미 : 백합은 일생에 걸친 미와 정절, 사랑, 충실과 헌신을 상징하는 그림이다. 부활절의 백합은 죽음과 부활을 의미하기도 한다. 백합꽃은 꼿꼿하고 위풍당당한 아름다운 꽃이다. 백합의 향기는 은은하고도 오래 지속되는 특정이 있다. 백합은 마치 예수의 생애처럼 온화하고 청결하면서도 고귀하다. 순백의 백합은 천상의 향을 발산하며, 우리는 흔히 이 꽃을 천상이나 정신적인 힘에 비견하기도 한다. '꽃다발'이 세속적이고 육체적인 행복을 상징한다면 백합은 정신적인 행복을 상징한다.

● 방향 1 : 의미가 충만한 삶을 보낸다. 이 그림은 당신의 전 생애를 얘기해 준다. 또 항상 나타나는 것은 아니고 당신이 모종의 의심이나 어려움에 시달리고 있을 때 주로 나타난다. 이는 당신 자신에게 솔직해지라는 일깨움이며, 본능적인 반응을 따르라는 일깨움이다. 이런 부분들이 지금 당신에게 가치가 있고 성공적인 결과를 가져다주기 때문이다. 이 그림은 당신이 행복한 삶을 영위하리라는 것을 말해주고 있다. 그렇다고 당신에게는 어떤 문제든지 비켜가서 슬픈 시기가 전혀 없다는 것을 의미하는 것은 아니다. 오히려, 전반적인 당신의 삶이 슬픔보다는 더 많은 행복으로 채워지리라는 얘기이며 의미 충만한 일생이 되리라는 것도 더불어 암시하고 있다. 당신이 선택한 일은 세상이나 다른 인간들에게 어떤 식으로든지 덕을 베풀 수 있을 것이라는 뜻이다. 이런 의미에서 예수의 생이야말로 행복한 삶의 최고의 본보기라 할 수 있다. 그야말로 의미 충만한 삶이었다. 사랑과 박애를 역설한 그의 가르침은 이천여 년간이나 지속되어 왔다. 당신이 하는 일에 크게 부산을 떨 필요는 없다. 이제 당신이 하는 일은 다른 이에게 도움이 될 것이며, 당신 자신 또한 즐거워질 것이기 때문이다.

● 방향 2 : 죽을 때까지 믿음이 충만한 삶을 산다. 이 그림은 이성간의 사랑 이상의 것을 얘기하고 있다. 즉 모든 따뜻한 애정과 배려, 좋은 인간관계에서 맛보는 기쁨까지도 포함한다. 러시아 사람들도 사람간의 신의를 중요시하여 다음과 같은 속담이 전해져 내려오고 있다. "바다 속 깊이는 알아도 사람 마음 속 깊이는 알 수 없다(천 길 물 속은 알아도 한 길 사람 속은 모른다)." 요즘처럼 바쁜 세상사에서 무한대의 사랑을 찾을 수 있다면 당신은 그야말로 행운아임에 틀림없다. 이 그림이 반드시 남녀 사이의 충실한 관

계만을 이야기하는 것은 아니다. 오히려 당신의 삶을 승화시켜주고 당신을 발전시켜줄 그런 관계라면 모두 포함된다.

● **방향 3**: 믿기지 않는 행복을 경험하게 된다. 이때 느끼는 행복감은 물질적인 부를 얻는 것 이상의 행복감이다. 단지 살아 있다는 것만으로 충만한 기쁨, 이 멋진 우주의 일부라는 것을 문득 느꼈을 때의 환희라고나 할까. 이런 감정은 가정이나 직장에서 어떤 성취하고자 하는 것을 달성했을 때 물밀듯이 밀려오는 감정이다. 아마 승진을 하거나 자녀가 장학금을 타게 되었을 때도 마찬가지일 것이다. 또한 화분이나 마당의 잡초를 깨끗이 제거했을 때도 이런 감정을 잠시나마 만끽해 볼 수 있지 않을까.

이유를 불문하고 당신은 삶의 대부분에서 정신적인 감흥과 행복감을 맛볼 수 있다. 물론 이 그림이 정신적인 행복과 관련이 있는 만큼 신(神)이 당신을 지켜주는 데서 오는 충만한 행복이라는 의미도 담고 있다 하겠다.

● **방향 4**: 상대방의 정절에 대해 부질없이 의심을 하고 있다. 혹시 배우자가 바람을 피우고 있지 않나 의심을 하고 있는 사람에게 이 그림은 안심이 되는 그림이다. 한편 '뱀' 그림의 2번째 방향이 상대방의 부정을 경고하지만, 이 백합 그림은 당신이 지금 품고 있는 질투나 의심이 기우에 지나지 않는다고 얘기해 주고 있다. 비록 당신의 배우자가 지금 다른 이성과 함께 있다 하더라도 그들의 언행이 당신이 걱정하는 그런 종류의 것이 아님을 명심하기 바란다. 그러므로 당신들의 애정관계는 무익한 감정 때문에 손상될 필요가 없다.

이 그림은 여러 번에 걸쳐 믿을 만한 그림이라는 것이 증명되었다. 특히 오랫동안 고민거리를 안고 있던 사람들을 홀가분하게 해주었다. 질투는 무엇보다 질투심에 휘말려 있는 당사자의 삶을 파괴시키는 성질이 있기 때문에 흔히 '녹색 눈의 괴물'로 불리기도 한다. 이 그림을 눈여겨봄으로써 고통스러운 질투심으로부터 벗어나 마음을 안정시킬 수 있다면, 기쁨과 행복도 되찾을 수 있을 것이다.

31. 태양 (SUN)

- 영향이 미치는 기간 : 1, 2주 전부터 5~6개월 후까지.
- 상징 : 따뜻함, 강렬한 성격.
- 의미 : ↓ 1. 번영. 개화, 삶의 포옹, 행복 등.
  → 2. 빛과 온기가 당신과 함께 한다.
  ← 3. 용기가 부족해서 희망을 이루지 못한다.
  ↑ 4. 차가운 마음이 당신을 얼게 만든다.

- 그림의 일반적 의미 : 태양은 우리 지구가 속한 태양계의 중심이다. 태양은 빛과 열을 발산하여 지구상의 생명이 자라도록 해준다. 일찍이 인류는 태양을 생명의 수혜자로 숭배해 왔다. 특히 태양은 이집트인들과 중남미의 아즈텍인들에게 중요한 숭배대상이었던 바, 그들은 인간을 태양신의 후예라 믿고 있었다.

동양문화에서, 태양은 '음'에 대비되는 '양'의 기질로서 온기와 번영을 가져다주며 귀신을 쫓는 힘으로 알려졌다. 그러므로 우리가 하늘에서 보는 물리적인 태양뿐만 아니라, 태양 그 자체로도 우리에게 삶을 주며 우리의 내면에서 타오르는 마음의 불꽃이 될 수 있다.

 바로 우리 자신이야말로 사회적이고 물리적인 환경의 중심이 아닌가. 우리 자신들로부터 방사되는 모든 것들이 우리 주변의 삶에 영향을 미치기 마련이다. 그러므로 우리 인간이야말로 이 그림이 상징하는 태양이다. 서로에게서 빛을 발할 때 우리는 행복하며 주변에게도 긍정적인 영향을 준다. 우리가 차갑게 식어 있을 때는 사람들이 멀어져 가며, 자신을 포함한 모두는 행복해질 수가 없다.

● **방향 1**: 이 방향의 그림이 나타났다면 당신은 대단히 멋진 그림들 중 하나를 본 셈이다. 이 그림은 당신이 최상의 상태에 있다는 것을 말해준다. 번창하는 삶이 당신을 다독거려주니 모든 행복은 당신 것이라 해도 과언이 아니다. 당신은 그야말로 축복받은 삶의 국면에 있다. 당신은 온화하면서도, 미남이거나 미녀일 것이 틀림없으며 이해심도 깊은 사람이다. 그런 장점으로 당신은 다른 사람들의 긍정적인 반응을 자신에게 모조리 끌어모을 수 있다. 따라서 당신의 긍정적인 능력을 건설적인 일에 사용하는 것이 필요하다. 당신이 발산하는 활력과 건강한 생명력에 많은 사람들이 감동을 하게 된다. 왜냐하면, 당신 자신이 만족스런 삶을 살고 있기 때문에 당신의 여가나 여분의 능력은 다른 이들을 돌아보고 그들을 위해 기꺼이 투자할 수가 있기 때문이다. 따라서 이 시기에 당신이 세상에 미소를 지어 보인다면, 세상도 반드시 당신에게 답례를 보낼 것이다.

 이 시기는 또한 새로운 기술을 습득하거나 새로운 과정을 시작하기에도 좋은 시기이다. 앞으로 당신을 더욱 가치 있는 존재로 발전시킬 것이면 무엇이든지 시도해 보라. 혹시 당신이 어려움을 겪고 있을 때 이 그림이 나타났다면, 바로 당신 자신을 믿으라는 충고로 여기면 된다. 당신의 긍정적인 자질을 살려서 노력한다면 어려운 상황은 충분히 극복할 수 있을 것이다.

● 방향 2 : 당신 삶의 주인은 바로 당신 자신이다. 따스한 온기와 빛을 발하고 있다. 그러므로 스스로를 돕거나 고통스럽게 할 수 있는 사람은 다른 누구도 아닌 바로 당신 자신이다. 혹시 지금, 당신이 누군가로부터 사랑과 위안을 받고 싶다면, 그 생각은 즉시 접어 버리는 게 낫다. 그리고 우선 당신 자신을 사랑하는 것부터 시작하라. 스스로를 행복하게 해줄 무언가를 시작하면 다른 사람들도 자연히 당신에게 다가올 것이다.

이 그림은 사람들이 곤경에 부딪혀 도움을 기다리고 있을 때 자주 나타난다. 그렇지만, 다른 사람의 도움을 구하는 것은 쓸데없는 짓이라는 것이 이 그림의 핵심이다. 그들은 당신을 도울 수도 없으며 그럴 의사도 갖고 있지 않으니까. 그러므로 당신이 진정 필요로 하는 것은 어느 누구의 도움이 아니기에 당신 자신의 문제는 자신 밖에 풀 수 없다.

간혹 어렵게 결혼생활을 지탱해 나가는 부부들에게 이 그림이 나타날 수 있다. 이 그림이 나타났을 때, 당신은 지금 상대에게 문제를 얘기해 보았자 소용이 없다는 것을 우선 깨달아야 한다. 오히려 하나의 인격체로서 당신 자신을 계발하는 작업을 시작하는 편이 더 바람직하다. 학위를 마저 딴다든가, 직업을 가져 본다든가, 아니면 머리 모양을 바꾸어 보는 것도 한 방법이 된다. 몸무게도 줄여 보고, 그저 집 밖으로 나가서 자기 자신을 위해 조그마한 기쁜 일을 찾아보는 것도 괜찮다. 신기하게도, 일단 당신 자신이 행복하고 자신감에 넘치게 되면 배우자나 연인과의 관계에서 쌓였던 문제도 저절로 풀리게 될 것이다.

이 그림은 또한 당신의 가족이나 당신이 속한 공동체가 어려움에 처해 있을 때에도 나타난다. 이 어려운 시기에 다른 이를 받쳐 줄 빛과 활력을 가지고 있는 사람은 바로 당신이다. 그렇다고 그들을 위해 유별난 행동을 하라는 것은 아니다. 다만 좀 더 다정하고 긍정적인 태도로 그들과 함께 있어 주면 된다. 이 정도의 성의만 있다면 당신들은 어려움으로부터 충분히 빠져 나올 수 있을 것이다.

● **방향 3** : 용기가 부족해서 원하는 것을 얻기가 어렵다. 이 점을 깨닫는 것만으로도 다소간의 안정을 취할 수가 있게 된다. 이때는 자신의 삶을 다시금 되돌아보면서 지금 어느 지점에서 멈추고 있는지 주의할 필요가 있다. 당신은 분명 무엇인가 원하고 있다. 하지만 그것을 얻을 용기가 부족한 것은 아닐까? 이 그림은 직업상의 승진으로부터 일요일 아침에 좀 조용히 해달라고 이웃에 부탁하는 등의 사소한 일까지 포괄한다. 일단, 당신이 진정 원하는 것이 무엇인지 구체적으로 알게 됐다면 문제를 푸는 것은 지체할 필요도 없이 바로 시작하라. 왜냐하면 이 그림은 당신이 갈망하는 것을 얻을 수 있는 능력을 충분히 가졌음을 보증해 주는 '태양' 그림이니까.

혹시 당신이 용기가 부족해서 원하는 것을 직접 찾거나 개인적으로 요청할 수가 없다면, 그 목적을 달성하기 위한 다른 대안을 찾아볼 수도 있다. 직접적으로 부탁하는 것이 주저된다면, 편지를 쓰거나 다른 상상력을 동원해서 당신의 입장을 알려주는 것도 생각해 볼 일이다. 또한 제삼자에게 도움을 요청해 보는 방법도 있다. 당신이 다른 방식으로 그들에게 보답을 한다면 충분히 당신의 자신감을 북돋아 줄 수 있는 사람들이다.

특히 이 그림을 보고 명심해야 할 점은, 모든 상황이 저돌적인 용기만을 요구하지는 않는다는 점이다. 용기에도 여러 형태가 있을 수 있다. 어떤 사람에게 용기 있는 것처럼 생각되는 행동이 다른 사람에게는 위험스럽고도 무모한 짓처럼 보일 수도 있는 것이다. 내 친구들은 내가 유달리 고소공포증이 심해 등산이나 암벽등반을 겁내는 것을 놀리곤 한다. 물론 마음을 독하게 먹는다면야 못할 리 없겠지만 굳이 이 경우에 나 같은 사람이 용감해질 필요가 있을 것인가? 또 한편으로는 다른 사람들을 앞에 두고 말을 한다는 것도 대단한 용기를 필요로 한다. 오히려 나는 내 에너지를 보존해서, 내가 좋아하는 대중과의 발언에 사용하는 것이 나을 듯싶다. 조그만 기쁨을 얻는데 허비하는 것보다는.

그러나 당신의 인생에서 중요한 것을 얻는데 방해되는 용기가 부족하도록 놔두어서는 안 된다. 일례로 신참나기 교사는 수업이 시작되기 전에 화장실 같은 곳에 10분 정도 앉아서 학생들을 대하는데 필요한 마음의 준비를 한다. 비록 자기 자신의 두려움은 정복하였다 하더라도 교사라는 자리는 큰 용기를 필요로 하는 직책이 이시 남다른 자세기 필요한 것이다. 당신외 미래에서 진정으로 중요한 무엇을 얻기 위한 용기가 부족할 때, 이 그림이 나타났다면, 어떤 두려움이 있더라도 계속 매진하라고 권하고 싶다. 바로 그곳에 성공이 기다리고 있으니까.

● **방향 4** : 차가운 마음으로 얼어붙게 된다. 이 상황은 당신이 고통이나 사랑을 느끼지 못했을 때보다는, 단지 공허감만이 지배하고 있는 경우이다. 이 그림은 대개, 격렬한 감정의 소용돌이를 경험한 후에 보게 된다. 당신의 힘에 부치게 훨씬 많은 것을 주어버려서, 마침내는 기진맥진해 있는 상태이다. 하지만 이러한 애매

모호한 상황은 일시적이다. 업무에 조용히 집중을 하고 사람들과의 복잡한 관계는 당분간 피하는 것이 좋다. 당신 인격의 긍정적인 측면을 보여 줄 수 없는 바에야.

이 시기에는 마음속이 아무리 냉랭하고 움츠러들더라도 얼굴에는 가급적 미소를 떠올리며 쓸데없는 말다툼이나 심각한 논쟁에 끼어들지 않도록 해야 한다. 우정으로 발전된 상황이 아니라면 다소의 무관심과 초연함이 어떤 점에서는 많은 것을 이뤄낼 수 있는 강한 감정이라는 것을 깨달아야 한다.

32. 달 (MOON)

- 영향이 미치는 기간 : 한 주에서 서너 달까지.
- 상징 : 평화.
- 의미 : ↓ 1. 생활에 특별한 일이 일어나지 않지만 행복하다.
  → 2. 참을성이 있다면 원하는 것을 얻게 된다.
  ← 3. 일시적인 퇴보에 풀이 죽지 말라.
  ↑ 4. 행동의 지연이 당신의 의지를 거스르는 결과를 낳는다.

- 그림의 일반적 의미 : 달은 태양처럼, 다양한 문화권에서 숭배되어 왔다. 태양이 강렬한 힘을 발하는 열정이라면, 달은 은밀한 힘을 은근히 반사한다.

태양이 '양'으로서 남성적인 힘을 나타낸다면, 달은 '음'으로서 여성적인 힘의 표방으로 우리에게 평화, 미, 선비 등의 영향력을 발한다. 태양이 상징하는 활력이 넘치는 사람들에게 이끌리는 것처럼, 우리는 달처럼 고요하고 평온하며 자비로운 사람들에게도 이끌린다.

태양의 열기와 달의 차가움 모두가 지구상의 생명을 보존시키는 것처럼, 우리들도 균형 있는 삶을 유지하기 위해서 두 측면 모두를 필요로 하고 있다. 행동으로 옮겨야 될 때도 있는 반면, 조용히 삶을 되돌아보는 자세 또한 필요하다. 서구문명은 행동에 적극적인 가치를 두어온 문명으로 자주 소모적이며 불만족스런 결과를 잉태시키는 폐단이 많았다. 그래서 근래에는 많은 사람들이 동양문화에 관심을 돌리고 있으며, 명상과 요가는 현대 도시생활에서 부족되기 쉬운 안정을 찾게 해준다고 믿고 있다. 그렇지만 지나친 정적 또한 빈곤이나 비참함을 유발시킬 수 있다. 아시아의 몇몇 국가들에게서 보여지는 것처럼.

그러므로 우리는 자연의 양 측면을 균형있게 받아들이는 것을 배워야 한다. 그런 의미에서 '달' 그림은 우리에게 삶의 고요한 순간을 고마워해야 한다는 것을 항상 일깨워 주는 그림이다.

달이 보름달에서 초승달까지 그 모양이 변한다는 것은, 고요함도 항상 고정적인 것은 아니며, 조금씩이나마 변할 수 있다는 점을 상기시켜 준다. 우리에게 이 그림이 나타나면 그 고요함의 이미지가 우리의 심신을 느긋하게 풀어준다. 그렇지만 꿈을 포기하라는 것은 아니라는 것도 알아야 한다.

● 방향 1 : 삶에 있어 특별한 일이 일어나지 않더라도 당신은 행복하다. 이 그림은 당신에게 이렇게 속삭이고 있다. "이제 장미향기도 흠뻑 들이 마셔보고, 이 순간의 삶을 마음껏 즐기라"고. 그것이 바로 순수한 행복이기 때문이다.

현대는 부와 명성이 가득 찬 삶에 대한 정보 홍수시대이다. 우리 자신의 주변은 그에 비교되어 형편없이 시시하게 보여진다. 그러나 현란한 의상이나 값비싼 차보다도 더욱 소중한 행복이 있는 법이다. 예를 들면 자연, 가정, 만족한 직업, 사랑, 건강 이 모든 것들이 행복을 가능하게 해주는 것들이다. 이 그림이 나타났을 때, 당신은 자신이 가지고 있는 것을 면밀히 살피고 즐길 수 있는 한 최대로 즐기는 것이 좋다.

평화가 영원히 계속되리라는 것은 무리한 희망이다. 따라서 평화가 머물러 있는 동안만이라도 충분히 만끽하길 권한다. '소 잃고 외양간 고친다'는 옛말도 있지 않은가. 가지고 있지 않은 것을 무리하게 원하느라 시간을 낭비하지 말라. 오히려 이때는 당신의 평화로운 상태만을 즐길 따름이다.

● 방향 2 : 참을성만 있다면 원하던 목표에 도달할 수 있다. 한창 전력투구하는 가운데 문득 긴장을 푼다는 것은 쉬운 일이 아니다. 하지만 아무리 역전의 용사라도 전쟁터에서도 쉬어야 할 때가 있는 법이다. 가끔은 당신도 기다리면서 마지막에는 덕을 입을 무슨 일을 다른 사람들이 하도록 놔두는 것도 필요하다.

당신의 희망 또한 생각했던 것보다 더 오랜 시간을 요할지 모른다. 이 그림은 당신에게 긴장을 풀고, 참을성 있게 당신의 목표에 매진한다면, 마침내 목표한 바를 성취할 수 있을 것이라는 것을 일깨워 주고 있다.

● 방향 3 : 일시적인 퇴보에 의기소침하지 말라. 살아가면서 목격하게 되는 슬픈 일들 중의 하나가 내내 열심히 노력하던 사람이 마지막 한순간에 가서는 약간의 문제 때문에 쉽게 좌절하게 되는 모습이다.

한 학기 내내 열심히 강의를 듣고도 결국 리포트를 제출하지 않았다든가, 기말시험에 결시한다는 것은 얼마나 안타까운 일인가.

벤자민 프랭클린이나 윈스턴 처칠, 센더스 대령 같은 유명한 인물들도 그들이 성공을 이루기 전에는 퇴보했던 시기가 있었다. 내가 이 책을 쓰는 동안에도 나에게 몇 번 이 그림이 나타났었다. 이 그림의 위력은, 바로 당신의 목표가 가치 있는 것이며 현재는 비록 거부를 당하게 될지라도 결국은 도달하게 되리라는 점을 확신시켜 주는 데 있다. 다른 그림들, 가령 '부엉이', '배', '집' 등은 당신의 계획이나 생각이 실천에 옮겨지지 않거나 성취될 수 없음을 말해 주는 그림들이다. 하지만 '달' 그림이 나타난다면 노력하는 것을 포기해서는 안 된다. 달의 인력으로 생기는 썰물과 밀물처럼, 당신의 인생여정도 영광스러운 성공과 좌절이 교차될 것이지만, 기력이 결코 소진되지는 않는다.

● **방향 4** : 늑장을 피운다면 좋은 결과를 얻을 수 없다. 매사에 꾸물거리다간 모든 걸 잃고 만다. 이런 경우 러시아 속담에 다음과 같은 재미있는 비유가 있다. "칠면조는 생각하고 또 생각하다가 숨을 거둔다" 지금은 매사를 심사숙고만 할 때가 아니다. 오히려 과감한 결단을 내리고 행동에 옮길 때이다. '달'이 여러 모습으로 바뀌듯이 영원한 순간이란 없다. 이 방향의 달은 보름달을 가리킨다. 즉 태양과 같은 모양으로, 지금 당신에게 필요한 것은 느슨한 평화가 아니라 적극적인 행동이라는 것을 암시한다. 뒤로 멀찍이 물러 앉아 당신을 위해 세상이 열리기만 바라는 것은 꿈도 꾸지 않는 것이 좋다.

무언가를 이루려면 행동으로 옮겨야 한다. 승진이나 진지한 우정, 혹은 신나는 사건, 무엇을 원하든지 그건 당신의 노력에 달려 있다. 무엇보다도 이것은 '달' 그림으로서 최상의 행동이란 섬세하고 온화하지만 단호해야 한다는 점이다. 당신의 희망을 명확히 구체화시키고, 원하는 결과를 위해서는 관대한 태도를 가져야 한다. 혹시 지금 당신이 어떤 일을 실천하고 있다면, 좋은 결실을 맺기 위해서는 약간의 마찰도 있을 수 있으니 부드럽게 행동하여야 한다.

33. 물고기 (FISH)

- 영향이 미치는 기간 : 1주 이내부터 서너 달까지.
- 상징 : 물질적, 정신적 행운.
- 의미 : ↓ 1. 바다에서 얻게 되는 부.
  → 2. 성공을 원한다면 바다로 가라.
  ← 3. 상업적인 거래에서 이윤을 본다.
  ↑ 4. 어려운 시기에 침몰하지 않고 비상한다.

- 그림의 일반적 의미 : 물고기 그림은 이중적인 의미를 갖는다. 첫 번째가 풍요로움, 풍족한 음식이다. 두 번째가 정신적인 삶의 상징이다. 이 그림은 각각의 의미로든, 통합적인 의미로든 해석이 가능하다.

풍요로움의 상징인 물고기는 모든 사람들이 흔히 추구하는 물질적 요구의 표본이다. 물고기는 바다나 드넓은 대양에 풍부하게 살아 고기를 잡을 방법만 안다면, 부자가 될 수 있는 보장이 되는 셈이다.

두 번째 경우로써 물고기가 정신적 삶을 상징할 때이다. 초기

기독교인들은 물고기를 자기들의 정체성을 상징하는데 이용하고는 했다. 예수는 적은 양의 물고기로 수천 사람들의 배를 불리셨다. 십자가형 이후, 예수는 다름 아닌 어부들에게 다시 나타나서 온 세상에 당신의 말씀을 전파하라 하셨다. 그리고 한 조각의 빵으로 그들 모두를 골고루 먹였다. 그러한 그의 행적은 인간들의 육체적인 욕구가 정신력이 자라는 한도 내에서만 충족될 수 있다는 하나의 교훈이었다. 비슷한 맥락에서 불교에서는, 정신적인 수행을 추구하는 승려들은 중생들에게 음식을 시주받는다. 이 그림의 정신적 의미는 이렇듯 어떤 특정한 종교에만 제한시킬 수 없다. 오히려 일반적인 범우주적 신(神)에게 더 가깝다고나 할까. 그러므로 물고기는 당신이 가야 할 길을 이끌어 줄 내면의 본능적인 감정에 귀를 기울이라고 말해주고 있다.

　물고기는 아울러 정신적·육체적 양 방면을 포괄하는 의미로도 해석되어질 수 있다. 사람은 빵만으로는 살 수 없다는 말이 있다. 진정한 행복을 얻기 위해서는 정신적·육체적 욕구 모두에 귀를 기울일 필요가 있다는 말이다. 그러므로 이 그림은 어떤 사람들에게는 이제야말로 정신적인 부분에도 눈을 돌리라고 깨우쳐 주고 있는 것이다.

● **방향 1**: 특히 바다에서 운을 얻는다. 앞에서 얘기했듯이 이 그림은 두 가지 의미를 지닐 수가 있다. 첫 번째가 바다에서 부를 찾는 것이다. 바다와 관련된 것들―예컨대 낚시, 스쿠버 다이빙, 해양학 연구, 해양답사, 또는 물과 관련된 것 등에서 성공할 것이라는 뜻이다. 당신은 그 때문에 돈도 벌 수 있지만, 또한 당신의 삶을 완전하게 해줄 누군가를 만날 수도 있다.

　두 번째로 이 그림은 당신이 정신적인 작업 속에서 길을 찾아야 한다는 것을 말해주고 있다. 이 시기에 물질적인 것은 당신에게 행복을 가져다주지 못한다. 비록 다른 사람들도 당신이 가지고 있는 욕구를 충족시키지 못하겠지만.

그러므로 지금은 당신 자신에게 집중하여 자신에게 특별하고도 흥미 있는 무언가를 해야 할 시기이다. 만약 당신이 이 세상을 좀더 나은 곳으로 만드는데 기여할 수만 있다면, 당신 또한 스스로 행복하다 느낄 것이다. 항상 쓰고 싶어 했던 책이 있었다면 이 기회에 착수해 보는 것이 어떨까. 또한 노래를 만든다든가, 고아들의 후견인이 된다든가, 시각장애인에게 책을 읽어 준다든가, 종교단체에 가입하거나, 가난한 사람들과 더불어 일하기 위해 저개발국을 방문하는 일 등이 가능하다. 이렇듯 인류에게 도움이 될 수 있는 독특한 재능과 개성은 누구나 조금씩은 가지고 있는 법이다.

이 그림이 나타난다면, 당신은 어떤 일을 시작하든지 쉽게 잔행된다. 세상에 커다란 기여를 할 기회도 잡게 된다. 행운이 당신을 기다리고 있다. 이 행운은 꼭 금천적인 의미라기보다는 당신이 최선을 다한다는 데서 오는 자기 만족감과 연관이 있다. 오랫동안 나는 이 책에 매달려 왔는데, 이 그림이 나에게 나타날 때마다 글쓰기가 순조롭게 진행되었다. 마치 누군가가 내 손을 잡아 밝은 곳으로 이끌어 주고 있는 것처럼 말이다.

● 방향 2 : 성공을 원한다면 육지보다는 바다에서 찾아보라. 이 그림은 1번 방향의 그림과 비슷하지만 힘은 약하다. 1번 그림은 당신이 인류에게 기여를 할 수 있는 사람이라고 얘기하지만, 이 그림은 다소 약한 의미를 담고 있다. 즉 좀더 개인적인 차원의 목표를 가리킨다. 여기서도 이중적인 의미가 통한다. 우선 물과 관련이 있는 어떤 일도 성공적으로 진행된다. 이 경우는 가령, 술을 마시는

것부터 비구름, 스노우 모빌, 또 쇄빙선에 이르기까지 수분과 관련
이 있는 일이라면 총망라된다. 혹시 직장을 찾고 있다면 물과 관계
가 있는 분야로 눈을 돌려보라. 새 집을 찾고 있을 때 물 가까운 곳
을 물색해 본다면, 행운을 얻을 것이다.

두 번째로는, 비물질적인 방식을 추구하는 것이다. 예컨대 명
상, 기도, 창조적인 구상 같은 것이 이 시기에 도움이 될 수 있다.
이런 방법들은 스트레스를 완화시키고 마음에 안식을 제공한다.
일단 휴식을 취한다면, 당신은 다시금 개운한 몸과 마음으로 일상
에 몰입할 수 있게 된다.

이 그림은 또한 정신생활을 쫓고자 하는 감수성과는 거리가 먼
사람들에게도 나타난다. 부차적인 고려로서, 이 사람들이야말로
자신들의 정신적인 존재와 접촉을 해야 할 사람들이다. 그들이 추
구하는 순수한 육체적 존재는 그들을 진정으로 행복하게 해주지는
못한다. 몇 년 전에, 내 친구의 이웃에게 이 그림이 나타났었다. 그
는 50세가량 된 목수였는데 성장한 자녀들을 두고 있었다. 외적으
로만 보면 그는 누구도 크게 부러울 것이 없었다. 하지만 아내가
그와 헤어지고 싶어 해 그는 대단히 상심해 있었다. 이 그림이 나
타나자, 그는 예전에 묻어 놓았던 생각들을 말하기 시작했다. 그
후 그에게 어떤 일이 일어났는지 들은 적은 없지만, 이 정신적인
깨달음의 씨앗이 계속 자라기를 바라고 있다.

● **방향 3** : 물건이든 재능이든 무엇을 갖고 있든 간에 그 가치를
깎아 내려서는 안 된다. 사람들은 가치를 인정하게 되면 그 사람을
존중하게 된다.

만약 당신이 무엇을 파는 일에 종사한다면, 대뜸 첫 번째 흥정
을 받아 들여서는 안 된다. 당신은 장사나 모종의 계약 등에서 이

득을 볼 수 있다. 그러므로 직업을 찾고 있다면 상업과 관련된 일을 찾아 보는 것이 좋을 듯싶다. 이미 당신이 이 분야의 일을 하고 있는 데도 시간을 투자한 만큼 이익이 짤짤하지 못하다면 이때 당신의 위치를 다시 한 번 평가해 볼 일이다. 이 시기에는 승진을 요청해도 받아들여질 가능성이 높다. 아니면 당신은 지금 보수가 시원찮은 업무에 매달려 있을지도 모르므로 더욱 조건이 나은 직장을 찾아봄직도 하다. 이 시기에 착수하는 일은 장래 당신의 지위를 개선시킬 수 있다.

● **방향 4** : 어려운 시기이지만 침몰하지 않고 부상한다. 인생에 어떠한 바람이 몰아치더라도 당신은 균형을 유지할 수 있다. 이 그림은 어떤 어려움을 당해 의기소침하여 포기상태에 있는 사람에게 자주 나타난다. 따라서 의지가 되는 그림이며 삶을 재충전시킬 수 있는 원동력을 제공한다. 즉 어떤 난관도 극복할 수 있는 힘과 용기를 가지라고 격려한다. 당신의 최고의 장점은 어려운 시기에도 결코 침몰하지 않는다는 점이다.

직장을 구하거나 결혼이나 애정문제 등에 어려움을 겪고 있을 때 당신은 이 상황을 이겨 나갈 충분한 능력이 있다. 다윗과 골리앗의 이야기는 익히 알려진 일례이다. 겉으로 보아서는 도저히 골리앗의 상대가 되지 못할 것 같은 다윗이 거인 골리앗을 거꾸러뜨릴 수 있었다.

혹시 당신에게 닥친 문제가 너무도 절망적이어서 죽어 버리는 게 낫다는 생각을 하고 있다면, 절대 안 될 일이다. 당신을 절망의 수렁에서 다시 떠오르게 하는 것은 당신 내부의 힘만은 아니다. 물의 흐름이 물고기를 떠오르게 만들 듯이 천상의 힘 또한 어려움을 극복하는 데 도움을 줄 것이다.

34. 부엉이 (OWL)

- 영향이 미치는 기간 : 1주에서 4주 이후.
- 상징 : 어려움, 난관.
- 의미 : ↓ 1. 지금 당신은 현명치 못한 행동을 하려 한다.
  → 2. 교활한 당신의 계획이 탄로가 난다.
  ← 3. 계획이 성공하지 못한다.
  ↑ 4. 계획이 실현되지 않는다.

- 그림의 일반적 의미 : 서구에서 부엉이는 지혜를 상징하는 동물이었다. 아마도 그것은 부엉이가 좀처럼 기력을 소비하지 않는 동물로 보이기 때문일 것이다. 부엉이는 먹이를 덮치기 전에도 상황을 매우 신중하게 관찰하는 것처럼 보인다. 반면에 동양에서 부엉이는 상당히 부정적인 짐승으로 생각해왔다. 지나치게 '음'이 강해서 유령에 비견되기도 했다. 물론 부엉이는 귀신이 아니지만, 동·서양의 해석 모두 부엉이라는 짐승에게는 어울리는 해석이라고 할 수 있다.

대체적으로 이 카드는 우리가 추진하는 계획과 관련이 있다. 이 계획들은 우리 삶에 활력과 생기를 주는 것이다. 마치 적막한 부엉이의 삶에 먹이가 생기를 주듯이. 하지만, 어떠한 방향에서도 이 그림은 당신의 계획을 면밀히 검토하라고 경고한다. 모종의 문제가 도사리고 있을 가능성이 있기 때문이다.

● 방향 1 : 현재 당신은 현명치 못한 행동을 하고 있다. 아마도 해서는 안 될 투자를 고려하고 있다든가, 분명 손해 볼 제안을 받아들이려 하는지도 모른다. 아니면 계속 추진해야 될 계획을 포기해 버린다든가. 그러므로 가정에서든 직장에서든 어떠한 새로운 계획도 면밀한 검토가 요구된다. 마치 부엉이처럼 조용히 물러앉아서 상황을 깊이 생각해보라. 이 시기에 취해야 할 최선의 행동이 어떤 것일까?

그러나, 이 그림은 단지 이후의 몇 주에만 관계되는 것이므로 오늘 연기한 일도 1, 2주 후면 다시 시작할 수 있다는 점을 기억해야 한다.

이 그림은 또한 가사나 가족 간의 문제에도 관련이 있다. 이 경우에도 결정적인 행동을 하기 전에 두 번쯤은 생각해 보도록 한다. 이런 러시아 속담도 있다. "일곱 번 재어 보고 단번에 잘라라" 이 시기에 신중히 행동하는 것은 결과적으로 보아 결코 고통스러운 일이 아니다.

● 방향 2 : 당신의 정직하지 못한 행동이나 계획이 탄로가 난다. 지금 당신이 하고 있는 일이 비밀스러운 불법적인 일은 아닌지 생각해 보아야 한다. 대다수의 사람들은 자신의 계획을 쉽게 얘기하는 것을 꺼려한다. 남들이 비웃거나 미리 발설해 버릴지 모르기 때문이다. 그러므로 이 계획들은 적당한 시기가 올 때까지는 개인적

으로만 간직하고 있는 것이 낫겠다.

이 부엉이 그림은 이런 종류의 계획들과 관련이 있는데, 당신의 계획을 공표하기에 지금이 적당한 시기가 아니라고 얘기해 준다. 혹시 어떤 일을 은밀히 추진하고 있지는 않은가? 다른 사람을 괴롭히거나 아니면 당신 자신만의 안위를 위해 어떤 일을 하고 있지는 않은가? 살다 보면 때때로 자기중심적인 사람을 만나게 되는 수가 있다. 각자가 자신만의 관심사만 쫓지 않는다면, 우리는 달갑지 않은 모든 자질구레한 일들과 업무로부터 벗어나게 될 것이다. 이 그림은 당신의 좋지 않은 생각이 드러나게 될 것이라는 것을 알려 주면서 남들에게 나쁜 사람으로 비쳐지지 않도록 확실하게 행동하라고 충고하고 있다. 당신이 누군가를 의도적으로 고통스럽게 할 의도가 없다면, 지나치게 미안해하거나 죄인처럼 행동할 필요도 없다. 간혹 당신 스스로 그 계획을 발설함으로써 그로 인해 손해를 입을 수도 있다. 그러나 당신이 선의로 하는 일이라면, 아무리 은밀한 행동이라도 당신은 정직한 사람임에 틀림이 없다는 점을 명심하기 바란다.

● 방향 3 : 계획이 성공을 거두지 못한다. 이 경우는 대부분 그 계획이 은밀한 방식으로 진행될 때를 가리킨다. 고용주와의 면담이나, 리포트 제출, 고장 난 차 수리 등 각종 일상사와 관계가 있다. 그렇다면, 다시 한 번 하던 일을 멈추고 생각해 볼 일이다. 계획을 다시 점검해 보는 시간을 조금이나마 가져야 한다. 아마도 일 전체에 손해를 입힐 정도는 아닐지 모르겠지만 지금과는 다른 시각이 필요하다. 아니면 지금 당신은 가치 있는 방향으로 일을 하고 있지 않을 수도 있다. 하지만 두 경우 모두, 상황을 깊이 관조하는 부엉이의 자세를 배워 볼 일이다. 모든 쥐들 한꺼번에 잡을 수는

없는 일이다. 더 나은 놈이 나타날 수도 있으니까.

 ● **방향** 4 : 당신이 추진하는 계획이 실현, 성사되지 않을 수 있다. 당신이 바라마지 않던 일이지만 아직은 행동에 옮길 시기가 아니다. 이런 계획은 여행이나 휴가 등에 관련이 되거나, 당신 자신을 포함해서 주변을 바꿔 보려는 시도일 수도 있다. 이 계획을 계속 추진해도 좋을지 물어 보았을 때 이 카드가 나타났다면 그 대답은 '노'이다. 이 계획 때문에 공연히 기력을 허비해서는 안될 것이 지금으로 보아서 그 계획은 실패할 가능성이 크기 때문이다.

35. 닻 (ANCHOR)

- 영향이 미치는 기간 : 서너 달 이내.
- 상징 : 정착, 장애물.
- 의미 : ↓ 1. 사랑을 얻게 된다.
  → 2. 희망을 충족시킨다. 바다에서 성공을 거둔다.
  ← 3. 환상에서 깨어난다. 의심.
  ↑ 4. 실수를 원상회복시키기는 어렵다.

- 그림의 일반적 의미 : 닻은 정착을 상징한다. 뱃사람들은 일단 안전한 항구에 도착했을 때 그들의 배를 안전하게 정착시키는데 닻을 이용한다. 첫 번째와 두 번째 그림은 당신의 삶이 지금 안전한 안식처를 찾았다는 것을 말해준다. 애정문제, 가정, 직장은 모두 안정적이며, 당신은 보살핌을 받고 있는 편안한 상태에 있다.

그러나 닻은 아울러 배의 진행을 방해하는 장애물로도 작용할 수 있다. 그런 의미로 뒤의 두 그림은 당신이 지금 어떤 일에 의심을 품고 있거나, 닻을 내릴 장소를 잘못 골랐다는 것을 암시한다.

● 방향 1 : 사랑에서도 승리한다. 이는 당신이 진정 안정과 평안을 느낄 소중한 사랑이다. 대부분은 낭만적인 사랑을 가리키지만, 당신에게 훈훈한 안식처를 제공하는 다른 종류의 배려와도 관계가 있다. 흔히들 사람들은 너무도 낭만적인 사랑만을 갈망하는 나머지 바로 가까이 있는 진정한 사랑을 깨닫지 못하는 수가 있다. 왜냐하면, 이런 익숙한 애정은 그들이 상상했던 것과는 왠지 어울리지 않는다고 생각하기 때문이다.

그러나 이 그림이 나타났을 때는, 주변을 잘 둘러보고 누군가 당신에게 진정한 애정을 쏟고 있는 사람이 있는지 잘 찾아보기 바란다. 당신 자신도 사랑을 베풀어 주는 사람이 됨으로써, 이 닻 그림이 제공하는 안정과 행복을 충분히 즐길 수가 있다.

● 방향 2 : 희망이 충족된다. 특히 바다에서 성공을 거둔다. 아마도 당신은 이미 원하는 것을 얻었든가, 바야흐로 성취의 목전에 성큼 다가와 있는지도 모른다. 환히 트인 바다를 멀리 항해한 후, 목적지에 다다르고 있다. 그러므로 원하는 가정을 이루었다든가, 꿈꾸던 집을 갖는다든가, 당신이 추구해 왔던 기타 일들에서 기쁨을 얻게 된다.

바다에서 얻게 되는 성공이란 문자 그대로 바다와 관련된 일에서 성공을 거둘 수 있다는 뜻이다. 그러므로 당신이 지금 어떤 일을 추진하고 있다면 젖 먹던 힘까지라도 내어서 벌어 붙인다면, 알찬 결실을 맺을 수 있게 될 것이다.

● 방향 3 : 환상에서 깨어난다. 또는 의심에 휩싸인다. 당신은 안전한 장소에 달을 내렸는지 확신을 못하고 있다. 이 그림은 당신이 어려운 상황에 처했거나 장애물에 부딪쳤을 때 흔히 나타난다.

예를 들어 당신이 사랑하는 사람에 대해 실망을 하게 될 일이 생겼다고 하자. 그러면 당신은 이제 그 사람이 자기와 진정 어울리는 사람인지에 대해 고민하기 시작한다. 또 자녀들이 당신이 원하는 방식으로 행동하지 않을 때 느끼는 실망감, 이럴 때도 당신은 자신이 진정으로 바람직한 부모인가 자문해 보기도 한다.

또한 우리는 스스로 선택했던 일이나 직업에 대해서도 많은 의혹을 품게 된다. 과연 내가 올바른 선택을 한 것일까? 시간낭비나 하고 있는 것은 아닐까 하고.

이 그림이 나타났을 때, 당신이 기억해야 할 점은 당신이 큰 잘못을 저지른 것은 아니나 상황이 다만 당신이 기대하던 방향과는 다르게 진행되어서 실망할 따름이라는 것이다. 그러므로 지금은 당신에게 보다 중요한 것이 어떤 것인지를 재점검해 보아야 할 때이다. 모든 각도에서 당신의 삶을 살펴보고 이런 환멸스러운 상황을 야기시킨 어떤 실수를 저지르지 않았나 하는 점도 생각해 보아야 한다. 아니면, 너무 일찍 엉뚱한 장소에 닻을 내리지 않았는가를 생각해 본다.

지금 당신은 자기 연민에 빠져 허우적거려선 안 되며, 좀 더 건설적인 생각을 발전시켜 나가야 할 때이다. 그렇다면 이제 잘못 내려진 닻을 잡아 뽑고, 새롭고도 창조적인 방식으로 문제를 풀어보기 시작해야 한다. 당신의 노력여하에 따라 이 환멸적인 상황은 계속되지 않을 수 있다.

● **방향 4**: 당신이 저지른 실수를 원래대로 돌리기가 쉽지 않다. 이 그림은 이미 당신이 모종의 실수를 저질렀거나 판단을 잘못 내렸다는 의미를 담고 있다. 즉 옳지 않은 장소에 닻을 내린 듯하다. 그 결과로 인해 모종의 손실이나 실망감으로 고통 받게 된다. 실수

를 저질렀다면, 일단은 당신을 포함해 같이 연루된 사람의 실수를 인정하고 손실을 받아들인 다음, 계속 일을 진행한다. 때때로 실수를 인정하다보면, 이미 그 자체가 올바르게 나아가는 과정임을 알 수 있다.

36. 악수 (HANDSHAKE)

- 영향이 미치는 기간 : 서너 달에서 전 생애까지.
- 상징 : 두 사람 사이의 결합.
- 의미 : ↓ 1. 굳건한 우정이 전 생애에 걸쳐 힘이 된다.
  → 2. 사랑으로 맺어지는 관계.
  ← 3. 진지한 노력이 없다면, 언약은 무의미하다.
  ↑ 4. 당신들 사이의 결합이 깨질 위기에 처해 있다.

- 그림의 일반적 의미 : 우정이나 사업상의 경우에서 악수란 대체적으로 두 사람 사이의 의견일치를 상징한다. 이 그림은 또한 결혼이나 다른 결합관계에서도 빈번히 나타난다. '나뭇가지'와 '반지' 그림 또한 결합을 나타내는 그림이지만, 이 그림과는 다소간 다른 의미를 담고 있다. 그러나 '악수' 하는 그림이 나타나면, 당신은 사랑하는 사람과의 관계가 굳건한 기반 위에서 맺어져 있다고 믿어도 좋다. 당신들은 단순한 연인 이상으로 인생에서 좋은 동반자가 될 수 있는 사이이다.

하지만 세 번째, 네 번째 그림은 이러한 결합관계가 느슨해진다는 것을 경고해 준다. 이 그림은 또한 사업상의 거래에서 상대자와 좋은 관계를 유지하는 것에 사업의 성패가 달렸을 때에도 연관을 시킬 수 있다. 이 경우에 그 의미는 연인들 사이의 로맨틱한 결합에 비견될 만한 것이다. 사업상의 거래가 '결합' 이나 '관계' 라는 단어로 대치될 수 있다면 말이다.

● **방향 1** : 굳건한 우정이 전 생애에 걸쳐 힘이 되어 준다. 이는 당신과 함께 지내거나 기타 강한 유대관계를 맺고 있는 사람들과의 우정을 말한다. 반면에 '개' 그림은 단지 친구관계에만 한정된다.

당신이 혹시 무엇에 대해 질투를 하거나 그 관계에 대해 우려를 하고 있는데 이 그림이 나타난다면 당신은 지금 쓸데없는 걱정에 기력을 낭비하고 있다는 점을 지적해 준다. 이 그림은 또한 당신이 다른 종류의 어려움에 처해 있을 때도 나타난다. 그렇지만 어떤 고민이 있더라도 당신은 털어 놓고 의지할 만한 사람이 있다는데 위안을 찾아야 한다. 이 그림은 일생에 걸친 지속적인 관계를 암시한다.

● **방향 2** : 사랑으로 맺어지는 관계. 새로운 사랑일 수도 있고, 이미 당신이 알고 있는 사람에 대한 새롭고도 강렬한 감정이 싹틀 수도 있다. 두 경우 모두 이 애정은 상호 존경심에 기반을 둔 아름다운 것이다.

하나로 맺어지는 관계라는 것이 꼭 정열적인 사랑으로 결혼을 함으로써만 얻어지는 것은 아니다. 이러한 관계는 더욱 넓은 의미에서 서로에 대한 깊은 이해를 기반으로 상대방의 존재를 깨닫기 시작할 때도 가능하다.

● **방향 3**: 진지한 노력을 하지 않는다면, 악수의 의미는 퇴색하게 된다. 이는 건전한 경고 중의 하나로서 당신들의 관계가 위협을 받고 있다는 것을 암시하고 있다. 흔히 우리는 직장이나 다른 활동 또는 가정생활에 몰입하다보면 친한 친구에게까지 조금의 시간도 할애하기가 힘들어진다. 그러므로 이제 당신은 여유를 가지고 당신 주변을 한 번쯤은 두루 돌아보고 소홀히 했던 것에 좀 더 많은 관심을 보여야 할 필요가 있다.

한편으로, 당신이 지금 타인과의 관계에 대해 지루해 하고 있다면, 새로운 자극을 찾아보는 것은 당연한 일이다. 이 그림이 나타났을 때, 당신은 남들과 맺고 있는 관계를 면밀히 살펴보는 것이 바람직하다. 과연 이 관계를 계속 유지해야 하는 것일까? 만약 그렇다면, 그 결속을 더욱 강화시키기 위해서는 무엇을 해야 할까? 이 그림은 그에 대한 답변으로써 바로 당신자신의 노력이 더욱 필요하다고 말해주고 있다. 이 상황에서 잘못 행동하고 있는 사람은 상대방이 아닌 바로 당신일 가능성이 높다. 건강하고 생동감 넘치는 관계 속에서 방황을 하는 사람이 과연 얼마나 있을까? 그 첫 번째 노력은 지난날을 돌이켜 보고, 당신 두 사람을 맺어주었던 의미 있는 무엇인가를 기억해 내는 것이다. 그런 다음, 상대방이 기뻐할 만한 일을 꾸며보기도 하는 등 오래된 사랑의 불꽃을 다시 태우도록 노력해 본다. 무엇보다도 둘만의 시간을 더 많이 갖기 위해서 때로는 당신이 참여하고 있는 일부 활동들을 과감하게 포기해야 될지도 모른다. 그러나 당신의 전 생애에 걸쳐 커다란 힘이 될 관계를 재건하기 위해서라면 그만한 희생쯤은 당연히 감수해야 되는 것이 아닐까? 삶의 진정한 승리자가 되고 싶다면 말이다.

● **방향 4**: 당신들의 관계가 위기에 처해 있으며, 조만간 깨어질

위험까지 있다. 지금의 상황은 앞의 그림에서 한 경고보다 훨씬 심각하고 강한 위협이 도사리고 있으며, 당신들은 지금 양쪽 모두 잘못을 저지르고 있다. 이 그림을 보고 있는 당신이 상대방의 정절에 대해 의심을 하거나 누군가를 질투하고 있다면 그 의심이 맞을 수도 있다. 특히 이런 경우는 '뱀' 그림이 2번 방향으로 나타났을 때도 같은 의미로 해석될 수 있는데, 그렇지만 아직 모든 것이 끝난 것은 아니다. 만약 당신들이 이 관계를 계속 유지하고 싶은 의지가 있다면, 상황을 다시 한 번 주의 깊게 점검해 보고 자기의 능력이 닿는 한 노력을 해야 한다. 이 그림은 파탄에 직면해 있으나 필연적인 상황은 아닐 때 나타나는 것이기 때문이다.

앞 그림에서 한 충고를 주시하고 그에 따르도록 노력해 보라. 만약 당신이 어려움을 극복하고 새로운 해결방안을 찾아낼 수 있다면 두 사람 사이에 더 높은 차원의 이해가 가능할 수 있을 것이다. 얼었던 마음을 녹이려고 서로가 노력하는 과정에서는 한 때의 실수 따위는 용서되고 잊혀지기 마련인 것이다.

37. 천사 (ANGEL)

- 영향이 미치는 기간 : 서너 달 후.
- 상징 : 수호천사가 보호한다.
- 의미 : ↓ 1. 바라마지 않던 영광. 행운이 기다린다.
  →2. 화해를 함으로써 새로운 기쁨을 맛본다.
  ←3. 사랑과 자비심으로 안정을 찾는다.
  ↑4. 천사의 힘이 올바른 길로 인도해 준다.

- 그림의 일반적 의미 : ' 천사' 그림은 누구나 좋아하는 그림일 것이다. 당신에게 이 그림이 나타났다면, 당신의 삶은 찬란하고 밝게 빛나고 있다는 의미이다.

수호천사는 우리가 악에 물들지 않고 선한 행동을 하도록 다독거려 준다. 이 천사는 꼭 기독교도들만이 믿는 천사는 아니다. 오히려 일종의 우주적인 선한 정신으로서 우려를 보호하는 힘의 상징이라고 받아들이는 게 더 나을 것이다. 이는 우리가 혼자가 아니라는 느낌, 자기 자신보다도 더욱 위대한 우주적인 힘이 존재한다는 경외감에 다름 아니다. 그리고 이 힘은 인간들이 할 수 있는 한 최선을 다하도록 이끌어 주며, 인생의 여정 속에서 올바른 길을 선택할 수 있도록 도와주기도 한다.

네 방향 모두, 이 그림은 당신이 혼자가 아니라는 사실을 말해주고 있다. 당신은 옳은 길을 밟아가고 있다. 우주적인 선한 힘, 혹은 천사, 착한 영혼이 당신을 보호하고 이끌어 주기 때문이다.

● 방향 1 : 바라마지 않던 영광, 행운이 기다린다. 당신은 지금 모든 일을 성공적으로 이루어 낼 힘이 있다. 그리하여 매진해 왔던 목표에 도달하여 얻는 환희와 승리감을 맛볼 수 있게 된다.

당신은 오랫동안 별러 왔던 금연을 드디어 성공한다든가, 처음으로 마라톤 코스를 완주할 수도 있고, 과학자라면 에이즈를 고치는 법을 발견하게 될지도 모른다. 직장에서도 승진할 수 있는 좋은 기회이다. 아니면 그저 소박한 기쁨, 평온한 가정에서 느끼는 안락함도 이 기쁨과 무관하지 않다.

대개의 경우, 진정한 행복은 물질적인 소유를 추구하는 것보다는 마음에서부터 우러나오는 법이다. 중요한 것은 당신에게 이 그림이 나타났을 때 일단 그 행운부터 즐기라는 것이다. 당신의 축복받은 성공을 확산하면서.

● 방향 2 : 화해를 함으로써 기쁨을 맛본다. 이러한 화해는 대개 남편과 아내, 부모와 자식, 또는 가까운 친구 사이에 이루어진다. 가족관계나 사랑하는 사람과의 관계는 아주 소중하고 친밀해야 될 관계이다. 만약 서로가 허심탄회하게 풀어야 할 문제가 있다면 지금 그 노력을 해야 할 때라고 그림에서는 말한다. 그것은 마치 천사의 힘이 이제야말로 당신이 화해를 시도해 보라고 권하고 있는 듯하다.

이 그림은 또한 자기 자신과의 화해를 의미하기도 한다. 즉 당신이 변화시키기 불가능한 삶의 어떤 양상을 받아들이는 것이 바로 그것이다. 육체적인 약점, 또는 사랑했던 사람과의 이별이 필연적이라면 이제 그 사실을 받아들이는 것이 당신 삶을 긍정적인 결말로 이끌 수 있다는 뜻이다. 지나친 분노나 절망, 후회 등은 당신이 재기할 기력만 소진시킬 뿐이다. 먼저 자신과 화해를 함으로써 조금이나마 문제를 극복하고 당신도 기쁨을 누려 보도록 애써야 한다.

● 방향 3 : 사랑과 자비심으로부터 위안을 얻는다. 이 그림은 간혹 당신이 살아가면서 어려움을 경험할지 몰라도 항상 사랑을 받고 있다고 일러준다. 흔히 이 그림은 실망스러운 의미를 담고 있는 그림과 함께 나타나기도 한다. 천사는 당신에게 문제의 벽을 넘어서 시야를 넓힐 것을 부드럽게 일깨워 주고 있다. 삶을 한 측면에서만 보자면 문제투성이일 수 있다. 하지만 당신의 고통을 달래줄 누군가가 곁에 있다는 것은 행복한 일이 아닐 수 없다.

이 그림은 또한 부정적인 언행을 일삼는 사람에게도 나타날 수 있다. 거짓말과 속임수를 쓰거나, 과음을 하는 등 대체로 불건전한 생활을 계속한다면 이러한 나쁜 상황을 벗어나기란 쉽지 않을 것이다. 그러나 여전히 가까이에서 당신을 사랑하고 위안을 주고 싶어 하는 사람들이 있다. 누가 당신에게 진정으로 애정을 쏟아주며 편안하게 해주는지 잘 살펴볼 일이다.

● 방향 4 : 천사의 힘이 악으로부터 보호한다. 이는 일종의 범우주적인 선(善)이 존재한다는 것을 의미한다. 문제를 안고 있거나 우유부단한 당신이 올바른 길을 정확히 간다는 것은 쉬운 일만은

아닐 것이다. 그렇지만 상황을 정직하게 평가하고 바르다고 믿는 것에 따라 행동한다면, 올바른 길을 찾을 수 있다.

    천상의 힘이란 어쩌면 당신의 어깨에 앉아서 올바른 방향을 지시해 주는 천사와도 같다고나 할까. 천사는 당신 편에서 당신이 악마의 교활한 꼬임에 넘어가는 것을 막아준다. 악마가 당신에게 못된 행동을 일삼고 이기적이 되도록 부추긴다면, 천사는 착하고 이타적인 행동으로 이끌어간다. 당신에게 이 방향의 천사 그림이 나타났다면, 결국은 선이 승리할 것이라는 사실을 확인하게 될 것이다. 당신의 삶이 이러한 선한 힘과 걸음을 같이 하고 있다면, 당신은 옳은 방향으로 행동할 수 있다.

38. 숙녀 (LADY)

- 영향이 미치는 기간 : 1주에서 4주 이내.
- 상징 : 지원, 도움.
- 의미 : ↓ 1. 부드러운 손길이 당신을 감싸준다.
  → 2. 숨겨진 사랑으로부터 도움의 손길이 온다.
  ← 3. 공손한 태도가 위선일 수 있다.
  ↑ 4. 기진맥진한 당신으로부터 남들이 떠나간다.

- 그림의 일반적 의미 : 카드에서 '숙녀'는 당신에게 도움과 통찰력을 주는 여성적인 힘의 상징이다. 호머의 『오딧세이』에서도 율리시즈를 맨 처음 속이는 여인이 바로 키르케지만, 나중에는 그가 무사히 귀향을 할 수 있도록 조언을 해준다. 그러므로 카드에서 '숙녀'의 모습은 결혼을 한 여자처럼 보이지만 실제에 있어서 꼭 기혼녀일 필요는 없다. 숙녀는 앞을 미리 내다보고 좋은 충고를 할 수 있을 만큼 현명한 사람이면 누구나 가능하다.

정신적인 지원을 상징하는 '천사' 그림과는 달리 '숙녀' 그림은 지상에서의 실제적인 도움을 의미한다. 이러한 여성은 당신의 어머니일 수도 있고, 시어머니, 장모, 할머니, 친구, 직장 동료 외에도 당신에게 도움을 줄만큼 가까운 그 누구일 수도 있다. 남자에게 이 그림이 나타났을 때에도 그 중요한 의미는 손상되지 않는다. 하지만 두 번째 방향의 그림에서는 사랑의 선물을 넌지시 암시하고 있다. 그러나 마지막 두 그림은, 여성의 신비로우면서도 부정적인 모습을 동시에 표현하고 있는 것이다.

● 방향 1 : 부드러운 여성의 손길이 조만간 당신을 감싸준다. 이 그림은 난관에 처한 사람들에게 자주 나타나곤 한다. 이 도움의 손길은 대개는 당신과 가까운 사람에게서 일 수가 있지만 가끔은 전혀 예기치 않았던 낯선 사람에게서 일 수도 있다. 말하자면, 당신은 현재의 난관을 헤쳐 가야 하지만, 그것은 가까운 사람에게 털어놓기에는 난처한 일일 수도 있다. 이럴 때는 그저 인사나 하고 지내는 정도의 누군가가 당신의 고통을 객관적으로 이해해 주고, 당신이 필요로 하는 도움도 줄 수 있을지 모른다. 또는 가정이 위기에 처했을 때 그리 친하지 않던 친척이 도움을 줄 수도 있다. 이 사람들은 당신이 도움을 필요로 하고 있다는 것을 알고 있으며, 주저하거나 비난하지 않고 당신을 기다리고 있다. 당신에게 이 그림이 나타났다면, 누군가가 당신을 도와줄 준비가 되어 있다는 사실을 깨달아야 한다. 그러므로 주변을 둘러보아 그 사람을 발견했다면, 그의 힘을 빌려서 어려운 시기를 헤쳐 나가도록 노력해야 한다.

● 방향 2 : 우정이라기보다는 숨기고 있던 사랑 때문에 누군가가 도움의 손길을 뻗친다. 이 그림이 얘기하는 그 지원자는 남·녀 누구나 될 수 있다. 이 그림이 누구에게 나타나든지, 당신은 누구에겐가 아낌없는 도움을 받고 있지만, 그것은 무엇보다도 다음의

이유 즉 그 사람이 당신에게 품고 있는 은밀한 사랑 때문이다. 그런데 그 사람이 당신을 사랑하고 있다는 사실을 깨닫게 된다면, 그를 고통스럽게 하거나, 감정이 상할 현명치 못한 행동은 삼가 해야 할 것이다. 흔히 남자와 여자가 함께 일하거나 좋은 친구 사이일 때는 미묘한 정적인 긴장감이 존재하는 법이다. 이것은 어쩌면 자연스러운 현상으로서 우리 인간은 감정이 이끌릴 수도 있으며, 자기와 반대되는 성적 존재에게 매혹될 수도 있다는 의미이다. 그렇지만 그러한 유혹에 굴복할 경우, 십중팔구 순수한 우정이나, 좋은 업무 파트너를 잃게 될 위험이 있다. 최근 십여 년 동안, 여성은 남성의 지원을 자신의 업무나 사회적 지위를 증진시키는데 이용하려 한다는 비난을 받아 왔다. 하지만 남자 역시 그만큼 여자의 도움을 받아오지 않았던가? 실제로 태곳적부터 남자와 여자는 서로 도와가면서 생존해 왔다고 할 수 있다.

또한 이 그림은 당신보다 훨씬 어린 사람이 당신에게 풋사랑을 느끼고 있을지도 모른다고 알려준다. 당신은 그 사람의 존재조차 깨닫지 못할 수도 있다. 이 그림이 나타났다면 혹시 그럴만한 사람이 있는지 주변을 눈여겨보는 것이 좋을 듯하다. 하지만 필요 없이 그 사람에게 마음의 상처를 주거나 혼란스럽게 할 행동은 삼가야 겠다. 러시아 사람들은 이런 속담을 흔히 인용하고 있다. "우물에 침을 뱉지 말라. 마실 물이 필요할지 모르니까."

나이가 주는 장벽은 큰 문제가 되지 않는 게 오늘날의 현실이다. 그러므로 우선 다양한 연령의 친구들을 사귀는 것이 오히려 바람직한 일이다.

● **방향3**: 예의 바른 행동을 너무 믿지 말라. 위선일 수가 있다. 이 경우는 직장, 사회, 기타 개인적인 상황에 모두 적용될 수 있다.

우리는 항상 예의 바르게 행동해야 된다고 배워 온 만큼 이 그림이 꼭 나쁜 징조라고는 할 수 없다. 다만 이 그림이 나타났을 때 기억해야 할 점은 공손함이나 친절을 받아들이되, 이 시기에는 어떠한 개인적인 것이든 정보는 쉽게 누설하지 않는 게 낫다는 점이다. 이 사람이 당신의 진정한 친구가 아니라면 말이다.

● 방향 4 : 기진맥진한 당신으로부터 사람들이 떠나 버린다. 이 경우도 직장과 사회 및 개인적인 상황에 모두 적용된다. 일례로, 당신은 자녀들의 낭비벽에 빈털터리가 되어 버리지만, 그들은 고맙다는 말 한 마디도 없이 떠나버린다.

배우자나 직장 동료도 마찬가지일 수 있다. 하지만 실망하기 보다는, 오히려 자신을 위해 무언가 해야 할 시기이다. 지금이야말로, 남들을 뒷바라지하던 것을 멈추고, 자기충전과 자기발견의 기회로 삼아야 할 때인 것이다. 지금까지 당신은 남들에게 자신의 것을 너무도 많이 나눠 주어 버렸다. 아마, 그들은 처음에는 당신의 도움을 필요로 했을지 모르지만, 이제는 당신의 도움을 원하지도 않고 고마워하지도 않는다. 그러므로 어느 누구도 줄 수 없는 좋은 도움을 줄 수 있었다는 것만으로 스스로를 위안하고, 이제부터 좀 더 자신을 위한 생활을 가지도록 해야 한다.

물론 우리 모두는 노력한 만큼 고맙다는 말을 듣고 싶어 하지만, 사람들은 부주의하고 어리석어서 사의를 표하는 것을 종종 잊곤 한다. 그 결과 때문에 우리는 고통을 느끼고 기진맥진하게 된다. 이런 일이 일어났을 때는, 일단 그 실망을 받아들인 다음 재충전하여 당신의 생활을 계속해 나간다. 이제는 최소한 누군가를 도와야한다는 데서 생기는 부담은 버리고, 당신자신의 관심사와 희망에 전념할 자유로운 시간을 가져야 할 것이다.

39. 말 (HORSE)

- 영향이 미치는 기간 : 1, 2주 전이나 후.
- 상징 : 감정의 격변.
- 의미 : ↓ 1. 깊은 상처를 주는 생생한 사건을 체험한다.
  → 2. 외모와 미모에 현혹된다.
  ← 3. 고삐를 단단하게 쥐어라, 그렇지 않으면 비틀거리게 된다.
  ↑ 4. 당신의 기분이 무시된다.

- 그림의 일반적 의미 : 말은 강한 힘을 상징하는 동물이다. 일찍감치 부터 인간은 총명하고 섬세하며, 우아하면서도 당당한 이 동물의 진면목에 감탄을 해왔다. 고대 그리스 신화에 의하면, 이 세상 최초의 말은 포세이돈과 메두사로부터 나온 날개 달린 페가수스였다. 기수와 한 몸인 페가수스는 인간의 정열과 자연을 동시에 상징하며, 게걸스럽게 풀을 먹어치우는 키메라라는 괴물을 전멸시키는 역할을 했다. 또한 페가수스는 자신의 발굽을 굴러서 뮤즈의 샘을 만들기도 하였다. 이렇게 말은 명철함과 악마를 소멸시키는

강력한 힘의 상징으로 인식되어 왔다. 동시에, 인간이 말을 길들이게 된 사연이 인류사의 대단한 격변을 이루게 되었다. 인류가 일단 말을 수송에 이용할 수 있게 되자, 대규모의 이동이 가능하게 되었다. 그러나 더욱 의미심장한 것은 인간이 말을 군사적인 용도로 이용하기 시작한 것이었다. 아즈텍 같은 유구한 역사를 자랑하던 고대문명도 말을 탄 소수의 스페인 군대에 의해 파괴되었다. 그러므로 말은 예지와 명철함, 또 난폭하고도 파괴적인 힘을 동시에 상징하는 것이다.

　이 카드에서 말은 우리의 감정 상태를 암시한다. 힘이 센 말이 몰아치듯이, 우리가 감정을 어떻게 조절하느냐에 따라서 우리는 성공이나 좌절을 경험하게 된다. 따라서 이 그림은 당신이 강력한 감정적인 변화를 겪게 되리라는 것을 경고한다. 그것은 아마도 즐거운 일일 수도 있고 슬픈 일일 수도 있을 것이다. 그러나 긍정적이거나 부정적인 자세로 대응할 것인가는 바로 우리 자신에게 달려있는 것이다.

　● **방향 1**: 당신은 생생하고도 깊은 인상을 주는 사건들을 체험하게 된다. 이 또한 좋은 사건과 나쁜 사건 모두 포함한다. 이 그림이 자주 나타나는 사람들은 다음의 경우이다. 결혼이나 출산을 앞둔 사람, 직장을 옮기거나 이혼을 하는 경우, 해고 또는 모종의 일로 인해 겁을 집어 먹었거나, 누군가 때문에 감정적으로 의기소침해 있는 사람들이다. 이러한 사람들에게 이 그림이 관련된 상황을 알리고, 카드 점을 치게 해보는 것은 쉽지가 않다. 하지만 일단 자신의 상황을 알게 되면 사람은 대처할 생각을 갖게 되는 법이다.

　여기에서 말하는 생생한 경험이라는 것은 당신의 전반적인 삶의 모습을 바꿀 수도 있는 영감을 주는 사람을 만나거나, 그에 대해 듣게 된다는 뜻이다. 당신이 영감을 받을 수 있는 것은 종교적인 메시지에서나 지성적인 생각을 통해서일 수가 있다. 이때 당신의 감정은 고양되고 행복을 느낄 수 있다. 유명한 예술가나 연예인을 만나보는 것 또한 즐거운 도취감에 빠지게 한다.

이 그림은 외부적인 사건과도 관련이 될 수 있다. 예컨대 정치적인 사건이나 우리의 감정에 영향을 주는 경제적·환경적 문제가 생길 수 있다. 일례로 많은 사람들이 케네디 대통령의 암살을 가슴 아픈 사건으로 기억하고 있다.

한번은 내 친구 한 명에게 이 그림이 나타났었다. 그는 캘리포니아의 자기 집으로 곧 출발할 예정이었다. 그러나 이틀 후 그녀가 살던 곳에 큰 지진이 일어났다. 그녀에게 위험을 직접 경고하는 이 그림은 그녀가 급격한 감정적 경험을 하게 되리라는 것을 경고하고 있었던 것이다. 그 지진이 일어난 후 얼마 동안, 그녀는 감정적으로 커다란 혼란에 빠져 있었지만, 또한 모든 일을 옳게 처리할 만큼 충분히 이성적인 여성이었으므로 그것을 잘 극복하였다. 결국 그녀 자신에게나 그녀와 함께 한 누구에게도 피해가 없었다.

● **방향 2** : 외관이나 미모에 현혹된다. 이는 십중팔구 낭만적인 관심사에 관련된 그림이다. 당신은 아마도 대단한 미남이나 미녀를 만나게 되어 그 사람에게 이끌리게 될 듯하다. 그러나 그때의 당신에게는 어떤 충고도 들리지 않는다. 그때 만약 당신에게 위험을 경고하는 그림들이 나타나지 않는다면, 상황을 즐겨도 된다. 그렇지만 다음의 러시아 속담을 염두에 두는 것도 필요하다. "사랑은 맹목적이다. 어쩌면 당신은 염소하고도 사랑에 빠질 수 있다." 아마도 당신은 이 새로운 멋진 관계에 급속히 빠져 들기 전에 친구로부터 우선 진실한 조언을 듣는 것이 나을 것이다.

이 그림은 또한 당신이 그 외관에 이끌리는 다른 종류의 사물들과도 관련이 있다. 즉, 경마에서 멋진 말의 풍모만 보고, 그 말에 돈을 건다든가, 외양만 보고 집을 선뜻 계약하는 따위이다.

물론 이 그림의 의미가 아름다운 컷에 감정적으로 현혹되는 것이 꼭 나쁘다는 것만은 아니다. 다만 지금의 당신은 이성적이라기보다는 감정의 물결에 휩쓸리고 있다는 사실을 깨달아야 한다.

● 방향 3 : 고삐를 단단히 쥐어라. 그렇지 않으면 비틀거리게 된다. 스무 필 가량의 말이 끄는 짐마차를 모는 사람이 고삐를 꼭 쥐고 있어야지, 만약 그렇지 않으면 말들은 각기 다른 방향으로 흩어지게 된다. 몰이꾼과 마차는 중심을 잡지 못하고 흔들리게 된다. 평상시에는 이렇게 많은 말을 몰 일이 없겠지만, 지금 당신이 관계하고 있는 일이 많은 활동의 방향으로 내달음치고 있다. 그러므로 중심을 단단히 잡아야지, 어느 한쪽으로만 지나치게 불필요한 압력이나 힘을 넣으면 안 된다. 이 그림이 당신이 직면한 상황과 관련이 있다는 것을 명심하고, 이윽고 일단은 말들이 멈추게 되는 것처럼 감정의 격변도 수그러들리라는 점을 명심하여야 한다. 손상되지 않는 감정을 유지시키고 긍정적인 결론을 이끌어 내는 것이 매우 중요하다. 이 그림을 보았을 때, 대부분의 사람들은 자신이 처한 어떤 상황과 관계가 있는지 금방 깨달을 수 있다. 그러므로 이 그림은 결국 상황을 잘 조절해서 진정되도록 노력하는 것이 필요하다는 점을 깨우쳐 준다.

부모들은 때론 자식들에게 지나치게 집착하는 경향이 있다. 부모들이 자기 식으로 치달을 때 기진맥진한 아이들은 무슨 짓이건 하려 한다. 그러므로 지금은 마음을 느긋하게 먹고 꼭 중요하지 않은 몇몇 일들은 줄여야 할 때인 듯하다. 그래야만 당신에게 진정 소중한 일이 무엇인가를 깨달을 수 있으며, 즐겁게 할 수 있을 것이기 때문이다.

● **방향 4**: 당신의 감정이 무시당한다. 이는 외부의 영향으로 당신이 통제할 도리가 없다. 배우자나 연인, 자녀 혹은 부모의 행동 때문에 당신은 고통을 받게 된다. 그렇지만 그 사람은 당신의 고통쯤이야 상관하지 않을 수도 있고, 아니면 그 사람은 전혀 깨닫지 못한 것일 수도 있다. 대개는 당신과 가장 가까운 사람에게서 받은 상처가 가장 클 것이다.

또한 이 그림은 아주 가깝지는 않지만, 선생님이나 고용주 혹은 친구들과도 관계가 있을 수 있다. 그 고통을 미리 피하기 위해 별다른 조처를 취한다는 것은 쉽지 않다. 이때는 그저 아픈 마음이 저절로 완화되도록 시간을 두고 스스로를 지탱하는 수밖에 없다.

40. 매듭 (KNOT)

- 영향이 미치는 기간 : 한 평생.
- 상징 : 가족 간의 유대.
- 의미 : ↓ 1. 평생 동안 강한 유대관계를 맺게 된다.
  → 2. 당신은 사슬에 묶여 있으나 달콤한 경험이다.
  ← 3. 당신은 속박으로부터 벗어나게 된다.
  ↑ 4. 난관을 극복해야만 자유를 얻을 수 있다.

- 그림의 일반적 의미 : 매듭은 두 개의 밧줄을 연결시키거나 하나의 끈으로 연결시키는 방법이다. 그러므로 매듭은 특히 결혼처럼 서로를 하나의 강한 유대관계로 맺어주는 것에 대한 상징이다. 또한 우리가 하고자 하는 것을 가로막는 장애물이라는 문제의 암시이기도 하다. 이러한 결속관계는 다른 사람들에 의해 외부적으로 적용될 수 있고, 우리 자신에 의해서 내부적으로 적용될 수도 있다. 이 관계가 긍정적인지 부정적인지를 결정하는 것은 이 결속관계에 대한 우리의 태도이다.

● **방향 1** : 당신은 일생에 걸쳐 강한 유대관계를 맺게 된다. 이 그림은 대개는 긍정적인 성격의 가족관계를 나타낸다. 당신은 부모나 배우자, 자녀들, 형제자매를 비롯한 다른 가족들과 대단히 친밀한 관계를 유지하고 있다. 이 그림은 또한 당신이 친구와 맺고 있는 강한 유대관계도 나타내는데, 흔히 '개' 그림도 이 경우를 나타내곤 한다. 이 그림은 조만간 당신이 어떤 관계에서 문제에 봉착했을 때도 나타날 수 있다. 아울러 이 그림은 당신이 그 문제를 개의치 않고 장애물을 초월한 관계를 형성했다는 것 또한 암시하고 있다.

이 그림의 문자 그대로의 해석은 이렇다. 즉, 당신은 몇 세기에 걸쳐 강한 끈을 맺었다. 윤회를 믿는 사람들에게는 이승을 초월한 인연의 끈으로 그 사람과는 전생에서부터 모종의 인연이 있었다는 것을 함축한다. 그렇기 때문에 이 문제는 다시 고개를 들 수 있는데, 그것은 가끔 해결되어야 할 다른 변도 가지고 있기 때문이다.

이 그림은 또한 당신이 외로운 존재가 아니라는 것을 확인시켜 준다. 당신을 자상하게 보살펴 주는 사람들이 있어서, 당신은 그들의 힘을 입어 당신이 혼자라면 해내기 힘들었을 많은 것을 강인하게 성취해낼 수 있게 된다. 그러므로 매듭은 두 부분을 오래도록 강력한 하나의 전체로 맺어주는 것이라고 할 수 있다.

● **방향 2** : 당신은 비록 사슬에 묶여 있으나 달콤한 행복을 맛본다. '사슬'이나 '속박'이란 단어는 대개는 부정적인 뜻을 내포한다. 하지만 사슬이나 속박이 긍정적일 때도 있다. 일단 당신이 아이를 가졌다면, 당신의 의사와는 관계없이 평생 동안 사슬같이 매어 있는 존재이다. 이러한 관계는 마찬가지로 온 가족관계에 적용될 수 있다. 그러나 이 방향의 그림에서 '속박'이란 항상 따뜻하고

도 즐거운 관계를 나타낸다. 만약 당신이 자녀를 가졌다면, 당신 삶의 대부분은 그들과 함께 하는데 바쳐질 것이며, 그들 또한 당신에게 의지가 될 것이다. 이 그림이 당신의 배우자나 연인에 관련된 것이라면 당신은 그 관계 속에서 스스로 발전할 수 있을 훌륭한 관계를 맺고 있다고 하겠다.

또한 사람은 살아가면서 수행해야 될 다른 임무나 의무가 있는 법이다. 아마도 당신은 전력을 투구해야 될 직업을 선택했는지도 모른다. 즉 성직자나 의사, 교직 혹은 예술가의 길 등이 그것이다. 이 그림은 이러한 임무가 지겹고 고통스럽기 보다는 즐겁게 수행할 수 있는 것이라는 점을 말해준다. 이는 항상 밝은 면만 보려는 당신의 긍정적인 성격에서일 수도 있으며, 당신의 직업 또한 예기치 않은 기쁨과 만족을 줄 수 있기 때문이다.

● 방향 3 : 당신을 묶고 있는 속박이 풀리게 된다. 이 그림은 당신이 구속으로부터 풀려나게 된다는 점에서 긍정적인 성격을 띠고 있다. 이 속박은 당신이 연루된 어떤 관계일 수가 있다. 하지만 이 그림이 얘기하는 것은 무작정 관계를 끊어 버리라는 것이 아니라, 당신을 속박하는 관계로부터 자유로워지라는 것이다. 예를 들어 당신은 20년 동안 저녁 6시면 어김없이 가족들의 저녁식사를 준비해 왔다. 하지만, 그 시간이 당신이 참여하고 싶은 운동 연습시간이었다면? 그러므로 이 그림은 당신이 그 해답을 발견하게 되리라는 것을 가르쳐 준다. 이제 당신은 원하던 연습반에 들어갈 수 있고, 식사를 준비해야 하는 의무는 누군가에게 넘길 수 있게 될 것이다. 또한 이 그림이 암시하는 것은, 누군가가 대신 저녁을 준비하게 된다는 육체적인 측면뿐만 아니라, 당신의 심리적인 감정도 그러한 의무로부터 해방됨을 느끼게 된다는 점이다.

때로는 당신 자신이 최대의 적이 될 수도 있다. 당신은 스스로에게 너무도 많은 임무를 부과하며, 넘지 못할 선을 정해 놓고 다른 사람들이 당신에게 기대하는 것보다 훨씬 더 많은 기대를 하고 있다. 어떤 기대들은 부모들로부터 나온 것일 수도 있고, 어떤 것들은 사회로부터, 또한 적으로 인해 갖게 되는 기대도 있다. 일례로 당신은 실제보다 훨씬 집안청소에 대해 강박관념을 갖고 있을 수가 있다. 아니면, 백 번은 더 자동차를 점검해 보았을지 모른다. 이러한 속박은 당신의 삶을 단순화시키기는커녕 오히려 복잡하게만 할 뿐이다. 그러므로 이 그림은 당신이 인간이나 상황, 아니면 당신 자신의 기대 등 무엇에 얽매여 있든 간에 그것을 깨뜨릴 수 있다는 것을 말해주고 있다.

● **방향 4**: 어려운 문제를 해결해야만 이 자유를 얻을 수 있다. 흔히 풀기 어려운 난제로 지칭되는 '고르디우스의 매듭'은 그리스 신화에서 유래한다. 고르디우스라 불리던 가난한 농부가 프리기아의 왕이 된다. 그는 자신의 마차를 최고의 신인 제우스에게 헌정했다. 이 마차의 끌채는 매우 복잡한 매듭으로 그것을 끄는 동물의 고삐에 단단히 매어져 있었다. 예언자들은 이 매듭을 풀 수 있는 사람이 아시아의 왕이 될 것이라고 예언했다. 많은 사람들이 이 매듭을 풀려고 했지만 실패하고 있을 때, 바로 알렉산더 대왕이 나타나서 그 매듭을 단칼로 잘라 버렸다. 그리고 그는 곧바로 아시아를 정복하러 떠났던 것이다. 여기서 우리는 어떤 문제에 직면했을 때, 이를 해결하기 위해서는 가끔씩 과감하고도 결단력 있는 행동을 취해야 할 필요가 있다는 교훈을 배우게 된다. 그러므로 이 그림은 깊이 따지거나, 합리화하거나, 또는 핑계를 내세우고 지연시킬 방법을 사용할 상황을 가리키는 것이 아니라, 오히려 단호하게 끊어

버리고 그 상황으로부터 벗어나야 한다는 점을 알려준다.
　혹시, 다른 사람이 당신과의 관계를 유지하기 위해서 유혹을 하거나 간청 아니면 자살위협까지 하게 될지도 모른다. 그러나 이 그림이 나타났을 때는, 그에 굴복해서는 안 되며 당신이 세운 원칙을 고수하여, 당신이 하고자 하는 대로 행동하라고 충고한다. 물론 당신의 그런 행동이 다른 사람을 아프게 할지 모른다. 그렇지만 당신이 이 상황에서 굴복한다면 당신은 그보다 더 심한 고통을 겪게 될 것이다.
　사업에서는 손해를 계속 보는 것보다는 차라리 그 사업에서 손을 떼는 것이 더 나을 때가 있다. 이 순간은 깨끗한 마무리를 지어 당신의 미래의 성공을 도모하는 것이 나을 것이다.

41. 고양이 (CAT)

- 영향이 미치는 기간 : 1주에서 4주 이내.
- 상징 : 숨겨진 위험.
- 의미 : ↓ 1. 누군가의 친절에 당신은 굴복하게 된다.
   → 2. 친절한 태도 속에 숨어 있는 발톱을 주의하라.
   ← 3. 모욕을 받았을 때, 위엄 있게 감정을 숨겨라.
   ↑ 4. 예기치 않은 일로 심하게 상처받을 것이다.

- 그림의 일반적 의미 : 고양이는 이천 육백여년 전 이집트에서 처음 사육되기 시작한 것으로 알려져 있다. 고대 이집트인들은 고양이를 성스러운 동물로 여겼으며, 고양이 머리에 여자의 육체를 가진 바스테트(Bastet)라 불리는 여신을 숭배했다. 그러나 고양이가 항상 성스러운 동물로 여겨진 것은 아니었다. 중세 유럽에서는, 많은 사람들이 고양이를 마녀의 친구로서 마법적인 힘을 가지고 있다고 생각하며 두려워했다.

비록 오랫동안 고양이가 가정에서 길들여진 애완동물로 여겨졌지만, 야성적인 성격은 여전히 남아 있다. 따라서 '고양이' 그림은 당신을 현혹하는 사람, 혹은 뜻하지 않게 당신에게 상처를 주는 사람을 표현한다. '고양이 같은 성격'은 주로 여자의 행동과 연관시키기도 하지만, 남자도 그러한 행동으로부터 예외라고는 할 수 없다.

● **방향 1** : 누군가의 유혹에 당신은 넘어가게 된다. 고양이는 무엇을 원하는 것이 있을 때는 당신이 그것을 만족시켜줄 때까지 당신의 다리에 몸을 비비거나 소리를 지르고 쫓아다닌다. 당신은 이런 매력적인 고양이의 유혹에 항상 굴복하고 만다. 따라서 이 그림은 누군가가 그와 똑같은 방법으로 당신을 유혹할 것이라는 것을 알려준다. 이 경우는 어떤 일에 허락이나 칭찬을 받기 위해 당신에게 응석을 부리는 아들이나 딸이 될 수도 있으며, 당신의 호의를 얻기 위해 아첨을 하는 동료일 수도 있다.

유혹을 하는 사람이 꼭 그 호의를 즉각적으로 바란다고 할 수는 없다. 고양이는 먹이를 얻고, 사람이 돌봐줄 때까지 오랫동안 유혹을 하거나 교태를 부리곤 한다. 이 그림은 당신이 지금 어떤 위험에 처해 있다는 경고는 아니다. 그러므로 칭찬이나 유혹을 즐기는 것이 나쁘다고는 할 수 없지만, 항상 다른 목적을 갖고 접근하는 사람이 있음을 명심해야 한다. 그렇지만 어쩌면 우리들 모두는 우리를 도와 줄 사람들에게 어느 정도는 이렇게 행동하고 있는 것인지도 모른다.

● **방향 2** : 친절한 태도 속에 숨겨진 발톱에 주의하라. 잠들어 있는 고양이는 참으로 고요한 정경이지만, 당신이 만지기라도 할라치면, 즉각 발톱으로 할퀼 수도 있다. 이 그림은 당신 주변의 사람들 중 누군가가 매우 매력적이긴 하지만, 아울러 매우 위험한 인

물일 수가 있다는 것을 경고하는 것이다. 그 인물은 직장에서의 동료나 상사일 수가 있으며 이들은 평상시에는 매우 친절하다가도 당신이 그의 영역을 침범하기라도 하면 당신의 작업에 장애가 되는 행동을 즉각적으로 취할 수 있다. 따라서 이 그림이 나타난다면 다른 사람들에 대해 주의를 게을리 하지 말아야 한다. 그들이 몸의 깃털을 세운다면 피해를 입을 사람은 바로 당신이기 때문이다.

이 그림은 또한 명백한 이유 없이 당신에게 접근하거나 지나치게 친절한 사람에 대해서도 언급한다. 정신이상자들은 매우 매력적이다가도 돌연 바뀌어서, 전혀 가책 없이 악마 같은 행동을 저지를 수 있다. 발톱을 숨긴 사람이 당신이 이미 알고 있는 사람일 수도, 또는 새로 알게 된 사람일 수도 있다. 그러므로 이 그림이 나온다면, 당신에게 친절하게 대하는 낯선 사람을 너무 믿지 않는 것이 좋다.

● 방향 3: 모욕을 당했을 때, 당신의 감정을 위엄 있게 숨길 줄 알아야 한다. 욕설은 어떤 경우에도 나쁜 소식에 해당한다. 아마도 해고당한다든가, 배우자가 당신을 속이고 있다거나, 또는 당신이 병에 걸렸음을 통보받게 되는 경우이다. 하지만 이런 비보에 크게 개의치 말고, 당신의 감정을 억눌러야 한다. 그렇게 함으로써만이 외부의 간섭 없이 당신 스스로 그 상황에 적응할 수 있을 것이기 때문이다. 누구나 승자이길 원하지 패자이기를 원하는 사람은 없다.

비록 이기지는 못했지만 승자처럼 당당하게 행동함으로써 당신은 다른 사람들로부터 존경을 받고 손실을 회복하는 기회를 증진시킬 수 있을 것이다.

다음의 격언을 기억하라. "화려한 차림 때문에 환영을 받을 수 있겠지만, 남들이 따르는 것은 당신의 마음 때문이다." 그러므로, 이 시기에는 가장 위엄 있는 행동을 해야 한다.

● 방향 4 : 불행히도 당신은 예기치 않은 상처를 입게 된다. 이것은 가끔 누군가가 당신에게 퍼붓는 악담이나 인신공격에 관련된다. 이때 가장 최선의 대처는 흥분하지 않고 다음과 같이 침착하게 묻는 방법도 괜찮을 것이다. "왜 당신은 그렇게 얘기했습니까?" 때로는 침묵도 악의에 찬 물음에 대한 좋은 대답이 될 수 있기 때문이다. 당신이 분노에 들뜬 모습을 보여 주는 것은 오히려 상대방만 즐겁게 할 뿐이다.

당신을 성나게 하려는 말 공격을 잘 대처할 수 있을 만큼 당신은 현명한 사람이다. 그러므로 먼저 사람들을 자극시키는 미련한 행동은 되도록 자제하는 것이 좋다. 이 경우 러시아인들은 "초대되지 않은 손님은 타타르인들보다도 더 나쁘다"라는 속담을 인용하곤 한다. 타타르인들은 억세고 포악한 중세 러시아를 침입했던 몽골족의 일원이었다. 만약 당신이 투박하게 행동한다면 이는 스스로 헐 뜯김을 바라는 것과 같다.

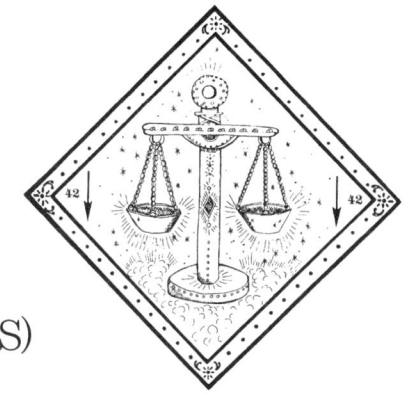

42. 저울 (SCALES)

- 영향이 미치는 기간 : 1주에서 4주, 또는 한 평생.
- 상징 : 정의, 균형.
- 의미 : ↓ 1. 선이 악을 이긴다.
  → 2. 당신의 행복은 당신의 결정에 달려 있다.
  ← 3. 균형을 유지하고 싶다면 편견에서 벗어나라.
  ↑ 4. 당신의 사악한 행동이 결과를 낳을 것이다.

- 그림의 일반적 의미 : 저울은 물건의 무게를 재기 위해 수천 년 동안 사용되어온 도구이다. 저울이 적절히 사용될 때는 공정한 것이지만, 정직하게 사용되지 않았을 때는 공정하지 못한 것이다. 그런 이유로 저울은 수세기 동안 정의의 상징처럼 인식되어져 왔다. 법정에서도 정의를 표현하기 위해 저울을 들고 있는 상징을 사용한다. 마찬가지로 이 그림은 당신에게 '정의로움'을 일깨워 주며 선한 행동으로 당신을 부추긴다.

- 방향 1 : 당신의 삶이나 운명에서 선이 악을 이길 것이다. 따

라서 이 그림은 대단히 긍정적인 그림이다. 환생을 믿는 사람에게 이 그림의 카드는 당신이 좋은 인연의 끈과 업보를 타고 났음을 말해준다. 당신은 살아가면서 더욱 많은 선을 행하게 될 것이며, 결과적으로 악한 의지보다 선한 의지가 당신의 인생여정을 지배하게 될 것이다. 이는 당신이 결코 나쁜 짓은 하지 않을 것이거나, 행하지도 않을 것이라는 뜻보다는, 선이 당신에게 나타나는 악을 압도할 만큼 강한 힘이라는 뜻이다. 이 그림은 불공정한 상황에 처해 있는 사람들에게 위안이 아닐 수 없다. 즉, 당신이 끝까지 자신의 믿음에 충실하고 선하게 행동한다면, 결국 당신이 옳다는 것이 입증되리라는 것을 알려 주기 때문이다.

● **방향 2**: 바른 결정을 내린다면 당신은 행복할 것이다. 그러나 당신의 결정이 옳은지 그른지를 알기는 어렵다. 다만 이 그림이 정의를 나타낸다는 것을 염두에 두고 있다면 결정을 내리기는 좀더 쉬울 것이다. 오늘날의 사회에서는, 도덕적 가치가 줄곧 위협을 받아 왔고, 지도자들은 연약한 면만을 보여 주고 있으며, 도처에서 탐욕과 불공정한 폭리가 만연하고 있다. 이런 상황 하에서 우리는 도대체 어느 것이 선이고 악인지를 구분하는 일조차 쉽지가 않다. 그러나 어떤 상황에서도 그 차이를 구분하는 질적인 부분은 있는 법이며, 이것이 당신을 이끌어 줄 것이다.

만약 당신이 본능의 감각을 잃어 버렸다면 성경의 십계명이나 기타 다른 종교나 문화의 도덕적인 가르침 등을 예의 주시해 볼 일이다. 이들은 우리가 매진해야 될 공통적인 선을 표현하고 있다. 따라서 이 그림은 당신이 어떤 문제를 선택하는데 있어 선한 방향으로 매진하라는 것이다. 일례로, 만약 당신이 은행 측의 실수로 더 많은 돈을 받게 되었다면, 계속 가지고 있어야 할까? 아니면 돌려줘야 할까? 아마도 당신은 은행이라는 곳은 엄청난 돈을 다루는 곳이니 그 정도의 실수야 알아채지도 못할 것이라고 스스로를 합리화시킬지도 모른다. 그렇다고 그것이 옳은 일인가? 그 실수를 저질렀던 행원이 그 결과로 받게 되는 고통은 어떡하고? 또한 당신 자신은? 당신은 여분의 돈을 신나게 써버릴 수도 있겠지만, 그 죄책감은 또 얼마나 오래갈 것인가? 이 경우에 올바른 행동이란 어떤 것일까? 돈을 계속 지니는 것이 큰 행복을 주는 것일까? 아니면 냉철한 의식을 견지하는 것이 좋을까? 최종 선택은 물론 당신의 결정 여하에 달려 있지만, 돈이 많다고 반드시 행복한 것은 아니라는 점을 명심해야 한다.

다른 한편으로, 이 그림은 당신 자신의 삶의 원칙들을 포기하거나 다른 이들의 환심을 사기 위해 자신을 평가절하해서는 안된다고 말하고 있다. 그보다는 오히려, 당신에게 정작 이로운 것인지 당신 자신이 옳은 결정을 내려야 한다. 당신이 옳게 행동하는 한, 당신은 정당한 결정을 내릴 수 있으며, 그것이 행복으로 가는 지름길이다.

● **방향 3**: 이 그림은 당신이 어려운 상황에서 벗어나기 위해서는 균형을 유지해야 함을 경고하고 있다. 지금은 매사에 짜증을 내면서 불만을 발산할 때가 아니다. 대신 상식에 근거하여 상황을 판단하고, 지나친 고함이나 항의를 삼가면서 옳다고 결론내린 대로 행동해야 한다. 우리가 균형을 잃고 행동하면 어떤 결과가 야기될지 다음의 내 친구 경우가 한 예가 될 것이다. 언젠가 그의 아내가 대단히 어려운 재정적 위기에 처해 있었다. 친구는 그 상황을 해결해야 했지만, 동시에 그는 자신의 아내를 향해 격렬한 화풀이를 해댔다. 얼마 후 재정적인 문제는 해결됐지만, 결혼생활은 그의 무차

별한 화로 인한 감정의 손상으로 지속되기 어려웠다. 그때 남편이 자신의 감정을 좀 더 잘 조절할 수 있었더라면, 오늘날에는 더 행복한 생활을 할 수 있었을 것이다.

그러므로, 당신이 문제를 극복할 수 있는 능력을 가졌다는 것을 말해주는 이 그림은 긍정적인 성격의 것이다. 아마도 당신은 너무도 많은 일을 한꺼번에 벌이고 있어 모든 것을 포기해야 될지도 모른다. 따라서 이 시기에는 우선 근본적으로 가장 중요한 것이 무언지를 가려내어야 한다. 비록 당신이 사회와 가족을 위해 아무리 좋은 일을 많이 한다 하여도, 이는 당신의 기력만을 지나치게 소모시킬 뿐이며 급기야는 건강마저 해치게 될 것이다. 그러므로 항상 균형을 유지하여 궁지로 몰린 자신을 보호할 수 있도록 해야 한다는 것이다.

● 방향 4 : 당신의 사악한 행동이 결과를 낳을 것이다. 이는 당신이 심각한 잘못을 저지르거나, 당신이 깨닫지 못하는 사소한 행동을 하는 것을 말한다. 사실 나는 심각한 잘못을 저지른 사람을 위해 카드 점을 보아 준 적은 없지만, 그들의 행동에 대한 결과가 십중팔구 감옥행이거나 불행한 삶으로 이어질 것은 확실하다. 그리고 이 그림은 또한 당신이 의식적으로든 무의식적으로든 저지르게 되는 사소한 잘못과도 관련이 있다. 당신을 화나게 한 사람들에게 화풀이를 하고 싶을 수도 있으며, 집에 초대를 하지 않는다든가, 그들에게 반항을 한다. 게다가 그들에게 식사를 차려 주지 않거나 설거지도 해주지 않으며, 어쨌든 그들을 고통스럽게 할 조그만 행동이라도 하려 한다. 가끔은 당신만의 기분에 맞춰 행동하기를 남들에게 요구하는 것도 그들을 고통스럽게 만드는 것 중의 하나가 될 수 있다.

러시아에는 이런 속담이 있다. "남의 썰매에는 앉지도 말라." 이는 남들에게 어떻게 어떻게 행동해 달라고 요구해서는 안 된다는 것이다.

이 그림이 당신에게 나타났다면, 요즘의 당신의 행동을 주의 깊게 되돌아보고, 다른 사람보다도 당신 자신에게 더 큰 고통을 주고 있지 않는지 생각해 보아야 할 것이다. 아마도 이 시기에는 한 쪽 뺨을 맞으면 다른 쪽 뺨을 내놓는 게 최선책일 것이다. 예를 들어 이 시기에는 운전할 때도 신중을 기해야 한다. 혹시 다른 운전자가 당신을 화나게 했다 해도 그들에게 무례한 언행을 함부로 취해서는 안 된다. 최근에는 사람들이 아주 사소한 문제로 이성을 잃는 경우를 우리는 자주 들어왔다. 그로 인해 상처를 입거나, 급기야 목숨까지 잃게 된다면, 조그만 불만의 폭발 때문에 치러야 할 대가 치고는 너무 크지 않은가.

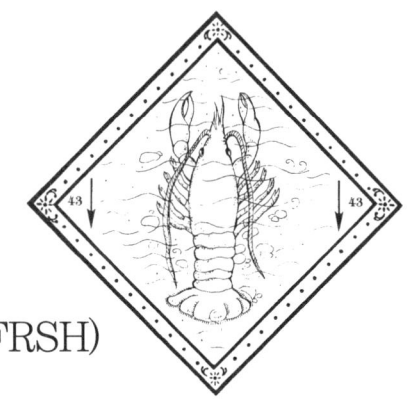

43. 가재 (CRAY FRSH)

- 영향이 미치는 기간 : 1~ 4주부터 한 평생.
- 상징 : 운명에 대처하는 방법.
- 의미 : ↓ 1. 이보전진 일보후퇴, 저돌적인 돌진 절대금물.
  → 2. 자존심이 손상을 입는다.
  ← 3. 지연되는 것은 운명의 뜻이다.
  ↑ 4. 서두르다가는 일을 그르칠 수 있다.

● 그림의 일반적 의미 : 가재는 강이나 연못의 바위 아래에서 서식하는 작은 갑각류 생물로 물속에 있는 것은 닥치는 대로 먹고 산다. 동시에 큰 고기의 먹이가 되기도 하며, 무엇보다 가재를 좋아하는 미식가들의 주된 메뉴가 되기도 한다. '가재' 그림은 운명을 나타낸다. 즉 적재적소에서 바르게 행동하는 것을 의미하는 것이다. 가재라는 동물이 약탈자와 희생자 양면의 모습을 갖고 있듯이, 우리 자신도 원하는 일이 있을 때 운명이 문을 열어 주지 않는 상황에 처하게 된 자신의 모습을 발견하게 된다.

이 그림의 영향은 그리 길지 않지만, 다만 세 번째 방향의 그림은 일생 전체에 지속적인 영향을 미치는 경우를 설명하고 있다. '낫' 그림 또한 운명을 상징하지만, 그것은 당신이 통제할 수 없는 외부적 힘을 암시한다고 볼 수 있다. 반면 '가재' 그림은 운명이 개입된 더욱 내밀하고 감정적인 반응에 관계가 깊다. 이 그림은 당신이 살아가면서 만나게 될 어려움에 대처하는 방법을 보여준다.

● 방향 1 : 지나치게 저돌적인 돌진은 오히려 당신을 후퇴시킨다. 이 그림은 어떤 상황에 대처하는데 대개는 한 가지 이상의 방법이 있다는 것을 의미하는 것이다. 가령, 당신이 어느 곳으로 여행하고 싶을 때, 자동차로 갈 것인가? 비행기로 갈 것인가? 만약 당신이 자동차로 여행한다면, 훨씬 자유로울 수 있을 테지만, 비행기를 선택한다면, 더욱 편하게 그리고 시간을 훨씬 절약할 수도 있다. 당신이 감정에 굴복한다면 자동차를 선택할 것이다. 그러나 이것저것 따져본 다음, 마지막에는 이성이 우위를 차지하게 된다면 처음의 선택을 후회하게 되는 것이다. 따라서 이 그림이 나타났다면, 당신은 아직 행동할 준비가 되어 있지 않다든가, 이 시기에는 운명이 당신이 움직이는 것을 허락하지 않는다는 것을 가리킨다. 이 그림은 또한 이민을 간다든가 하는 중대한 움직임으로부터 새 친구와 데이트를 하지 않겠다는 조그만 결정에까지 관련되어 있다. 이 시기에 한 발짝 물러선다는 것에 대해 죄책감을 가질 필요는 없다. 단지 이 시기는 당신의 적극적인 행동이 적합하지 않을 뿐이다.

● 방향 2 : 당신의 자존심이 상처 입을 것이다. 마치 가재가 큰 물고기의 먹이가 되듯이, 당신도 다른 사람들의 의견에 상처받기

쉽다. 특히 그들이 당신보다 높은 위치에 있는 사람들이라면 말이다. 당신이 직장이나 가정, 사업, 운동 등에 있어서 당신 자신에게 어떤 자부심을 갖고 있든 간에 한 번쯤은 누군가에게 비판당할 일이 생긴다. 이 비판이 공정치 못한 것이고 당신을 가슴 아프게 할 수도 있겠지만, 그 사람의 말에는 다소간 수긍할 만한 점도 있다.

　러시아 사람들은 이 경우 다음과 같은 속담으로 환기시킨다. "만약 당신이 자신을 버섯으로 부른다면, 바구니 안으로 기어 들어가라." 즉, 당신 자신을 하찮은 사람이라고 말한다는 것은, 당신의 행동 스스로가 그렇게 증명을 하고 있다는 것이다. 아마도 당신은 지나친 과장이나 해야 할 일을 하지 않는다는 것에 대해 죄책감을 갖게 될지도 모른다. 이때 당신은 외부의 비난에 주의 깊게 귀 기울일 수 있는 열린 마음을 가져야 한다. 이리하여 예전에 미처 깨닫지 못했거나, 이미 잘못을 저지른 일도 올바르게 고쳐 나갈 수 있을 것이다. 당신은 자신을 일관된 시각으로 바라보아야 한다. 물론 남들이 똑같은 입장에서 당신을 바라본다는 입장은 없겠지만. 혹시 그들이 당신에게 나쁜 인상을 주고 있다고 얘기한다면, 당신 자신을 개선시키기 위해서라도 노력을 하도록 하라.

　● 방향 3 : 지연이 되는 것은 운명의 뜻이다. 이 그림은 당신이 무슨 일을 하고자 하는 대로 되지 않을 때 나타난다. 예를 들어, 당신은 아이를 가지고 싶거나, 승진, 새 자동차, 아니면 당신 삶의 행복에 도움이 될 만한 무언가를 원하고 있다. 하지만 이 카드는 당신이 원하는 것을 얻을 수 있는 시기가 아니라는 것을 말해준다. 그러므로 이 상황과 싸우는데 무익하게 기력을 낭비하지 말라. 왜냐하면 현재 일이 지연되는 것은 운명의 뜻이어서 그것을 바꿀 능력이 당신에게는 없기 때문이다. 당신이 지나치게 일을 몰아 부친

다면 오히려 상황을 더 악화시킬 수 있다. 그러므로 시기가 좋아질 때까지 다소 물러나 있다 보면, 원하는 것을 성취할 수 있을 뿐더러, 처음 상상했던 것보다 훨씬 멋진 일을 발견할 수 있을 것이다.

이 그림은 또한 자연으로 야기된 심리적인 상태와도 관계가 있다. 이 상황에 대처하면서, 당신은 사랑의 의미를 비롯하여 인내, 성실, 친절, 자비 등 당신의 삶에서 중요한 가치들을 발견하게 될 것이다. 아마도, 이것이야말로 지금 이 시기에 당신이 깨우쳐야 할 가장 소중한 교훈일지 모른다. 한편 이 그림은 아주 개인적 차원의 메시지로서 이 그림이 직접 나타난 사람만이 어떤 상황인지를 깨달을 수 있다. 지금 당신의 삶에서 문제로 보이는 것이 무엇인가? 또한 당신이 이 경험을 통해서 배울 수 있었던 것은?

● 방향 4 : 지나치게 서두르면 사업을 그르친다. 이 말은 "서두르면 일을 망친다(Haste makes waste)"라는 속담과 일맥상통한다. 그러므로 이 그림은 당신에게 마음을 가라앉히고 하는 일에 좀 더 신중을 기할 것을 충고해 주고 있다. 이는 당신이 현재 가지고 있는 어떤 계획이나 생각에도 적용될 수 있다. 즉, 집의 칠을 다시 하는 것부터, 옷을 만드는 것, 자동차 수리, 새로운 사업의 시작, 책의 집필, 업무상의 제안 혹은 새로운 관계로의 몰입 등 당신 삶의 전 영역을 포괄할 수 있다. 아울러 '달' 그림의 네 번째 방향이 당신의 의도에 대항해서 일이 지연될 것이라는 의미를 담고 있다. 다만 이 가재 그림은 신중하고 성실한 자세가 이 시기에 더욱 요구된다는 것을 충고하고 있다. 실제로 몇 년에 걸쳐 사업이 지연되지만 재정적인 손해는 전혀 입지 않을 수도 있다. 그러므로, 가재도 바위 밖으로 뛰어 나가야 먹이가 되듯이, 우리의 생각이나 아이디어도 지속적으로 제기되어야만 받아들여지든지 거부되든지 할 것

이다. 따라서, 당신이 처음에 완성을 해버렸다면, 그 후에는 다만 위험이 따른다는 것을 감수해야 한다.

44. 불 (FIRE)

- 영향이 미치는 기간 : 1~ 4주에서 서너 달까지.
- 상징 : 정열.
- 의미 : ↓ 1. 불길이 당신의 믿음을 감싸준다.
  → 2. 불길을 주의하라. 날개를 태워 추락할 수 있다.
  ← 3. 작은 난을 피하려다 더 큰 재난을 당한다.
  ↑ 4. 어렵고도 차가운 시기에 사랑으로 훈훈해진다.

- 그림의 일반적 의미 : 먼저 불에 대한 느낌은 파괴적인 힘이라는 것이다. 일단 불이 붙으면, 완전히 타기까지 불길은 잡기가 쉽지 않다. 그래서 불은 인간의 정열을 상징하기도 한다. 일단 정열에 불이 붙는다면, 누그러뜨리기가 쉽지 않다. 비록 예기치 않은 화재가 큰 손해를 입히기는 하지만, 불은 인류 최초이자 최고의 발견 중 하나였다. 불을 통제할 수 있는 능력과 이를 건설적인 방식으로 이용할 수 있었던 것이 인류를 석기시대로부터 탈피하게 한 원동력이었다. 이렇듯 불은 인류의 정열과 같이 해왔다고 해도 과언은 아닐 것이다. 그런 정열은 몇몇 최상의 미술품, 문학, 음악,

건축물과 과학기술 등의 진보에 영감을 불어 넣어 주기도 했다. 불은 또한 번영을 가리키기도 한다 — 사고와 사업의 번영, 더불어 우리 가슴의 열정 또한 가리킨다. 이 그림은 당신의 가슴에 정열이 불붙어, 긍정적인 결과로 이끌어 내는 것은 바로 당신에게 달렸다는 것을 경고해 주고 있다.

● 방향 1 : 당신의 마음이 불길로 타오른다. 불이나 열정 등은 대개는 낭만적인 관심사와 관련이 있지만, 또한 다른 소비적인 관심사나 욕구에도 관련이 있다. 만약 낭만적인 일과 관련된 것이라면 당신은 아마도 당신의 마음을 곧바로 사로잡을 사람을 만나게 될 것인데, 그는 당신의 마음을 뒤흔들어 놓고 당신은 성적인 열정으로 충만하게 될 것이다. 혹시 당신이 이미 이런 사랑에 빠졌거나 결혼을 한 상태라면, 이 그림은 당신이 새로운 누군가를 만나서 감정을 분출하여 그와 함께 열정적인 관계에 빠질 것이라는 것을 암시하고 있다. 하지만 이 그림이 미치는 기간은 짧은 몇 주에 불과하며, 아마도 열정이라는 것을 다 소진해 버릴 때까지는 그리 오랜 시간이 걸리지 않기 때문일 것이다. 그러므로 이 상황을 최고로 즐기라고 권한다.

이 방향에서 위험의 경고는 없다. 또 정열이라는 것은 당신의 영혼을 위해서도 유익한 것이라 할 수 있다. 만약 이 그림이 로맨틱한 사건에 관련된 것이 아니라면, 지금 당신이 전력으로 몰입하고 있는 삶의 어떤 부분을 지적한다. 이는 당신의 직장이거나 운동, 아니면 당신의 열정을 자극하는 어떤 활동도 포함될 수 있다. 그러므로 이 그림은 정열적인 기운이 활개를 치도록 놔두라고 얘기한다. 다만 당신이 그 불을 유익하게 이용하기만 하면 되는 것이다. 중국 사상에서 불이 길조라는 것은 흥미로운 일이 아닐 수 없다. 불은 태양이 제공하는 만큼의 열을 발산하여 만물을 번성하게 하는 힘을 가리킨다. 또한 나쁜 심성도 불로 제거시킬 수 있다 한다. 따라서, 이 불 그림이 당신에게 나타난다면 기회가 있을 때 이익을 얻도록 노력하라.

● 방향 2 : 불길에 주의하라. 날개를 태워 추락할 위험이 있다.
 이 그림은 그리스 신화에 나오는 이카로스의 경우를 상기시킨다. 이카로스의 아버지는 아들에게 깃털 날개를 달아 주어 감옥으로부터 탈출할 수 있게 해 주었다. 하지만 아버지의 충고를 어기고, 이카로스는 지나치게 태양 가까이에 접근해 갔다. 태양의 뜨거운 열기에 날개가 녹아 버려 그는 바다에 빠져 익사하고 말았다. 이카로스는 자만심과 허영심, 그리고 야망에 눈이 멀어 자신의 판단력과 아버지의 충고조차 무시해 버리고 말았던 것이다. 그러므로 이 그림은 불의 양면적인 모습 중 파괴적인 성질을 경고하는 것이며, 당신 자신의 통제되지 않은 열정에도 좀 더 주의를 하라는 의미이다.
 이 그림이 또한 얘기하고 있는 것은 지금 이 시기에는 당신이 야망이 실현될 수 없다는 것이다. 아마도 당신은 자신에 대해 대단히 우쭐거리고 큰 기대에 차 있을 것이다. 하지만 이러한 비현실적인 기대는 결국 당신 자신만 아프게 할 뿐이니, 당신 능력을 넘어서는 무리한 일은 도모하지 않는 게 낫다. 혹시 직장을 구하고 있다면, 이 시기에는 당신의 욕심에 다소 못 미치는 곳을 선택하는 게 낫다. 그렇지 않으면, 영영 실업자 신세를 면치 못할 것이다.
 이 그림은 또한 당신의 정열을 잘 통제할 것도 충고하고 있다. 혹시 당신이 저질러서는 안 될 것, 예컨대 간통 같은 부정을 저질렀다면 당신의 날개를 스스로 태운 셈이 될 것이다. 결혼생활은 파국을 맞게 되고, 창피스러운 추문이 뒤따를 것이다. 만약 당신이 자신의 열정을 제어하지 않고 그대로 내버려 둔다면, 십중팔구 고통을 겪게 된다. 거장 빈센트 반 고흐를 보자. 그는 자신의 끓어오르는 열정으로 그림을 그렸지만, 그 지나친 열정을 이기지 못해 자신의 귀마저 잘라 버렸다. 이윽고 그는 정신이상으로 죽음에까지 이르게 된다. 따라서 이 그림이 이 방향에서 나타나면, 당신을 사로잡고 있는 정열을 잘 통제해야 한다. 그렇지 않으면 득보다는 실이 더 많게 될 것이다.

● **방향 3** : 작은 재난을 피하려다 더 큰 재난을 당한다. 당신은 지금 격렬한 상태에 있으며, 더욱 강렬한 열기로 뜨거워진다. 프라이팬으로부터 불길에 떨어진 고깃덩이를 구해내는 방법이란 재빨리 불길로부터 건져 내는 수밖에 없다. 만약 당신이 주저하고 그대로 놔두어 버린다면, 고기는 타서 먹을 수 없게 된다. 이 경우 당신 자신의 상황에도 적용된다. 당신이 지금 연루된 일이 당신 통제를 벗어난다면, 이 시기에는 포기해야 된다는 말이다. 만약 그것이 연인관계로서 파국으로 치닫게 된다면 그 관계를 즉시 끊을 일이다. 또한 사업에 관계된 문제라면, 더 확장하기 보다는 당신이 얻은 이득을 공고히 다지고 이제는 물러나야 할 때라는 것을 충고한다. 후일 언제든지 그 계획은 다시 시작할 수 있다. 마치 고기가 다 익지 않았을 때라면 언제든지 프라이팬에 다시 올려놓듯이.

그러나 지금 이 시기에는 재빠른 결정과 행동이 당신에게 필요한 때이다. 어떤 이들은 강렬한 열기를 즐기고, 그 속에서 번성할 수도 있겠지만, 우리들 대부분에게 이 그림은 모종의 위험을 경고하는 그림이다.

● **방향 4**: 힘들고도 차가운 시기에 사랑으로 훈훈해진다. 이 경우는 불의 긍정적인 양상 중의 하나이다. 이렇듯 불은 겨울에 우리의 몸을 녹여주듯, 사랑도 어려운 시기에 우리를 훈훈하게 해준다. 이 그림이 몇 년 동안 제3세계 국가로 가서 살아야 했던 어떤 가족에게 나타난 적이 있었다. 하지만 그들의 예정지는 추운 곳이라기보다는 열대지방이었으며, 그들은 새로운 모험에 상당한 기대를 걸고 있었다. 그러나 그곳에 머무는 동안 그들은 골치 아픈 일들을 많이 경험했다. 그곳에서 보낸 기간은 그 가족에게는 상당히 어려운 시기라 할 수 있었다. 그러나 그들이 귀국했을 때, 그 가족의 유대는 매우 강해서 그들을 보는 것만으로도 즐거웠다. 각자가 겪었던 험난한 경험의 와중에서 그들을 굳게 단결시켜 주었던 것이 다름 아닌 사랑이었다.

 이 그림은 그러므로 어려운 시기를 맞이해 당신이 불안해하고 있다면 사랑이 훈훈히 감싸 줄 것이라는 위안의 표시이다. 전쟁, 불경기, 경기후퇴를 포함하여 우리들이 견뎌내어야 하는 각종 문제들이 우리 주위에 항상 도사리고 있다. 그러나 사랑은 이 모든 것을 견뎌낼 힘을 주며, 아울러 훗날 추어거리가 될 만한 경험으로 만들어준다. 우리 가족이 보냈던 가장 즐거운 저녁시간은 조부모님과 부모님으로부터 전쟁 당시의 회고담을 듣는 것이었다. 당시는 사랑과 기지가 난관을 극복하게 해 주는 힘이었다고 한다.

45. 돼지 (PIG)

- 영향이 미치는 기간 : 1, 2주부터 서너 달까지.
- 상징 : 세속적인 기쁨.
- 의미 : ↓ 1. 번영과 행복의 일 년.
  → 2. 완전히 세속적인 행복.
  ← 3. 욕심 부리다 벌을 받는다.
  ↑ 4. 과식은 병의 지름길.

● 그림의 일반적 의미 : 돼지는 부를 상징하는 동물이다. 옛날에는 돼지를 많이 가진 농부를 부농이라 했다. 또 돼지를 기른다는 것은 식량의 원천이 든든하다는 사실에 다름 아니었다. 다만 부정적인 의미로 돼지는 탐욕스러움과 인색함을 상징하기도 한다. 이 그림은 그러므로 물질적인 부와 풍부한 음식, 세속적인 만족과 쾌락을 암시한다. 바로 다툼과 근심이 없는 인생을 가리킨다고 할 수 있다.

● 방향 1 : 1년 동안의 번영과 행복을 예고한다. 이 그림이 나타

난 사람에게 만족한 한 해를 알려준다는 의미에서 이 그림은 항상 반가운 그림이다. 하지만 당신이 갑작스럽게 부자가 되리라는 예언은 아니다. 그보다는 당신의 현재 환경 속에서 대단히 안락하게 지낼 수 있다는 의미가 더 강하다. 즉 금전적으로도 큰 고민을 하지 않아도 되니, 순조롭고 편안한 생활을 할 수 있다는 뜻이 된다.

● 방향 2 : 완전히 세속적인 기쁨을 누리게 된다. 이 그림은 당신이 실제적인 기쁨, 예컨대 집, 파티, 가족모임, 기타 인간관계 내지는 물질적인 소득 등에서 기쁨을 얻게 된다는 것을 말해주고 있다. 또한 당신이 무엇을 구입할 계획이 있다면 지금이야말로 최적기임을 명심하라. 또한 이 그림은 성적인 관계에서 얻게 될 즐거움도 암시하고 있다. 우리는 너무도 자주 순수한 환희를 맛보는 것에 죄책감을 느끼곤 한다. 그러나 이 그림은 일단 당신이 획득한 것을 마음껏 즐기라고 권한다.

● 방향 3 : 당신의 지나친 욕심 때문에 벌을 받는다. 이 경우는 이 그림이 부정적인 측면이다. 즉 당신은 지금 당장 필요한 것 이상을 욕심내기 보다는 남들과 서로 나눠 가지는 게 좋다고 충고하고 있다. 지금 당신이 지나치게 과도한 물욕에 사로잡혀 있다는 경고인 것이다. 혹시 불필요하게 큰 집이나 분수에 맞지 않는 자동차, 그 밖의 다른 어떤 것을 원하고 있지는 않은지? 그 때문에 빚이라도 지고 있다면 당장 그 과소비를 중단해야 한다. 신용카드 거래도 당장 끊고, 좀 더 적절한 시기를 기다려 보는 것이 낫겠다. 이 시기에 재정적인 위험을 감수한다든가, 모종의 투기를 선뜻 결정하는 것은 당신에게 좌절의 쓰라림을 안겨줄 뿐이다.

가족관계에 있어서도, 배우자나 친척으로부터 필요 이상의 너무 많은 돈을 얻어내려고 한다면, 결과적으로 의가 상하거나 다툴 소지가 생길지도 모른다.

직장에서도 당신이 한편으로 치우친 임무만 부과한다면 동료들로부터 비난을 살 수가 있다. 이럴 때는 즉시 공평해질 필요가 있는데 그렇게 하지 않으면 장기적으로 보아 손해를 입게 되는 쪽은 오히려 당신이기 때문이다.

이성간의 관계에서도, 당신이 지금 상대방 모르게 부정한 짓을 저지르고 있다면, 분명 난감한 지경에 빠지게 될 것임을 명심하고 유의하기 바란다.

● **방향 4** : 지나친 식욕은 병을 부른다. 혹시 당신이 식이요법을 철저히 해야 할 당뇨병이나, 위궤양, 심장병, 암, 관절염, 담석증 등의 병을 앓고 있다면 무엇보다 음식조절에 신경을 많이 쓰라는 경고이다.

지난 시절, 나는 가끔씩 담석증 때문에 고통을 겪은 적이 있었다. 그럴 때, 나는 무엇보다 지방질을 피함으로써 그 병을 이겨내고자 했다. 잠시 내가 방심이라도 하고 있으면, 이 그림은 다시금 식이요법을 통한 식사를 하지 않으면 또 다시 병석에 드러눕게 될 것을 경고해 주곤 했다.

비록 지금 당신이 특별한 질병에 시달리고 있지는 않다고 해도 음식이나 음료, 특히 술에 더욱 주의를 기울일 것을 이 그림은 충고해 주고 있다. 아마도 당신이 지나치게 인스턴트 음식에 의존하고 있다면, 이제부터라도 더욱 영양가 높은 제대로 된 음식을 섭취해야 할 것이다. 빈약한 식사 때문에 병에 걸릴 수도 있다. 그러므로 이 그림은 현재 당신의 식사습관을 더 나은 방향으로 고쳐가야 할 시기임을 알려주고 있다.

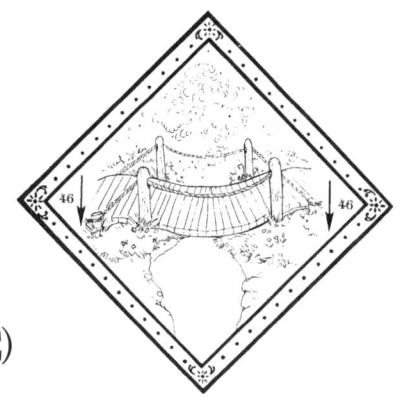

46. 다리 (BRIDGE)

- **영향이 미치는 기간**: 1~4주부터 한 평생까지.
- **상징**: 신중한 변화.
- **의미**: ↓ 1. 생활방식에 급속한 변화가 생긴다.
  → 2. 사랑을 맺어주는 사랑의 가교를 세우게 된다.
  ← 3. 어디를 가든지 과거가 따라 다닌다.
  ↑ 4. 자유롭기를 원하면 틈을 메꿔줄 다리를 세워라.

- **그림의 일반적 의미**: 이 그림은 한 평생을 주관하는 그림들 중 하나이다. 다리는 환경을 바꿀 수 있는 우리 자신의 능력을 상정한다. 흔히 우리는 인생을 길에 비유하곤 한다. 따라서 다리는 우리의 환경을 조절하는 능력의 한 본보기로서, 이를테면 우리가 걷고 있는 인생여정을 바꿀 수 있는 능력이라 할 수 있다. 우리는 그저 앉아서 자연히 그 진로를 바꾸기만을 기다릴 수는 없다. 대신 우리는 의도대로 환경을 바꿀 수 있는 능력이 있다. 고로 이 그림은 우리 자신이 우리들의 인생에 어떤 통제력을 발휘할 수 있으며, 간혹 우리 자신의 힘이 운명보다 훨씬 강할 수도 있다는 것을 강조하고

있다.

● **방향 1** : 삶의 방식에 급격한 변화가 생긴다. 이 그림은 특히 인생의 한 국면을 매듭지었다든가, 새로운 분야에 발을 디뎌 놓았을 때 나타난다. 학교를 졸업하고 직장에 첫발을 디디었을 때, 즉 결혼, 출산 혹은 승진이 임박한 시기에 눈여겨보기 바란다. 우리의 인생은 항상 다음 단계를 위해서 전 단계의 삶을 마감해야 한다. 어떤 이들은 이러한 변화에 적응하지 못하고 새 의무나 책임에 한숨만 쉬고 있을지 모른다. 하지만 그들은 이 일에도 새로운 기쁨과 보상이 역시 준비되어 있는지를 깨닫지 못하고 있는 수가 있다.

내 경우를 보자면, 이 그림은 주로 6월에 나타나곤 했다. 이 시기는 바로 한 학기 동안의 분주한 일정이 끝나가는 때이기도 하다. 바로 아이들과의 부대낌에서 벗어나서 두 달간은 자유롭고 다소 느슨하게 보내도 괜찮은 시기에 접어들고 있음을 의미하는 것이었다.

● **방향 2** : 당신을 사랑하는 사람과 이어 줄 사랑의 가교를 세울 수 있게 된다. 당신의 의지력과 행동이 현 상황을 변화시킬 수 있다. 살아가면서 우리에게는 부모, 연인, 자식들 또한 가까운 친구들과 떨어져 있어야 하는 시기가 찾아온다. 이 그림은 이런 특별한 시기에 이 관계를 유지시키기 위한 노력을 당신이 먼저 해야 된다는 것을 깨우쳐 주고 있다. 이제 몸소 움직여서 사랑의 다리를 놓고 그 사랑의 관계에서 주어지는 보상을 즐기도록 하라.

튼튼한 다리는 세우는데 그만큼 오랜 시간이 걸리는 법이다. 그것은 좋은 인간관계에도 적용이 된다. 사랑하는 사람들과 많은 시간을 보내고, 명절을 함께 축하하며, 경기장이나 음악회에도 가보는 것이 어떨까. 이런 자세야말로 강한 유대를 창조하고 단단한 기반을 쌓는 지름길이다.

● **방향 3**: 당신이 어딜 가든지 과거가 따라 다닌다. 피한다고 해서 문제의 본질로부터 벗어날 수는 없다. 그러므로 상황을 똑바로 직시하고, 피하기보다는 적극적으로 풀어보려는 노력을 하는 것이 오히려 현명한 일이다.

이 그림은 특히 결코 끊을 수 없는 부모·자식 간의 관계와 관련이 있다. 부모·자식 사이에는 고통을 주는 때가 있다. 그러면 우선은 상대방을 피하려고 할 것이다. 하지만 당신이 어떻게 하든지 간에 이 상황은 거짓말 없이 카드에 나타난다. 따라서 가장 현명한 대응 방안은 서로간의 화해를 모색하는 것이다. 이 경우가 당신의 삶에서 커다란 부정적인 영향을 미치지 않도록 말이다.

긍정적인 부분으로서 이 그림은, 한때 당신이 체험했던 좋은 일과도 관련이 있을 수 있다. 아마도 당신은 훌륭한 운동선수였거나 연예인, 아니면 다른 분야에서 탁월한 재능을 발휘했던 사람이었을 수도 있다. 옛날의 명성과 영예가 당신을 계속 따라 다닌다. 당신은 그것을 깨닫지 못하고 있을 수도 있고, 아니면 더 유리하게 이용할 수도 있다. 이 그림은 당신이 이미 알고 있는 사람, 이를 테면 배우자, 친척, 또는 친구와도 관련이 있다. 그 사람이 죽었거나 당신 곁을 떠났을 지도 모르지만 그에 대한 기억은 당신에게 생생히 살아 있다. 추억을 갖는 것은 멋진 일이다. 다만 그 추억이 당신의 현재 삶의 진로에 장애가 되지 않는다면.

● **방향 4**: 만약 자유롭고 싶다면, 두 틈 사이를 메꿀 수 있는 가교를 세워보라. 또는 당신이 당면한 문제에 대해 새로운 각도에서

답을 찾아보는 것도 좋다. 문제에 빠져서 허우적거리는 것보다는 그 위를 지나갈 수 있는 새로운 다리를 세우는 편이 오히려 현명하지 않을까. 혹시 결혼생활에 문제가 있다면, 다시 새롭게 접근해보도록 한다. 즉, 두 사람이 진정으로 행복하게 함께 즐겼던 것들을 알아보도록 옛일을 돌이켜 보는 것도 좋은 방법이다. 만약 부부간의 성관계에도 문제가 있다고 생각한다면, 오늘은 멋진 와인 두 잔을 준비해 두고 그를 맞을 일이다. 더 이상 필요한 게 있을까? 또한 둘만의 다정한 저녁시간이 그립다면 분위기 좋은 식당에 미리 예약을 해두는 것도 괜찮은 방법이다. 운동경기 관람을 함께 즐겼었다면, 표 두 장을 미리 사 놓아 상대방을 깜짝 놀라게 해주는 방법도 생각해 볼 수 있다. 두 사람 모두를 즐겁게 해주는 공통의 행동은 그간 서로간의 틈새가 얼마나 벌어졌든지 그 사이를 메꿔 줄 중요한 가교의 역할을 해낼 수 있다.

우리는 해답이 가까이 있는 것도 모른 채 문제의 늪에 빠져 헤어 나오지 못하는 경우를 자주 겪는다. 혹시 당신 스스로 도저히 생각을 할 수가 없다면 현명한 조언을 해줄 만한 누군가를 찾아보도록 한다. 전문 상담인, 의사, 성직자 등은 그런 문제에 익숙한 사람들로서, 당신으로 하여금 상황을 이해하고 문제를 극복할 수 있게끔 기꺼이 도움을 줄 수 있을 것이다.

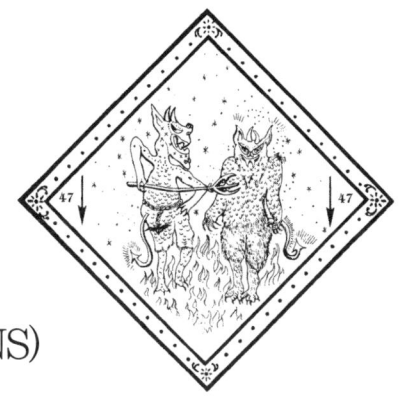

47. 악마 (DEMONS)

- 영향이 미치는 기간 : 1~4주 이내.
- 상징 : 무의식적인 나쁜 생각.
- 의미 : ↓ 1. 당신을 괴롭히려는 교활한 속삭임에 귀 기울이지 말라.
  → 2. 복수의 감정을 키우는 것은 불쾌감만 증가시킬 뿐이다.
  ← 3. 환락을 억세하지 않으면 슬픈 일을 당한다.
  ↑ 4. 열정만 있다고 선을 행할 수는 없다.

- 그림의 일반적 의미 : 악마들은 당신의 내적 갈등을 조장하고 의혹을 증폭시키는 부정적인 생각들과 관련이 있다. 때로는 당신 본성의 밑바닥에 악마적인 심성이 깔려 있어서 당신이 고통을 겪고 있을 때 잔인하고 무자비한 자세로 몰아치곤 한다.

어린 시절, 나는 한쪽 어깨에는 천사가 앉아서 착한 행동을 독려하고, 다른 한쪽에는 악마가 앉아 나쁜 행동을 부추기고 있다고 어른들에게서 들은 기억이 난다. 우리는 "악마가 나에게 시킨 짓이다"라는 속담을 자주 들었었다.

이 카드에서 각 방향의 그림들은 모두 인간 본성의 부정적인 부분을 조절하기를 부추긴다고 할 수 있는데, 더 나아가서는 불쾌감으로 이끌 뿐이다.

● **방향 1** : 당신을 괴롭히려는 교활한 속삭임에 귀를 기울이지 말라. 나쁜 생각의 포로가 되어서는 안 된다. 특히 탐욕이나 질투, 부적응, 불안정, 혹은 편집광적인 생각 같은 것들을 경계해야 한다. 이러한 부정적인 사고 틀은 당신의 자신감을 자기도 모르는 사이에 손상시키는 암적인 요인들이다. 이것들은 당신을 둘러싼 실제세계의 반영이 아니라, 당신 자신에게서 싹트고 있는 감정일 뿐이다. 다시 말해서, 당신 스스로가 자신의 적이 될 수 있다는 것이다. 이런 감정들을 되돌아보지 않으면 당신은 그야말로 부질없는 생각들의 노예가 될 뿐이다. 최근 나는 한 친구를 방문한 적이 있었다. 그는 나를 보자마자 자신의 일생에 걸친 갖은 불행들을 주워 섬기기 시작했다. 만약 그가 자신이 무슨 얘기를 하고 있는지 스스로 귀를 기울였다면, 자기가 얼마나 세상에 부정적인 생각을 뿌려주고 있는지를 깨달을 수 있었을 터이다. 실제로 그에게 심각하리만치 나쁜 일이 나타난 적은 없었다.

우리는 부정적인 생각을 제대로 듣는 법도 배워야 한다. 그리고 그것이 주는 경고도 되새겨 보아야 한다. 그러나 무엇보다도 그 생각들을 긍정적인 행동으로 발전시켜야 한다. 최근에는 서점에서 긍정적인 힘으로 전환시키는 힘을 배양시켜주는 좋은 책들을 많이 발견할 수 있다.

당신이 자신의 부정적인 강박관념을 도저히 떨쳐 버릴 수 없다고 생각된다면, 그때는 전문가의 도움을 찾아볼 수밖에 없겠다.

● 방향 2 : 원수에게 앙갚음하려는 심정에 굴복한다면 결국 불쾌감만 얻게 된다. 이 충고는 기독교의 가르침, 한쪽 뺨을 치면 다른 쪽 뺨도 내놓으라는 말씀과도 흡사하다. 이 경우는 가정과 직장을 포함한 모든 대인관계에 적용될 수 있다.

당신은 낙태 같은 문제 때문에 양자택일의 곤란한 상황에 처했거나, 다니던 직장이 파업의 와중에 놓이게 될 수도 있다. 양편 모두 나름대로의 명분이 있기 때문에 한 쪽 입장을 받아들인다는 것은 다른 쪽을 거스르게 될 수밖에 없는 것이다. 파업기간 중의 행동력은 극단적인 두 편으로 양분되기 마련이다. 근로자의 입장에서 회사 편을 지지하는 사람들은 잦은 욕설을 다 들을 것이 뻔하지만 상대편도 예외는 아니다. 그런 상황에 처했을 때에도, 결코 앙갚음하고자 하는 충동에 굴복하지 말라. 파업은 곧 끝나게 될 것이고 다른 편에 섰던 사람들도 결국 한 일터에서 일할 사람들이라는 사실을 염두에 두고서 말이다. 간혹 이 그림이 나타났을 때에는 이미 누구로 인해 타격을 입게 된 후일 수도 있다. 이 경우에도, 냉정을 되찾고, 가능한 한 예의바르고 점잖게 행동하는 것이 바람직하다. 그리고 불쾌한 심정은 재빨리 일소해 버리도록 하라.

● 방향 3 : 지나친 환락은 비통이나 슬픔으로 이어진다. '재미'라는 이름으로 미련한 짓을 해서는 안 된다. 당신은 지나치게 폭음을 한다든가, 너무 재잘거린다든가, 혹은 재미있다고 해서 도에 벗어나는 행동을 일삼고 있지는 않은가? 분명 그 다음날에는 전날의 행동을 후회할 게 분명한 데도 말이다.

이 그림이 물론 당신의 즐길 권리마저 저지하려는 것은 아니다. 다만 그런 상황일수록, 언행에 더욱 조심하라는 것이다. 혹시 술을 마실 경우가 생긴다면 운전할 생각은 꿈도 꾸지 말 것이다. 십중팔구 사고가 따른다.

　또한 자주 새로운 연애를 찾아 호시탐탐하는 난봉꾼들은 다음의 러시아 속담에 귀를 기울여 볼 일이다. "희게 바란 턱수염에, 뼛속에는 악마들이 우글거린다." 이브는 아담의 갈비뼈로 만들어졌다고 한다. 어떤 남자들은 나이를 먹어서도 여자 뒤꽁무니를 따라다니기만 한다. 그러므로 이 그림이 경고하는 것은, 당신이 재미있다고 생각하는 것이 다른 사람들의 눈에는 한심하게 비쳐질 수도 있다는 것이다. 또한 오늘날의 사회는, 난잡하고도 무방비 상태의 성행위로 각종 전염병과 그에 수반되는 슬픔이 만연되고 있다. 하지만 이 그림은 남성뿐만 아니라 여성의 행동에도 적용될 수 있다는 점을 명심하자.

　● **방향 4**: 당신의 열정과 광란이 결코 득을 가져다주지 않는다. 혹시 어떤 문제에 직면하고 있다면 반드시 이성적인 자세로 대처할 일이다. 비이성적인 충동에 현혹되어서는 안 된다. 난폭한 행동은 어떤 경우에도 해결점을 주지 않는다. 한편 '달(月)' 그림의 4번째 그림은 행동이 필요하다고 말하고 있기는 하다. 반면, 이 그림은 어떤 특정한 위기상황에 너무 함몰되는 것은 그 의도 자체를 흐리게 할 뿐이라는 것을 말해준다.

　여기서 나의 경우를 한 가지 소개하겠다. 나는 집안을 청소하거나 정리, 정돈하는 것으로 지나치게 가족들을 닦달하여, 종종 마찰을 빚게 되었다. 실제로 일도 잘 진행되지 않았다. 내가 지나치게 다그친다는 데서 비롯됐다는 것을 깨달은 것은 한참이 지나서였다. 그러므로 나는 당신이 어떤 일이 되어 있어야 한다고 생각한다면, 우선은 직접 하라고 권한다. 결코 어떠한 계획도 무리하게 강행하지 말 것이며, 지나치게 몰입한다면 일을 적절하게 처리하지 못할 수도 있다. 오히려 그 일을 후일 다시 해야 될 경우가 생길지도 모른다.

이 그림이 당신에게 나타난다면, 현재 당신이 범하고 있는 실수나 과격한 언동에 특별히 주의를 해보라. 물론 어느 경우에 화를 낸다는 것은 당연한 권리이겠지만 지나치게 심한 악담은 억제하는 편이 좋다. 문제가 해결되더라도 일단 감정적인 말이 튀어 나오면, 용서한다든가 잊는다든가 하는 일은 참으로 어렵게 된다. 이 경우 바른 지침이 될 만한 러시아 사람들의 경고가 있다. "깃털로 쓰인 글을 도끼로 베어 버릴 수 없다." 혹시 화가 나 있는 상태에서 사표라도 쓰게 된다면, 일단 감정이 가라앉은 뒤라도 사태를 회복시키기는 어려울 것이다. 이때 당신의 조급한 행동을 부추기는 것은 천사의 목소리가 아니라, 악마의 유혹이라는 것을 분명하게 기억하라.

48. 수탉 (ROOSTER)

- 영향이 미치는 기간 : 1, 2주 전이나 후.
- 상징 : 정신이 번쩍 들게 할 소식.
- 의미 : ↓ 1. 조만간 반가운 소식을 듣는다.
  → 2. 솔직한 심정으로 서로의 소식을 나눈다.
  ← 3. 즐거웠던 과거가 슬픔을 물리친다.
  ↑ 4. 달콤한 단잠에서 깨어난다.

- 그림의 일반적 의미 : 수탉은 새날이 밝아오면 여명이 밝아오고 있음을 알리듯이 운다. 옛날에는 마을이 새벽녘에 비밀스럽게 공격을 받게 되면, 수탉은 마을 사람들에게 어서 일어나서 마을을 지키도록 깨우곤 했다. 그런 의미에서 수탉 그림은 좋은 소식과 아울러 당신 자신을 지켜야 될 상황의 경고라고 할 수 있다.

이 그림은 또한 아주 명확한 의미를 지닌 긍정적인 카드로서 당신의 일상생활에 관계된 의미 있는 소식들을 전해 주는 전령의 역할을 한다.

● 방향 1 : 조만간 반가운 소식을 듣게 된다. 이 소식은 당신의 가정이나 일상생활에 영향을 미칠 만한 소식이다. 당신의 자녀들이 좋은 성적을 얻었다든가, 아니면 당신의 하루를 빛나게 할 어떤 뉴스가 기다리고 있는지도 모른다.

● 방향 2 : 서로 진실한 마음으로 소식을 나눈다. 당신은 어떤 개인이나 단체와 교류를 하면서 중요한 느낌이나 경험 등을 허심탄회하게 나누고 있다. 서로가 교환하는 정보는 당신들 모두의 삶에 중요한 기여를 한다. 서로에 대한 감정들을 명확하게 할 수도 있고 당면한 문제를 해결할 수도 있다. 또 대화는 좋은 느낌으로 남아서 만족스럽고 행복한 생활로 이끌어 준다. 당신의 대화 상대자는 친척, 배우자, 친구, 혹은 직장동료도 될 수 있다. 아주 오랫동안 헤어져 있던 친구들은 흔히 이런 화기애애한 대화로서 그리운 시절과의 간격을 메꾼다.
　이 그림은 당신이 카드를 보고 있는 바로 지금과도 관련이 있다. 카드는 대화를 북돋우며, 공통의 경험이나 목표, 친구들 사이의 감정들을 서로 교환하도록 고무시킨다.

● 방향 3 : 생생한 체험, 혹은 즐거웠던 추억이 슬픔을 잊게 해준다. 어떤 슬픔이나 비통함, 불운으로 당신의 삶이 영향을 받게 되었다. 그것은 누군가의 죽음이었을 수도 있고, 사랑하던 사람의 부재 혹은 자녀들을 멀리 떠나보낸 일 등이다. 하지만 인생유전의 이러한 자연스러운 순환과정을 바꿀 힘은 없다. 그렇다고 마냥 비통해 마지않으며 눈물만 흘리고 있을 수는 없다. 슬픔을 극복하는 데 도움이 될 만한 유쾌한 활동을 찾아보는 것이 최선이다. 영화를 보러 간다든가, 친구들과의 수다, 색다른 모임에 참석해 볼 수도

있으며, 캠핑, 오락, 운동 등으로 몸을 풀어 볼 수도 있다. 그 외에 당신의 기분을 전환시켜 줄 어떤 활동도 좋다. 당신이 원하는 활동을 함으로써 돌이킬 수 없는 슬픈 상황을 잊어 보도록 노력해 본다.

● **방향 4** : 일상사로 인해 단잠에서 깨어나게 된다. 이 그림이 불길한 의미를 담고 있는 것은 아니다. 오히려 당신에게 일상적인 과제를 깨우쳐 주는 그림이다. 당신은 그간 너무 바빠서 그 일들을 소홀히 했었다.

당신은 이제까지 공부라든가, 운동 아니면 몽상 등에만 지나치게 몰입하지 않았는지 반성해 볼 일이다. 시간이 지나면서 당신은 기타 일상적인 활동들을 차츰 잊게 되었다. 쓰레기를 버린다든가 집안청소, 부서진 곳을 고친다든가 하는 것 등을 말이다. 따라서 이 그림은 당신에게 더욱 몸을 많이 움직여야 할 것을 충고해 주고 있다. 이제 기지개를 켜고 일어나서 이제껏 미뤄 두었던 자질구레한 일들부터 해치울 때이다. 이 시기라면 이런 일들을 신속하고도 만족하게 해치울 수 있을 것이다.

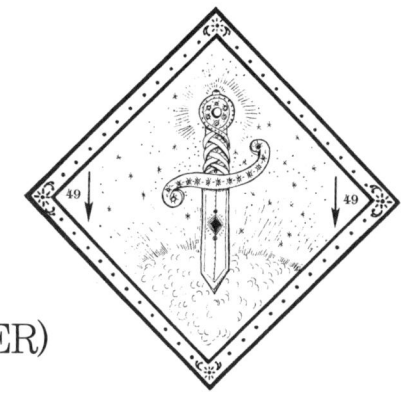

49. 단검 (DAGGER)

- 영향이 미치는 기간 : 1, 2주 전이나 후.
- 상징 : 숨겨진 공격.
- 의미 : ↓ 1. 조만간 보호를 받는다.
  → 2. 친구의 배려로 위험으로부터 벗어나게 된다.
  ← 3. 자존심에 손상을 입는다.
  ↑ 4. 누군가 당신의 마음에 고통을 준다.

- 그림의 일반적 의미 : 단검은 짧지만 날카로운 무기이다. 옛날에는 흔히 기사들과 나이든 조신들이 지니고 다녔던 것으로 몸 속에 품고 다닌 사람이 있었는가 하면, 어떤 이들은 허리춤에 꽂고 다니기도 하였다. 단검은 어느 순간에라도 당신에게 해를 입힐 수 있는 고통을 상징하며, 또한 당신의 자존심, 허영심 등에 상처를 입힐 수 있는 심리적인 성질도 함께 담고 있다.

처음의 두 그림들은 비교적 긍정적인 의미로서, 당신이 적절한 시기에 보호를 받게 되리라고 말해주고 있다.

● **방향 1**: 당신은 조만간 보호를 받는다. 누군가 당신에게 해를 입히려고 하지만 당신은 적절한 때에 보호를 받게 되므로 그 위험조차 느낄 수 없을지도 모른다. 경찰, 소방관, 공공기관 사무원, 정부의 수사관들은 우리가 알아채지 못하는 많은 숨겨진 위협으로부터 사회를 보호하는 활동들을 하고 있다. 그 위험은 직접적인 범죄 행위뿐만이 아니라, 오염된 식품, 위험한 시설물 등 도처에 도사리고 있다. 그러므로 우리는 안전을 위해서 세금을 내고 있는 것이며, 또 그 덕을 볼 권리가 있다. 이 그림이 나타났을 때는, 혹시 일반대중에게 주어진 경고가 없는지 언론매체를 자주 접하여 특별한 주의를 기울이는 것이 좋겠다.

또한 이 그림은 당신의 위신을 손상시키려는 음험한 사람들과도 관련이 있다. 어떤 사람들이 당신의 등 뒤에서 좋지 않은 말을 수군거리고 있을지도 모른다. 하지만 당신의 편에 서서 당신의 행동과 존엄을 적극적으로 지켜 줄 누군가가 존재하고 있다.

당신은 아마도 그 대화 전체를 알아 차려지 못할 수도 있다. 하지만 이 그림이 나타난다면, 모든 행동을 심사숙고해야 할 것이다. 그러면 당신의 앞길에 큰 괴로움은 없을 것이다.

● **방향 2**: 친구의 배려로 위험에서 벗어날 수 있다. 다시 말해 적절한 때 위험에서 벗어날 수 있으므로 당신은 어떤 위험이 존재한다는 것조차 깨닫지 못할 수가 있다. 그러므로 이 그림은 당신에게 안심을 주는 그림이다.

최근에 나는 한 친구와 장거리 자동차 여행을 한 적이 있었다. 여행을 앞둔 대개의 경우, 나는 카드 점을 쳐보곤 한다. 그런데 이번에 이 그림이 나에게 나타났다. 이번 여행은 내 친구차로 하기로 예정되었었는데, 나는 그 차가 꼼꼼하게 점검되었다는 것을 알고 적잖이 안심을 하게 되었다. 여행을 하는 동안에도, 내 친구는 길에서 큰 트럭을 추월하는 법을 조언해 주었다. 나는 그 충고를 받아들이기를 꺼려했는데, 한 번 그 충고대로 해보자 예전의 내 습관보다 훨씬 안전한 방법이라는 것을 깨닫게 되었다. 그 덕분에 쓸데없는 걱정은 덜게 되었고 여행 내내 즐거웠다. 나는 물론 우리가 위험으로부터 피할 수 있으리라는 것을 알고 있었다. 하지만 이 그림의 힘이 미치는 동안만은 미련한 짓을 하지 않도록 더욱 주의를 기울였다.

● **방향** 3 : 자존심에 손상을 입을 일이 생긴다. 즉 당신의 자만심이나 허영심이 상처를 받는 일이 생긴다는 의미이다. 당신은 당신만이 자신하는 일을 하도록 요청받고 일을 하지만, 당신이나 그 일에 주의를 기울이는 사람은 아무도 없다. 아니, 가정이나 직장, 또는 당신이 속한 공동체에서 어떤 사람으로부터 비판을 받게 될는지도 모른다. '고양이' 그림 중 네 번째 그림이 이러한 예기치 않은 공격을 암시하고 있다. 그러나 이 단검 그림은 그보다 더욱 날카롭고 깊은 공격을 경고하는데, 당신 존재가 뿌리째 타격을 입게 될 모종의 상황을 암시하는 것이다. 이리하여 당신의 자아는 손상을 받고, 당신 스스로도 자신이 이루어 놓은 것에 회의를 갖게 된다. 이 상황에서 최선의 방어라면 그 비판을 받아들이고 점잖게 견뎌 내는 일뿐이다. 아마도 당신은 이러한 조언을 지나치게 신뢰하지 않아도 될 때가 있긴 하다. 하지만 최소한 그 예리한 비판을 이해할 수 있었다는데 감사하라. 만약 그 상황을 이해하기에 당신이 너무 미련한 사람이라면, "살가죽에 뇌를 갖다 붙일 수 없다"라는 러시아 속담이 적절한 표현인 듯싶다. 말하자면, 사람들을 가르치려 해도 이해하지 못한다면 아무것도 할 수 없다는 뜻이다. 바보

는 바보로 남기 마련이다. 지금 이 순간에 당신의 자존심이 손상을 입었을 수도 있지만, 적어도 당신은 이 경험으로부터 깨달은 바가 있어야 한다는 것이다.

이 그림은 또한 어떤 활동이나 작업에 끼이지 못하게 된 경우와도 관계가 있고, 당신은 약간의 고통을 맛보게 될 것이다. 그렇지만, 당신이 이 상황에서 밀려나게 된 이유에는 여러 가지가 있을 수 있다. 이를테면 장소의 부족, 건망증 등으로 인한 이유 같은 것 말이다. 그러므로 그 일에 너무 의기소침할 필요는 없다. 잊는 기간이 빠를수록 당신은 더 나은 일을 할 수 있을 테니까.

● 방향 4: 누군가가 당신의 마음을 아프게 한다. 당신의 배우자일 수도 있고, 무책임한 자녀들, 혹은 무정한 연인일 수도 있다. 이 사람은 당신에게 전화 한 통도 없이 밤늦게까지 돌아오지 않거나, 거짓말을 하고 다른 상대를 만나러 다니기도 한다. 그 외에도 당신이 가슴 아플 일은 얼마든지 있다. 여기서 당신이 상대방의 행동을 고칠 수 있는 방안은 거의 없다. 하지만 그 고통이 당신의 전 생애를 지배하게 해서는 안 된다. 이 고통의 폭을 줄여 볼 어떤 노력이라도 해야 한다. 우선 그 고통을 받아들일 일이다. 그것이 바로 사랑을 베풀어 주는 자의 자세이기 때문에. 그리고 현 상황에 위축되기 보다는 무언가 몰두할 일을 찾아보도록 하라. 만약 당신이 학생이라면 불어의 동사를 열심히 외어 보든가, 아니면 기타 몰입할 수 있는 과목을 찾아보라. 또는 집 단장을 새로 한다든가, 차에 광택을 내보는 일, 또는 가장 어려운 견본으로 재봉질을 해보기도 하는 등. 아니면, 이제 막 시작할 일이 당신의 에너지와 생각이 몰입될 수 있는 일이라면 무슨 일이든지 시도해 볼 일이다. 그러는 동안 고통은 차츰 사라지고 아울러 당신은 새로운 특기를 습득하게 됨

과 동시에 성취감도 맛보게 된다.

어떤 시기에는 괴롭게 했던 고통에도 불구하고 불안했던 관계가 유지될 수 있는 법이다. 그 고통으로 말미암아 당신의 가치평가 기준은 달라지게 되었고, 마침내는 당신들 관계에 대한 더욱 차원 높은 이해에 도달할 수 있게 될 것이다.

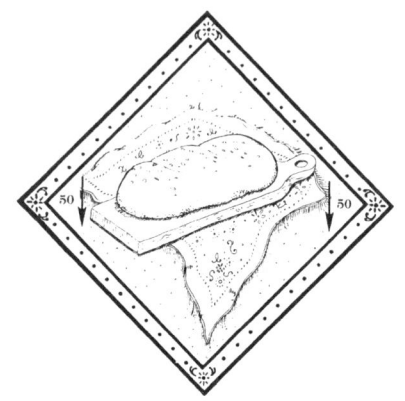

50. 빵 (BREAD)

- 영향이 미치는 기간 : 서너 달.
- 상징 : 행복.
- 의미 : ↓ 1. 선물을 받고 행복해 한다.
  → 2. 가정에는 이득과 행복, 사업에서는 성공.
  ← 3. 희망이 충족된다.
  ↑ 4. 무언가를 얻게 되면, 당신 주변을 잊지 말라.

- 그림의 일반적 의미 : 빵은 생명의 양식이다. 인간이 농경을 하게 되면서부터 안정된 사회의 형성이 가능하게 되었다. 그러므로 빵은 안정과 재산, 관용과 양식이라는 의미를 담고 있다. 예수그리스도는 빵 몇 조각으로 수많은 사람들을 배불리 먹이셨다. 당신에게 이 그림이 나타난다면, 당신의 삶과 가정이 행복에 충만해 있다는 뜻이다. 그러므로 당신은 현재 번영일로에 있는 만족한 생활을 하고 있다.

- 방향 1 : 선물을 받고 행복해 한다. 이 그림은 흔히 생일 전이

나 선물을 주고받을 만한 기념일에 즈음해 나타나곤 한다. 또한 이 그림은 당신이 선물을 받고 매우 기뻐하리라는 것을 암시한다. 그 선물이 반드시 비싼 것일 필요는 없다. 그보다는 당신이 진정으로 좋아하는 어떤 것일 것이다. 이 선물은 그야말로 깜짝 놀랄 만한 것이어서, 당신은 예기치 않은 행복을 맛볼지도 모른다. 당신이 이 그림을 보고 있는 지금 어쩌면 당신은 이미 선물을 받았는지도 모른다. 왜냐하면 이 그림은 바로 지난주에 일어났거나 이제 바로 일어나게 될 일과 관계가 있기 때문이다.

당신에게 선물을 준 사람의 진의를 의심하기 전에 현재의 자비로운 상황을 받아들이도록 하라. 그 선물은 분명 마음으로부터 우러나온 것일 터이므로 당신이 기꺼이 받고 즐거워하는 모습에 주는 사람도 기뻐하게 된다. 이런 러시아 속담이 있다. "누군가 무엇을 준다면, 받아라. 누군가가 몽둥이세례를 퍼붓는다면, 그때는 도망가라."

● 방향 2. 가정에는 이득과 행복, 사업에서는 성공이 함께 한다. 이 그림이 특히 한 해를 포괄하는 정초의 점에서 나타난다면 반갑기 이를 데 없는 그림으로 만사가 당신에게 유리하게 진행되고 있다는 것을 말해준다. 재정적인 문제도 OK다. 당신은 텔레비전에 나오는 사람들만큼 부자는 아니지만, 지금 가지고 있는 것만으로도 당신은 행복한 사람이다. 당신은 지금 안정이 가져다주는 만족스런 느낌을 충분히 만끽할 수 있을 것이다. 이 그림은 또한 당신 가정의 모든 이들도 서로 사랑하는 가운데 유쾌하고도 조화로운 가정생활을 영위해 나가고 있다는 것을 말해준다.

또 당신의 사업도 성공하리라는 것을 암시하고 있다. 당신이 어떤 사업에 새로이 뛰어 들었다면, 순조롭게 진행된다. 이윤이 눈앞에 있다. 지금이야말로 사업을 확장하거나 새로운 분야에 손을 대보기에 적당한 시기이다. 그 또한 성공적으로 진행될 것이기 때문이다. 다른 사람을 위해서 일하고 있는 사람에게는, 지금이 인정을 받을 수 있는 시기이다. 지금이야말로 승진을 타진해 볼 수도 있고, 새로운 제안을 시도해 보고 남들의 눈에 띨 수 있는 절호의 기회이다. 어떤 사업을 시도하든 간에, 지금 시작한다면 당신은 성공할 수 있다.

● 방향 3 : 희망이 충족된다. 이 방향의 그림은 '말굽' 또는 '클로버' 그림과 유사하다. 이들 또한 당신의 소원이 이루어진다는 의미를 담고 있기 때문이다. 어떤 사람들은 자기들 것인 행운조차도 믿거나 받아들이는데 어려운 시기를 맞을 때가 있다. 요즘은 원하는 것을 성취할 확실한 구상이나 그 계획을 가시화시키는 법을 가르쳐 주는 좋은 책들이 나와 있다. 불가능은 없다. 예수도 불과 몇 조각의 빵으로 많은 사람들을 배불리 먹이시지 않았던가. 일단 목표를 정하고, 그것들을 진실로 믿는다면, 희망은 성취될 것이다. 당신의 희망은 부엌을 다시 칠하는 단순한 것으로부터 멸종된 동물을 보호하는 소중한 일까지 다양할 수가 있다. 대체적으로, 빵 그림은 인류애와 같은 당신의 질적인 삶에 직접적인 의미를 갖는 희망과 관계가 있다.

● 방향 4 : 무언가를 받게 된다면 주변을 돌아보는 것을 잊어서는 안 된다. 이 그림은 당신의 행운을 남들과 나누라고 부드럽게 일깨워 주고 있다. 월급이 올랐다면, 자선단체에 조금이라도 기부하는 것이 어떨까. 선물을 받았다면, 준 사람에게 짤막한 감사카드라도 보냄으로써 그 또한 기쁘게 해 줄 수 있다. 친구로부터 편지

나 전화를 받아 기분이 좋았다면, 당신 자신도 답장을 하거나 전화를 걸어 준다. 우리의 복잡다단한 매일 매일의 생활 속에서, 우리는 오래된 것의 소중함과 우리가 받은 것을 서로 주고받는 일을 잊어버리는 수가 많다. 그렇지만 그 은혜를 갚는 것이 행복과 즐거움, 그 자체일 수도 있는데 말이다. 게다가 누군가 우리를 위해 좋은 일을 하고 우리도 그 답으로써 그들을 기쁘게 할 수 있다는 것이 얼마나 멋진 인생 순환인가! 이렇게 끝없이 사랑과 우정을 주고받음으로써, 모든 이가 친하게 지내는 세상이 되지 않을까. 비록 아주 작은 일에서라도 친절과 아량은 널리 영향을 미친다. 따라서 다음의 러시아 속담은 이러한 자비로운 선의의 중요성을 깨우쳐 주고 있는 것이다. "만약 모두가 실 한 오라기만이라도 준다면, 헐벗은 사람은 없을 것이다." 어떤 방식으로든지 당신이 가진 것을 주변 사람들과 나누도록 하라.

PART III
실제 사례들을 싣는 이유

실제의 사례들을 싣는 이유

여기에 제시된 사례(事例)들은 내가 여러 해 동안 다양한 사람들에게 봐 주었던 것들이다. 다만 각 개인의 사생활의 보호 때문에 이름은 생략했다. 이렇게 사례들을 제시하고 있는 것은 두 가지 목적에서이다. 하나는 각각의 점괘에 대한 해석을 자세히 하는 것이며, 또 하나는 전체 카드 점을 해석하는 법을 보여주기 위해서이다.

당신이 카드 점을 칠 때는 그 결과들을 적어두는 것이 좋을 것이다. 다음의 보기와 같이 날짜, 각 그림의 번호, 그리고 의미 등을 적어 놓는다면 추후에도 참고로 할 수 있다. 또한 이렇게 결과를 적음으로써 그동안이나마 당신 자신에게 좀 더 신경을 쓸 수 있을 것이다. 흔히 우리들은 자신보다는 다른 사람들의 자질구레한 일에 더 열심일 때가 많다. 그러나 우리 자신에게 주의를 모음으로써 자기성찰의 기회로 삼을 수가 있다. 카드는 항상 당신에게 최선의 것이 어떤 것인지를 보여준다. 아울러 당신의 장점을 지적해 주며, 보다 확실한 행복의 길로 인도하기도 한다.

여기에 수록된 사례들을 읽다 보면, 가장 어려운 시기에서도 긍정적인 메시지가 담긴 그림들이 나타난다는 사실을 발견할 수 있을 것이다. 다시 말하건대 이 카드들은 일종의 당신 자신의 심리적 지표이다. 이것들은 당신 주변의 긍정적이거나 부정적인 환경의 변화들을 알려준다. 인생의 어려운 시기에 처해 있다 하더라도 카드는 당신에게 가능한 해결책을 제시하기도 하며, 때로는 당신에게 크게 근심할 필요가 없다는 위안을 주기도 한다. 또한 반대로 당신이 더할 나위 없이 만족한 생활을 하고 있는 상황에서 예기치 않았던 문제가 발생할 수도 있음을 알려준다. 점의 결과들을 읽어가면서 당신은 인생살이에서 생기기 마련인 긍정적인 면과 부정적인 면을 깨우치게 된다. 동시에 무의식적이며 더욱 고차원적인 자아가 상황을 꿰뚫는 새로운 통찰력을 제시해 준다. 서론에서 밝혔듯이 카드에 그려진 그림들은 인생에 대한 은유에 다름 아니다. 그러므로 카드에 나타난 문제나 성공을 봄으로써 더욱 받아들이기가 쉽게 된다.

시간이 조금 흐른 후 예전의 점을 다시금 되돌아보는 것도 즐거운 일이다. 다음의 사례에서 보는 것처럼 요약을 적어 두면 몇 년 후에는 훨씬 철학적이 된 자신을 발견할 수 있을 것이다. 또한 처음에는 부정적인 일로 인식되었던 것이 후일에는 긍정적인 결과를 가져올 수 있다는 것도 깨닫게 될 것이다. 이렇게 인생에는 밀물과 썰물의 시기가 있다는 법 또한 배우게 된다. 즉 만사가 잘 풀릴 때에는 최대로 즐기고, 난관에 부딪쳤을 때에는 인내하고 최선을 다해 대처하는 법을 배우게 되는 것이다. 당신의 의지력이 최고의 감정임을 명심하라. 이 카드는 당신을 이끌어 주는 좋은 길잡이가 될 수는 있지만, 언제까지고 당신 운명의 주인은 반드시 당신 자신임을 기억해야 한다.

사례에서 특히 방향 1로 해석되는 마지막 카드에 주의해야 한다. 결국은 마지막으로 제시되는 결론이 중요하기 때문이다.

사례 ①

1980년 1월 20일

이 점은 두 자녀를 두고 있던 한 기혼남성을 위한 점이다. 이 점을 본지 이틀 후에 그는 해고됐다.

38. 숙녀 — 방향 4 — 지쳐있는 당신으로부터 사람들이 떠나 버린다.
35. 닻 — 방향 1 — 남들로부터 사랑을 받는다.
 3. 배 — 방향 4 — 물질적인 손실이나 무익한 노력.
22. 길 — 방향 3 — 외롭고도 고달픈 길, 혹은 직업.
 8. 영구차 — 방향 4 — 적절한 시기에 위험으로부터 벗어난다.
13. 소년 — 방향 4 — 뜻하지 않았던 만남이나 데이트.
25. 반지 — 방향 2 — 부자와 관계를 맺는다.
10. 낫 — 방향 2 — 모종의 결과가 야기될 위협적인 언사를 들음.
12. 새 — 방향 3 — 누군가 약속을 어길 것이라는 예측이 맞는다.

● 마지막 카드
47. 악마 — 방향1 — 좋지 않은 소식을 듣게 된다.
48. 수탉 — 방향1 — 곧이어 좋은 소식을 듣게 된다.
50. 빵 — 방향1 — 선물을 받고 즐거워한다.
13. 소년 — 방향1 — 여행을 떠나게 된다.

● 요약 : 불행이 임박했음을 예언하는 여러 그림이 나왔는데 결국 그는 해고를 당했다. 하지만 '반지' 그림이나 '낫' 그림 같은 긍정적 그림 또한 있다. 이것들은 모진 시련 속에서도 그를 사랑하고 지원해 주는 아내가 있음을 의미한다. 최종의 결과를 보여주는

마지막 카드 또한 매우 긍정적인 내용들이다. 그는 직장을 잃었지만 꽤나 후한 퇴직금을 받을 수 있었다. 따라서 이 카드는 비록 어려움은 닥쳤지만, 그는 변함없는 사랑을 받고 있고, 또한 최종적으로는 매사가 긍정적임을 알려주는 것이었다.

사례 ②

1980년 1월 12일

이 점은 사례 ①에서 뜻밖의 해고를 당했던 그 남성의 아내를 위한 점이다.

  3. 배 ― 방향 1 ― 유산을 상속받거나 게임에서 이긴다.
19. 성 ― 방향 3 ― 장수한다.
25. 반지 ― 방향 2 ― 부자와 관계를 맺는다.
27. 편지 ― 방향 2 ― 기대하지도 않았던 재미있는 소식.
  1. 기사 ― 방향 4 ― 불쾌한 소식.
32. 달 ― 방향 4 ― 행동을 지체함으로서 손실을 입게 된다.
14. 여우 ― 방향 1 ― 교활한 속임수에 넘어간다.

● 마지막 카드
37. 천사 ― 방향1 ― 기다리던 영광, 행운이 찾아든다.
28. 말편자 ― 방향1 ― 행운이 당신을 기다린다.
  6. 사과 ― 방향1 ― 조만간 즐거운 일이 생긴다.
31. 태양 ― 방향1 ― 번영, 개화, 삶의 포용 행복 등.

● 요약 : 아내에게는 남편에게서와 같은 부정적 그림은 나타나지 않았다. 그녀는 새로운 일을 시작하고 있었고, 많은 그림이 이 사실과 관련되어 있다. 그러나 그녀가 속임을 당할 것이라는 것을 경고했다. 그녀의 남편은 직장에서 일어난 일을 이야기하지 않았다. 나쁜 소식은 남편이 해고되었고, 그로 인해 가족들의 안정이 위협받는다는 것이었다. 그러나 마지막 카드가 둘에게 똑같이 나온 것은 흥미로운 일이다. 이는 보통의 남편과 아내 사이에서는 잘 나타나지 않기 때문이다. 이 경우에는 어떤 사건이 두 부부 모두에게 영향을 미치고 그 최종의 결과도 서로에게 유사한 것이 된다. 즉 퇴직금은 빚을 갚는데 지불되었지만, 아내의 봉급으로 생활을 유지할 수 있었다. 그리하여 고통으로 시작된 한 해였지만, 결국 행복한 결말을 맺을 수 있다.

사례 ③

1980년 1월 15일

이 점은 사례 ①의 그 남성이 해고당한 다음날 행해졌다. 그 남성은 이제부터 무엇을 해야 할지 고심하고 있었다.

20. 숲 — 방향2 — 유쾌한 다수와 의도적으로 어울리게 된다.
26. 책 — 방향 3 — 당신에게 맡겨진 비밀스러운 일이 탄로 난다.
19. 성 — 방향 4 — 고질적인 질병에 시달린다.
 5. 장작 — 방향 4 — 타박상, 절단, 혹은 질병.
17. 왜가리 — 방향 2 — 주변상황으로 인해 결코 바람직하지 않은 길로 들어선다.

● 마지막 카드

15. 곰 — 방향1 — 행복이 당신을 외면하지는 않으나 주의하라.
29. 돈 — 방향1 — 상당한 양의 금전을 얻게 된다.
50. 생쥐 — 방향1 — 잃어 버렸던 것을 찾게 된다.
44. 불 — 방향1 — 불길이 당신의 믿음을 감싼다.

● 요약 : 10년 동안이나 봉사해 온 직장에서 뜻하지 않게 쫓겨난 사람이라면 누구나 극도의 절망감에 빠질 것은 분명하다. '성'과 '장작' 그림은 그 여파로 건강에 이상이 생길 수도 있음을 경고하고 있다. '왜가리' 그림은 이제 개울 속의 물고기들이 고갈되어서 왜가리가 다른 지역으로 이동해야 함을 의미한다. 따라서 이 경우, 인간도 새로운 직업이나 영역을 찾아보아야 한다는 것을 가리킨다. 하지만 상황이 아무리 절망적으로 보이더라도 카드는 그 환경 속에서 결국 승리를 이룰 수 있는 법을 지적해 주고 있다. '숲' 그림을 보라. 이 그림은 상황에 위축되어서는 안 되며, 일단의 친구나 아는 사람을 찾아보라고 충고하고 있다. 친구나 전문적인 변호사로부터 유익한 충고를 들을 수 있을 것이고, 만족힐 민한 퇴직금을 받을 수도 있을 것이다. 또한 친구 덕택에 자신에게 적합한 새로운 일을 찾을 수도 있다. '곰'은 활력을 나타낸다. 실직을 했으니, 슬픔에 젖어 있을 것이 당연하다. 하지만 매사를 주의 깊게 살피고 부정적인 태도보다는 긍정적으로 행동한다면, 이 사람은 자신의 욕구에 잘 부합되는 직장을 찾을 수 있게 될 것이다.

사례 ④

1982년 5월 20일
이 점은 남편이 외도를 하고 있지나 않을까 하고 의심하고 있던 한 여인을 위해 봐 준 것이다.

26. 책 — 방향 4 — 당신의 수다 때문에 피해를 입게 된다.
43. 가재 — 방향 4 — 지나친 주저가 일을 그르친다.
34. 부엉이 — 방향 1 — 현재 당신은 현명치 못한 행동을 하고 있다.
19. 성 — 방향 3 — 장수한다.
48. 수탉 — 방향 1 — 곧 좋은 소식을 듣게 된다.
41. 고양이 — 방향 3 — 타격은 받지만 위엄 있게 감정을 숨긴다.
38. 숙녀 — 방향 2 — 우정보다는 은밀한 사랑에 기인한 도움의 손길이 다가온다.
 1. 기사 — 방향 1 — 즐거운 소식을 듣게 된다.
35. 닻 — 방향 3 — 이상이 깨어진다. 의혹이 엄습한다.

● **마지막 카드**
47. 산 — 방향1 — 믿을 수 없는 적이 당신을 노리고 있다.
14. 편지 — 방향1 — 멀리서 부터 행복이 찾아온다.
29. 돈 — 방향1 — 상당한 양의 돈을 얻게 된다.
 9. 꽃다발 — 방향1 — 모든 일에 큰 성공을 거둔다.

● **요약** : 이 그림은 남편이 부정한 짓을 하고 있을지도 모른다는 그녀의 의심이 사실임을 확인시켜 주었다. 하지만 너무 급하게 대처하지 말라는 주의를 하고 있다. 아울러 서두름과 지나친 수다가 문제를 악화시킬 수도 있다는 경고도 있다. 그런데 '반지'나 '악수', '매듭' 또는 '나뭇가지' 그림이 전혀 나타나지 않은 것도

놀라운 일이었다. 이 그림들은 관계의 단절을 의미하기 때문이다. 이 그림은 또한 강한 친구가 그녀를 지원해 주고 있어서, 그녀가 큰 성공을 거둘 수 있다고 얘기해 준다. 결국 그녀는 남편과 더불어 문제를 풀어나갈 수 있었다. 지금, 그들은 여전히 행복한 결혼 생활을 지속하고 있다.

사례 ⑤

1979년 6월 7일

이 점은 남편이 안정된 직장을 버리고 유네스코(UNESCO)에 들어가서 제3세계 국가로 떠나게 되는 한 여성을 위한 것이다.

23. 생쥐 — 방향 2 — 뜻하지 않았던 발견.
44. 불 — 방향 4 — 어렵고 혹독한 시기에 사랑으로 훈훈해진다.
27. 편지 — 방향 1 — 행복이 멀리서부터 찾아온다.
25. 반지 — 방향 2 — 부자와 관계를 맺는다.
49. 단검 — 방향 3 — 자존심에 손상을 입는다.

● 마지막 카드

42. 저울 — 방향1 — 뜻하지 않았던 발견.
14. 여우 — 방향1 — 교묘한 속임수에 빠진다.
34. 부엉이 — 방향1 — 현재 당신의 행동은 현명치 못하다.
24. 심장 — 방향1 — 사랑의 회답을 얻는다.

● 요약 : 이 경우는 이 여성이 급격한 감정의 격변을 경험하게

됨을 나타내고 있다. 그녀는 남편의 갑작스런 결정에 놀란 한편 매우 깊은 상처를 받았다. 또한 그녀는 제 3세계 국가에 가게 된다는 사실에 한편으로는 가슴이 설레기도 하였다. 이 경우 그녀가 내릴 수 있는 결정들은 여러 가지가 있다. 카드는 이 상황에서 모든 일에 신중하라고 경고하고 있다. 안정된 수입원을 잃게 된 데 대한 그녀의 근심을 '반지'와 '돈' 그림이 대답해 준다. 두 그림 모두 그녀에게 돈 걱정은 하지 말라고 얘기해 주는 것이다. 여기에서 가장 놀라운 그림은 '불' 그림이다. 그녀 가족의 도착 예정지는 열대 지방이었는데, 그곳에서 어렵고도 혹독한 시련을 겪고 사랑을 받게 된다는 것은 무슨 의미였을까? 몇 년 후 그 가족이 귀국했을 때 그 해답을 알게 되었다. 그녀는 그곳의 아름다운 자연경관에도 불구하고 그 나라가 직면하고 있던 빈곤과 황량함을 목격했다. 그러한 혼란스러운 체험 속에서도 그녀가 꿋꿋이 견딜 수 있었던 까닭은 바로 가족들 간의 훈훈한 사랑의 힘이었던 것이다.

사례 ⑥

1987년 11월 7일

이 점은 회사에서 좌천될 위기에 처해 있었던 한 남자를 위해 봐주었던 것이다.

- 7. 뱀 — 방향 2 — 배반, 불성실.
- 15. 곰 — 방향 3 — 빠른 시일은 아닐지라도 원하는 것을 얻는다.
- 6. 사과 — 방향 3 — 반갑지 않은 만남이나 모임.
- 43. 가재 — 방향 2 — 자존심에 상처를 입는다.

42. 저울 — 방향 3 — 균형만 유지한다면 난관을 극복할 수 있다.
30. 백합 — 방향 4 — 쓸모없는 의심, 질투.
20. 숲 — 방향 2 — 유쾌한 다수와 의도적으로 어울리게 된다.

● 마지막 카드
10. 낫 — 방향1 — 새 출발을 시작한다.
35. 맞 — 방향1 — 사랑에서도 승리한다.
12. 새 — 방향1 — 기쁨, 환희
25. 반지 — 방향1 — 결혼이나 의견일치.

● 요약 : 이 남자는 직장에서의 위치가 흔들리고 있었다. 그는 어쩔 수 없이 회사의 방침을 따랐지만, 다른 동료들은 반기를 들었다. 이 점은 그에게 자신이 원칙으로 정한 것을 본능에 의해 따르도록 조언하고 있다. 사실 그는 나중 자신의 회사가 노동쟁의에 직면하게 된 것을 알게 되었다. 그는 동료들과 반갑지 않은 만남을 가지게 될 것이었고 그의 자존심은 손상될 것이 뻔했다. 바로 '뱀' 그림은 그 자신이나 친구 모두가 심한 배반감을 느끼고 있다는 것을 나타내 주고 있기 때문이다. 그렇지만, 그가 자신의 자리에 단단히 발을 딛고 서 있도록 용기를 주는 긍정적인 그림도 있다. 즉 '숲' 그림은 이 시련기 이후에도 친구로서 남아 있으리라는 것을 가리켜 주고 있다. 마지막 카드는 이러한 상황의 결과를 말해준다. 네 그림 모두 긍정적인 의미를 담고 있으므로 결국에 가서는 상황이 성공적으로 진전될 것임을 예고하고 있다. '저울' 그림은 이 남자에게 상식적으로 행동하라고 경고하고 있다. 자신과 다른 사람들의 삶의 원칙을 존중한다면 우정을 유지할 수 있을 것이다. 또한 흥미 있는 점은 시련기 동안 그가 아내와 더욱 가까워진다는 예언

이었다. 카드는 당신이 현재 우려하고 있는 문제뿐만 아니라, 당신이 알아차리지 못하고 있을 주변의 힘도 나타낸다.

사례 ⑦

1987년 1월 19일

나는 연례적인 행사의 하나로서 연초에 한 해의 운수를 점치곤 한다. 다음은 1987년 1월에 내 자신을 위해 보았던 점의 결과이다.

45. 돼지 — 방향 4 — 과식이 병을 부를 수 있다.
9. 꽃다발 — 방향 4 — 돈을 벌 수 있는 방법을 찾는다.
46. 다리 — 방향 1 — 삶의 급격한 변화가 기다린다.
20. 숲 — 방향 3 — 의심스러운 사람들과 관계를 기다린다.
28. 말편자 — 방향 2 — 가까운 시일 안에 시작하는 모든 일이 성공적으로 진행된다.
32. 달 — 방향 4 — 행동의 지체가 손실을 가져온다.
2. 클로버 — 방향 2 — 오해로 행복에 다소간 먹구름이 낀다.

● 마지막 카드
24. 심장 — 방향1 — 사랑하는 사람으로부터 승낙을 얻는다.
18. 개 — 방향1 — 성실하고도 지속적인 우정.
34. 부엉이 — 방향1 — 현재의 당신의 행동은 옳지 못하다.
42. 저울 — 방향1 — 운명적으로 선이 악을 이긴다.

● 요약 : 이 해의 운수는 다소간 실망스러운 것이었다. 나는 그 해 안에 카드를 번역하는 일과 이 책을 마칠 수 있다는 예언을 기대하고 있었다. 하지만 '부엉이'와 '성' 그림이 시기가 좋지 않음을 가리키고 있다. 또 다른 그림들은 내 가족이 주의해야 될 점을 말해주고 있는 것이었다. 그렇지만 '성' 그림은 내 소원이 이뤄지리라는 점도 말해주고 있었다. 비록 그때가 내 삶의 최후 순간이라 해도 지금의 내 삶을 즐겨야 한다. 특히 흥미 있는 충고가 '숲' 그림이었다. 이 점을 본 지 얼마 지나지 않아 내가 가르치고 있는 반의 학생 두 명이 급우들에게 해를 끼치기 시작했다. 그들이 하는 짓들은 단순한 장난이 아니라 악의에 찬 행동 그 자체였다. 이 그림은 나에게 그런 상황에 직면하리라는 것을 경고해 주었다. '저울' 그림은 그런 의미에서 좋은 충고가 되는 것이었다. 매사에 침착하고 균형 잡힌 행동을 하되 지나친 과잉반응은 삼가라는 의미였다. 다소의 시간이 지난 후 그 문제를 해결할 수 있었다. 그 학생들은 학교를 그만 두도록 권고를 받았다. 하지만 그 '숲' 그림은 기의 일 년 내내 나에게 나타나서 어딘가에 잠재된 위험을 경고하는 것이었다. 하지만 나는 1번 방향으로 나타나는 지울 그림 때문에 적잖이 안심을 할 수 있었는데, 즉 나의 미래에는 선한 의지가 악을 이길 수 있다는 의미를 보여줬기 때문이다.

사례 ⑧

1989년 9월 3일
내 자신의 차후 앞날이 궁금해서 본 점이었다.
46. 다리 — 방향 1 — 삶의 급격한 변화가 기다린다.

11. 나뭇가지 — 방향 3 — 가까운 사람과 절교한다.
31. 태양 — 방향 1 — 번영, 행복, 삶이 당신을 어루만져 준다.
23. 생쥐 — 방향 1 — 잃어 버렸던 것을 찾는다.
43. 가재 — 방향 3 — 가끔 운명의 뜻으로 지연이 생긴다.
47. 악마 — 방향 4 — 당신의 열정이 이득을 가져다주지는 않는다.
26. 책 — 방향 3 — 당신에게 맡겨진 비밀스러운 일이 탄로 난다.
35. 닻 — 방향 2 — 희망이 성취되고 바다에서 성공을 이룬다.

● 마지막 카드
25. 반지 — 방향1 — 결혼 혹은 의견일치.
10. 낫 — 방향1 — 악마의 운이 뒤따른다.
35. 맞 — 방향1 — 사랑에서도 승리한다.
12 새 — 방향1 — 기쁨, 환희에 감싸인다.

● 요약 : 이 결과는 상당히 만족할 만한 것이었다. 나는 이 책의 집필에 더욱 매진하기 위해서 교직을 그만 두었다. '달'과 '물고기' 그리고 '별' 그림 등이 내가 옳은 결정을 내렸다는 것을 가리켜 주었다. 나의 생활에 결정적인 변화가 생긴 셈이었다. 내 삶은 더 이상 학생들의 질문공세와 매시간 울리는 종소리에 따라 맞춰야 하는 조각난 생활로부터 벗어나게 된 것이다. 내가 오랫동안 원해왔던 일이 바야흐로 이뤄지기 직전이었다. 또한 '나뭇가지' 그림은 내 아들이 대학진학으로 집을 떠나게 되리라는 것을 가리키고 있다. 슬픈 일이라기보다는 나만의 일에 전념할 시간이 더욱 많아진 것으로 받아들이기로 했다. '태양' 그림은 내가 아주 좋아하는 그림 중의 하나이며, '새' 그림 또한 내가 이 순간 느끼는 기쁨을 반영한다. 이제는 내가 원하는 것을 할 때가 되었다는 것을 새삼 깨닫게 되었다.

옮기고 나서

　전통적인 러시안 집시들 사이에서만 전래되어 내려온 이 신비한 카드 점은 동양 문화권에 속해 있는 우리에게나 더욱이 논리적 사고를 지닌 서양 사람들 일반에게 그다지 친숙하고 익숙한 존재는 아니다. 다만 우리가 그들을 간접적으로 접하게 되는 책이나 영화에서도 집시들은 무리지어 유랑하는, 신비스러우면서도 때로는 섬뜩한 마력을 지닌 존재로 묘사되고 있을 뿐이다.
　D.H. 로렌스 같은 이는 『집시』라는 소설에서 마치 거대한 조수에 휩쓸리듯 그들이 예언한 드라마틱한 삶의 여정을 그대로 밟아가는 주인공을 묘사하고 있다. 이외에도 숱하게 많은 작품 속에서 집시들은 운명을 미리 아는 신비한 능력을 가진 존재로 등장하는데, 그들이 흔히 사용하는 분신 같은 물건이 바로 수정구슬이나 카드 같은 것이었다고 우리는 기억한다.
　가장 합리적이고 이성적인 사고를 중시하는 현대 산업사회에서도 우리는 도처에서 신비한 정신의 증거를 목격하게 된다. 그러므로 동서고금을 막론하고 별자리나 각종 카드 등에 보이는 인간의 호기심은 오히려 당연한 것인지도 모른다.
　러시안 집시들 사이에 전래되어 내려온 이 카드 점은 그러한 맥락에서 러시안 집시들 정통 집시 점을 매우 알기 쉽게 해석하여 우리에게 소개한 것뿐만 아니라, 우리가 실생활에서 스스로 이용해 볼 수 있도록 쉽게 체계화시켰다는데 그 의의가 깊다 할 것이다. 이제 이 점은 집시들만의 오묘하고 신비한 재주로 묻혀지지 않고, 자신을 되돌아 볼 줄 알고 보다 적극적으로 자신의 앞날을 설계해 보려는 현대인이라면 누구나가 이용할 수 있도록 마침내 빛을 보게 된 것이다.

  이 카드 점은 점성술이나 기타 카드 점들과는 크게 두 가지가 구별된다. 우선 카드 구조의 특이함이다. 기존의 카드들은 주로 트럼프를 이용하거나 단순히 낱장 하나하나의 그림들 해석에 의존한 것이었다. 반면 이 집시 카드는 각각의 그림들이 독자적으로 완성된 것이 아닌 인접카드의 존재에 영향을 받으며, 완성된 그림도 그 방향에 따라 4가지의 다른 의미로 해석이 가능하다는 것이다. 그러므로 기존의 카드보다는 훨씬 다양하고도 섬세한 의미를 읽어낼 수 있다.

  또 하나는 이 카드가 지니고 있는 크나큰 힘이라고 한다면, 그것은 모든 상황에 있어서 긍정적인 방향으로 이끄는 것으로 즉각적인 체념과 숙명론을 경계한다는 것이다. 이 책의 저자 자신이 세계사의 격변기를 겪어 온 인물로 그 자신은 카드와 더불어 그 위기를 헤쳐 왔음을 밝히고 있다. 이렇게 카드는 아무리 극한 위기에 몰리더라도 결코 낙심하지 말도록 그 해결방안을 제시하고 있다. 심지어 인간의 힘이 그야말로 무력해지는 순간에라도 더 큰 성취감을 느낄 수 있게 하기 위한 한 과정임을 깨우쳐 주고 있다.

  무엇보다도 우리가 흔히 점이라는 것에서 기대하는 무한대의 행운이나 요행 또한 이 카드는 경계하고 있다. 물론 특별한 천상의 힘이 작용을 할 때도 있다. 그러나 그 힘을 현실로 되바꿀 사람은 우리 자신 밖에 없다는 것이다.

  이러한 건전한 충고는 역자에게도 큰 도움이 되었다. 이 책을 번역하는 동안 나 자신에게는 한꺼번에 수습해야 할 어려운 일이 밀어 닥쳤고 그 때문에 건강까지 영향을 받게 되었다. 그러나 카드는 신경이 예민해진 나에게 건강은 크게 염려하지 않아도 되며, 무엇보다도 내부의 불만, 즉 나 자신이 나약해져서는 안 된다는 점을 다시금 깨우쳐 주었다. 그리고 그것은 장기적으로 모든 일이 순리적으로 잘 해결되리라는 격려였던 것이다. 결국 얼마가 지난 후 나는 카드의 충고가 새삼 값진 것이라는 것을 깨닫게 되었고, 나 또한 이 카드의 열렬한 팬이 될 수밖에 없으리라는 것을 느끼고 있다.

  그러므로 이 러시안 집시 카드 점은 흥미로 운수를 본다는 단순한 재미 이상의 것을 우리에게 선사한다. 그것은 바로 우리 자신과 주변을 좀 더 신중하고도 객관적으로 돌아볼 수 있는 계기를 제공한다는 점이다. 그러므로 다음과 같은 저자의 말은 참으로 공감하는 바가 크다. '카드는 바로 우리 자신의 마음의 지표' 라는 것이다.

1994년 8월

김 미 선

러시안집시카드

알렉산드로브나 튜체코프 지음 / 김미선 옮김

초판 1쇄 발행일 1992년 6월 25일
초판 11쇄 발행일 2019년 5월 25일

펴낸이 | 이춘호

펴낸곳 | 당그래출판사
출판등록일(번호) 1989년 7월 7일 (지1301-2005-219호)
주소 | 우편번호 04627 서울시 중구 퇴계로 32길 34-5 1층
전화 | (02) 2272-6603
팩스 | (02) 2272-6604
homepage | www.dangre.co.kr
e-mail | dangre@dangre.co.kr

값 20,000원 (책과 카드 25장을 포함한 가격)

@ Svetlana Alexandrovna Touchkoff
이 책은 국제저작권 계약에 의해 보호를 받습니다 따라서 당그래출판사로부터
서면으로 허락을 받지 않고는 내용의 일부 혹은 카드 그림을 어떠한 형태로든 사용할 수 없습니다